U0529332

本书是2015年国家社科基金一般项目"西部少数民族传统村落档案管理与利用研究"（项目批准号：15BTQ083）的研究成果，本书的出版受国家社科基金项目经费支持。

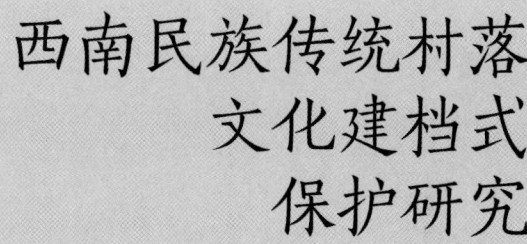

西南民族传统村落
文化建档式
保护研究

王萍◎著

中国社会科学出版社

图书在版编目（CIP）数据

西南民族传统村落文化建档式保护研究/王萍著.—北京：中国社会科学出版社，2023.1
ISBN 978-7-5227-1502-5

Ⅰ.①西… Ⅱ.①王… Ⅲ.①少数民族—村落文化—保护—研究—西南地区 Ⅳ.①K928.5

中国国家版本馆 CIP 数据核字（2023）第 031428 号

出 版 人	赵剑英
责任编辑	王　斌　李溪鹏
责任校对	赵雪姣
责任印制	王　超

出　　版	中国社会科学出版社
社　　址	北京鼓楼西大街甲 158 号
邮　　编	100720
网　　址	http://www.csspw.cn
发 行 部	010-84083685
门 市 部	010-84029450
经　　销	新华书店及其他书店
印　　刷	北京明恒达印务有限公司
装　　订	廊坊市广阳区广增装订厂
版　　次	2023 年 1 月第 1 版
印　　次	2023 年 1 月第 1 次印刷
开　　本	710×1000　1/16
印　　张	21.5
插　　页	2
字　　数	320 千字
定　　价	118.00 元

凡购买中国社会科学出版社图书，如有质量问题请与本社营销中心联系调换
电话：010-84083683
版权所有　侵权必究

目 录

绪 论 ……………………………………………………… (1)
 第一节 研究背景与意义 …………………………………… (1)
 第二节 国内外研究综述 …………………………………… (10)
 第三节 相关概念界定 ……………………………………… (27)
 第四节 研究思路、框架与方法 …………………………… (33)
 第五节 研究创新及不足之处 ……………………………… (38)

第一章 少数民族传统村落建档式保护的必要性与可行性 …… (41)
 第一节 少数民族传统村落建档式保护的必要性 ………… (41)
 第二节 少数民族传统村落建档式保护的可行性 ………… (57)

第二章 西南少数民族传统村落建档与档案管理的
    现状与问题 ……………………………………………… (72)
 第一节 西南少数民族传统村落建档与档案管理的
     现状 ……………………………………………………… (73)
 第二节 西南少数民族传统村落建档与档案管理的
     问题 ……………………………………………………… (100)

第三章 西南少数民族传统村落档案管理体系的建构 ………… (111)
 第一节 西南少数民族传统村落档案管理体系建构的
     目标 ……………………………………………………… (112)

第二节　西南少数民族传统村落档案管理体系建构的
　　　　　　原则 ··（112）
　　第三节　西南少数民族传统村落档案管理体系构建的
　　　　　　思路 ··（115）
　　第四节　西南少数民族传统村落档案管理体系的构成
　　　　　　要素 ··（144）

第四章　西南少数民族传统村落档案资源建设 ···················（160）
　　第一节　资源建设原则 ···（160）
　　第二节　资源建设范围 ···（167）
　　第三节　资源建设重点 ···（171）
　　第四节　资源建设方式 ···（179）

第五章　西南少数民族传统村落档案资源组织 ···················（192）
　　第一节　传统村落实体档案资源的组织 ·······················（192）
　　第二节　传统村落数字档案资源的组织 ·······················（222）

第六章　西南少数民族传统村落档案资源利用 ···················（235）
　　第一节　传统村落档案资源利用的现状 ·······················（236）
　　第二节　传统村落档案资源利用的问题 ·······················（254）
　　第三节　西南少数民族传统村落档案资源利用的原则 ······（260）
　　第四节　西南少数民族传统村落档案资源利用的策略 ······（263）

结　语 ··（303）

参考文献 ··（307）

**附录　西南少数民族传统村落文化遗产现状与
　　　　保护调查** ··（329）

绪　　论

第一节　研究背景与意义

一　研究背景

村落是我国农耕文明延续的承载体和村民生产、生活、文化的共同体，对守护中华民族的根性文化有极其重要的作用。有关村落的重要性，美国学者刘易斯·芒福德写道："古往今来多少城市是大地的产儿。它们都折射出农民征服大地时所表现的勤劳智慧……乡村生活的每一个阶段都对城市的诞生和存在有所贡献。"① 梁漱溟也表达了类似的观点：中国新文化的嫩芽绝不会凭空萌生，它离不开那些虽已衰老却还蕴含生机的老根——乡村。

传统村落是中国农耕文化留下的最大遗产。与其他已在历史上定格的有些暮气沉沉的文化遗产不同，传统村落一直是村民繁衍生息之地，是充满活力的文化遗产。传统村落具有历史、艺术和科学等多方面文物价值，同时作为人类社会组成的基层单位以及承载广大居民的生活、成长、记忆的场所，又具有深刻的社会价值。历史性、民族性和地域性是传统村落的显著特征，人与自然的和谐关系、人与人的融洽与亲和、与环境相适应的人居智慧是传统村落特有的价值。可以说，一处古村落就是一个地区民族文化的活化石，是中华传统文化的

---

①　[美]刘易斯·芒福德：《城市文化》，宋俊岭等译，中国建筑工业出版社2009年版，第1页。

最后活态文化领地，是我们寻找祖先智慧、体会中华文化博大精深的活教材。冯骥才先生指出："万里长城是我国体量巨大和最大的物质文化遗产，中国春节是我国体量巨大和最大的非物质文化遗产，传统村落是我国体量巨大和最大的物质文化遗产和非物质文化遗产的综合性遗产，也是我们最后一种具有极大文化价值的遗产。"①

我国少数民族主要聚居于广袤的西南大地。"全国55个少数民族有50个集中分布在西南地区。西南少数民族人口占全国少数民族人口的75%左右。"②西南地区包括四川省、云南省、贵州省、重庆市、西藏自治区共5个省（自治区、直辖市），其中四川省是全国最大的彝族聚居区和第二大藏族聚居区，也是全国唯一的羌族聚居区，少数民族占全省总人口的6.1%。云南省是少数民族人口大省，特有少数民族达15个，少数民族人口超过1500万人，占总人口的33.37%。贵州省少数民族人口总量位居全国第四，占全省总人口的36.1%。重庆市是全国唯一辖有自治地方的直辖市，少数民族占总人口的6.7%。西藏自治区的藏族和其他少数民族占该区总人口的91.83%。③我国西南地区的少数民族世居于分布广泛的村寨（落）之中。在少部分少数民族中，村寨就是民族及其文化的所在地。西南少数民族传统村落既具有少数民族传统村落的一般性特征，即"血缘性、聚居性、礼俗性、农耕性、自给性、封闭性"④等，又具有自身的鲜明特点。

（一）数量众多，分布集中

在已公布的国家级传统村落名录中，西南地区少数民族传统村落总数达1296个，其中贵州省、云南省共拥有少数民族传统村落数量1042个，占西南地区总数的80.4%。贵州省黔东南苗族侗族自治州

---

① 冯骥才：《传统村落的困境与出路——兼谈传统村落是另一类文化遗产》，《民间文化论坛》2013年第1期。
② 陈夕主编：《中国共产党与西南大开发》，中共党史出版社2014年版，第138页。
③ 《西藏自治区2010年第六次全国人口普查主要数据公报》，2012年2月28日，国家统计局网站，https://www.stats.gov.cn/sj/tjgb/rkpcgb/dfrkpcgb/202302/t20230206_1902084.html。
④ 王封礼：《从磨合到整合：一个西南少数民族村落的变迁史》，硕士学位论文，西南大学，2007年。

作为一个行政区划总面积仅3万多平方千米的少数民族地区，有409个村落被列为国家级保护对象，目前入选数量居全国地州市第一，占全国总量的6%，是中国传统村落分布最为集中、保存最为完好、最具特色的地区。可见，西南地区传统村落数量众多。

（二）边远封闭，经济落后

从整个国家的角度看，西南地区深处内陆，与东中部地区相比，显得偏僻闭塞；从西南地区内部来看，少数民族传统村落远离大城市，多坐落于高原、山地之上，交通不便。地缘上的边远封闭导致经济发展落后。例如，贵州省80%以上的村落处于少数民族地区，而民族村落恰好是贵州省较落后的地区。其中，比较典型的是传统村落众多的黔东南苗族侗族自治州。总体而言，西南少数民族传统村落多依靠本地有限的资源自给自足，文化资源丰富但经济发展水平偏低。

（三）古朴厚重，文化价值特别突出

西南少数民族传统村落的偏远落后，一方面限制了地域经济的发展；另一方面，也正因为如此，传统村落的风貌才得以较完整地保存。例如，云南大理市喜洲镇周城村是全国最大的白族自然村，比较完整地保存了白族的民风民俗，被称为"白族民俗活化石"。贵州黔东南苗族侗族自治州有33个民族，常住人口中少数民族人口占总人口的78.27%，是地地道道的少数民族聚居区。这里自然环境优美、民族文化丰富、历史源远流长，素有"歌舞天堂、节日海洋、文化千岛"的美誉，该州苗寨、侗寨承载了几乎全部苗族、侗族原生文化，被称为"人类保存最古老的歌谣，疲惫心灵的最后家园"。有专家认为，"黔东南传统村落群已具备世界文化遗产的素质。按照《世界遗产名录》要求，具备六项标准中的一项便可列入，而黔东南传统村落群符合其中四项条件，其文化价值之高可见一斑"。[①] 西南其他少数民族传统村落的文化存留也许尚未达到如此之高的标准，但都凭借其悠远的历史、原生态的人居环境、浓郁的民族风情，构成中华民族多元文化的重要一环。

[①] 祁嘉华：《营造的初心——传统村落的文化思考》，中国建材工业出版社2018年版，第284页。

（四）丰富多样，特色鲜明

西南地区拥有众多不同民族形成的传统村落，形成了境内一道亮丽的风景线。不同的民族，由于其发展历史、所处的地理位置、生产方式等的不同，创造出了独具特色的民族文化。比如，彝族、白族、纳西族、哈尼族、傈僳族、阿昌族等民族源于古代氐羌族群，其聚居的村落显示出草原牧耕文化和高原农耕文化的深厚底蕴。壮族、傣族、布依族、水族等民族源于古代南越族群，其村落展示了典型的耕作文化和热区种植文明。苗族、瑶族等民族源于古代江汉地区的"三苗""九黎"，其村落则承载着先民的游徙文化。①

随着我国城镇化进程的不断加快，村落以惊人的速度嬗变、衰败甚至消亡。据统计，我国平均每年有9万个传统村落消失。如果不加干预，我国传统村落将全部消失殆尽。更为严峻的是，目前全国依旧保存与自然相融合的村落规划、代表性民居、经典建筑、民俗和非物质文化遗产的古村落仅仅剩下两三千座。② 西南少数民族传统村落由于村民文化自觉意识比较稀缺，加之地方经济乏力，投入的抢救力量不足，其面临生死困境。据报道，黔西南布依族苗族自治州的古村落目前已有60%被损毁。③ 一场与时间赛跑的传统村落抢救活动迫在眉睫。随着传统村落的消亡，依附于其上的乡村文化岌岌可危，因为"中国文化的多样性在古村落中，中华文化的根深深地扎在古村落里，古村落是比万里长城更大的文化遗产"④。据统计，1300余项国家级非遗、7000余项省市县级非遗主要存在于传统村落之中。⑤ 特别是少数民族的非遗全部都集中于村寨，且非遗"活态化保护"的要求使非遗不能被剥离于依附的母体——传统村落，故少数民族传统村落的消亡意味着代表我国多民族群体智慧、确保文化多元化的少数民族非

---

① 杨宗亮：《云南少数民族村落发展研究》，民族出版社2012年版，第16—17页。
② 韩桐、王云庆：《守护传统村落的历史记忆——谈中国传统村落档案的收集整理》，《中国房地产》2014年第10期。
③ 《聚焦贵州传统村落保护与发展——贵州传统村落与非物质文化遗产保护发展峰论坛侧记》，《贵州民族报》2015年7月3日第2版。
④ 冯骥才：《文化诘问》，文化艺术出版社2013年版，第88页。
⑤ 冯骥才：《当前非物质文化遗产保护需要统一认识》，《民俗研究》2012年第4期。

物质文化遗产逐渐消弭,这是中国这一文化大国不可承受之痛。有鉴于此,学界和业界已掀起一场传统村落文化抢救和保护热潮。

我国的传统村落保护工作萌发于20世纪80年代。1986年,国务院批转城乡建设环境保护部和文化部联合发布的《关于公布第二批国家历史文化名城名单报告的通知》,其中要求"对一些文物古迹比较集中,或能较完整地体现出某一历史时期的传统风貌和民族地方特色的街区、建筑群、小镇、村寨等,也应予以保护"。这标志着中国文物古迹的保护范围开始从城市向村镇延展。从2003年11月第一批中国历史文化名镇(村)名单公布至今,被纳入"历史文化名镇名村"的共有528个,其中名村276个。2009年国家民委、财政部联合开展了少数民族特色村寨保护与发展试点工作。迄今为止,国家民委分3批公布了1652个入选村寨名单,西南地区共有738个村寨入选"中国少数民族特色村寨",分别是重庆26个、四川124个、贵州312个、云南247个、西藏29个,占中国少数民族特色村寨挂牌总数的44.67%。[①]

由于历史文化名村和中国少数民族特色村寨强调精品式保护,入选条件高,保护范围非常有限,为扩大对村落的保护力度以及强调村落的文化价值与传承意义,2011年,在多位专家学者的建议下,"古村落"更名为"传统村落",这既是对古村落概念的延伸,也将认定传统村落的重点放在其丰厚的文化底蕴和独有的地域特色方面。自此,正式拉开了传统村落保护的序幕。2012年4月16日,随着《关于开展传统村落调查的通知》的发布,传统村落名录项目正式启动。迄今为止,我国先后5批共确认6819个村落入选国家级传统村落名录,涵盖全国所有省份272个地级市、43个民族,[②]其中包括1571个少数民族村落。除了国家层面的传统村落名录制保护之外,各地方政府也先后出台了一系列政策,要求建立省级、

[①] 资料来源:根据国家民委分批次公布的"中国少数民族特色村寨"名单整理。

[②] 《历时7年、先后5批,传统村落名录档案的建成仅是开始……》,2019年7月3日,搜狐网,http://www.sohu.com/a/324615990_120058682。

市级、县级传统村落名录，将各地区有文化保护价值的村落纳入其中，分批次妥善保护。

从上述对中国村落保护的简要历史梳理来看，对保护对象的提法和名称不尽相同，这一变化亦反映出国家层面对村落存留现状和保护价值、保护重点的认识不断深化。从历史文化名镇名村的精品式保护到尽量覆盖广大基层有综合文化价值村落的名录式保护，从注重村落的历史意义和物质文化遗产的稀缺性到更加注重村落的活态性和非物质文化遗产的珍贵价值，无不凸显政府对全面抢救保护乡土文化遗产的决心。冯骥才先生评价道："中国传统村落保护是我国乃至世界历史上第一次对农耕文明最大规模、最重要的历史文化财富的全面盘点，充分表现了中国的文化自觉和高度负责的文化态度。"[①]

除了以政府部门为主力推动的村落保护外，有高度文化敏感和责任意识的学界精英也纷纷加入。他们不仅为传统村落抢救与保护奔走呼吁、献计献策，而且知行合一，以普查建档为主要方式开展案例式、探索式保护，进一步推动传统村落文化保护向纵深开展并积极在全社会营造留住乡愁的舆论氛围。另外，随着村民文化意识的觉醒，部分村落的村民在接受外界有限资助或完全凭一己之力的情况下，也纷纷开启村落文化抢救之旅。

由于档案真实记录和永续记忆的工具属性，以上保护力量不约而同将传统村落的普查、建档作为保护工作的基础手段。对文化遗产开展建档式保护是国际公认的行之有效的保护方式，因为"文化的真实性是人类文化——特别是那些比现代的西方消费文化更为传统且意味深长的文化所具有的纯真和本原的品质"。[②] 要捍卫文化的真实性，必须确保文化遗产的真实完整，而档案的原始记录性无疑为承载于其上的文化遗产的客观确切做了最好的背书。张鸿雁等认为，精准保护

[①]《中国传统村落保护工作已经启动》，2012年10月3日，中共镇江市委组织部网站，http://www.zjdj.gov.cn/Net/ad?id=506280。

[②] D. MacCannell, *The Tourist: A New Theory of the Leisure Class*, Berkely: University of California Press, 1999, p.22.

历史乡愁记忆和村落文化是乡村振兴的必然要求,"精准"二字表现在历史文脉梳理之精准、乡愁文化刻画之精准、历史风貌复原之精准、乡村记忆资料掌握之精准,唯此才能达到"精准保护"原文化的目的。① 从某种意义上讲,这是对传统村落档案原始记录性功能运用的最好注脚和阐释。

2013年7月,住建部明确提出"一村一档"的中国传统村落建档要求,把建立传统村落档案作为国家传统村落保护发展工作的目标之一。按照住建部"一村一档"的传统村落名录申报要求,由各级住建部门已建立的国家级传统村落名录申报档案远远超过7000个。② 国家级传统村落名录申报截至第五批,今后不再集中申报,而是成熟一批发展一批。国内部分地区,特别是传统村落资源禀赋较为突出地区的地方政府正积极组织辖区内的省级、地市级、县级传统村落名录申报,故地方乡村仍在普查、记录、收集整理相关材料形成村落档案以备上报,再加上学术团体和民间组织形成的传统村落建档成果,已建成的传统村落档案不少,已列入传统村落名录的村落档案在申报档案的基础上正在持续增补完善中。历时7年的调研与评测建立起来的"一村一档"既是对过去的梳理,也是判断未来发展路径最可靠的依据。"传统村落档案不仅是图文资料,它不仅包含着深厚久远的历史,同时也是人们慰藉心灵的精神家园,是寄寓乡愁的根性土壤。这项工作从一开始便与国家提倡的'望得见山、看得见水、记得住乡愁'的主题政策相呼应,是符合人民愿望及需求的社会和文化行动,因而充满活力和未来。"③

虽然传统村落档案是记录传统村落发展演进历程,留存社会记忆,促进乡村社会认同,活化中华民族农耕文明遗产的重要信息载

---

① 张鸿雁、房冠辛:《传统村落"精准保护与开发一体化"模式创新研究——特色文化村落保护规划与建设成功案例解析》,《中国名城》2016年第1期。

② 除正式列入国家传统村落名录的6819个传统村落以外,完成传统村落申报档案制作但最终未入围的村落数量应远远大于此数。如湖北省住建厅上报了近500个,最后仅有89个入选,成功率仅为17.8%。——笔者注

③ 《冯骥才:村落村落!立档调查!》,《中国青年报》2015年6月12日第12版。

体,但实践层面的传统村落档案工作开展时间短,建档主体多元分散,对传统村落档案的立档范围、标准、管理模式、利用路径等基础问题缺乏统一认识,造成的主要结果是建档的全面性、标准性、规范性、科学性不足;档案分类不尽科学、鉴定不尽合理、著录不尽完善、管理粗放;档案利用面窄、档案开发利用手段单一;对档案价值的挖掘非常粗浅,急需对以上问题开展学理层面的探究,本书从申报、立项到研究全过程即是围绕这一实践问题力求提供解决之道。本书主要解决了以下问题。

第一,通过档案学、社会学、民族学、文化学、传播学的交叉视角,厘清了西南少数民族传统村落建档工作对少数民族传统村落保护和民族文化传承而言,具有哪些不可替代的价值。

第二,目前仅有住建部制发的少量行政指导性文件和几个少数民族自治地区颁行的规范性文件作为少数民族传统村落档案工作的指导和依据,政策文本数量、效力层级和覆盖面都严重不足。本书对健全少数民族传统村落档案管理的政策制度、标准规范体系的路径进行了探索和建构。

第三,针对当下对少数民族村落文化保护各自为政,文化遗产信息重复采集、难于共享的现状,本书构建既符合文化遗产保护国际惯例和客观要求,又切合中国国情的科学合理的少数民族传统村落档案管理体系,探索通过顶层设计、全盘规划,实现资源整合,共建共享的路径和实现机制。

第四,针对在包括传统村落建档式保护在内的多数文保项目中,档案机构被边缘化或被动缺席的实际,本书对档案机构如何发挥档案管理与开发利用的排他性专业优势的实现条件、路径、保障等作了设计。

第五,本书根据少数民族传统村落档案活态化、分散性、依存性等特点,剖析其档案管理与利用与传统档案领域其他管理对象的相关工作相比,提出了哪些特殊要求,并研究如何以档案管理模式与方法的创新来适应这些特殊要求。

第六,本书注重对少数民族传统村落档案价值的充分发掘,努力突破以传统的档案编纂出版、展览等为主的利用模式,从社会学、人类学、传播学等多学科角度探索其人文价值实现的路径。

二 研究意义

(一) 理论价值

第一，本书选题新颖。西南少数民族传统村落档案建构及管理利用问题，是乡村振兴这一国家重大战略下开展少数民族传统村落文化抢救保护所必然面临的战术问题，关系传统村落文化记忆的构建及传承传播，是尚未引起重视但又必须引起重视的问题。

第二，从研究对象本体来看，传统村落档案属于为呼应乡村文化复兴战略而生发的新型档案门类，对这一新型门类档案的属性、特点、管理方法展开研讨，无疑将拓展档案学的研究领域，丰富研究手段。另外，本书以乡村记忆为视角，以传播及开发西南少数民族传统村落档案中蕴藏的族群文化为重要研究对象，属档案学与社会学、传播学等相关学科在交叉或边缘地带产生的新问题，可通过研究提升村落档案的建构质量从而为研究人类学、民俗学、民族学的学者提供原始真实的族群生活样本和材料支撑。

第三，本书理论性强，论证充分。成果充分利用档案学、文化遗产保护学、传播学、社会学等学科的相关理论，以新的视角提出新理念、新观点、新思路和新对策。

(二) 现实价值

第一，为少数民族地区申报传统村落争取中央和地方财政专项资金提供理论和方法论上的指导，切实提高申报档案质量，争取更高的成功率。

第二，通过村落档案管理体系的建构为申报成功的少数民族传统村落提供规范、动态管理的技术方案，为规模保存、规范管理传统村落档案及传承传播村落文化提供操作性强的模式。

第三，"传统村落名录工程"是政府迄今为止利用行政手段对乡村文化保护力度最大、投入资金最多的文化抢救项目，村落档案的研究成果可为其他文化保护工程中必然产生的档案管理及开发利用问题提供思路上的拓新和问题解决方案的借鉴。

第四,扩大建档式保护文化遗存方式在社会其他历史文化遗产保护工作中的应用,将该手段推广为保护社会文化遗产的常态化方法,以此扩大档案与档案工作在社会事务处理过程中的影响力。

第二节 国内外研究综述

一 研究现状

（一）国外研究

国外对乡村档案未形成系统性研究,笔者以"village archives""rural archives""historical town archives"为关键词,在 EBSCO 全文数据库、Springer 电子期刊等外文数据库进行检索,命中的相关文献数量较少,但一些相关成果仍能为本书提供一些启示。

第一,乡村档案价值方面：民族学家 Martin Diskin 认为,农民家庭档案能提供罕见而有趣的机会生成民族学档案。今天农民也把各种书面文件作为处理日常事务的必要工具,农民家庭档案反映该家庭的合法地位和家庭特色,记录了该家庭的成功、艰辛及乡村某种发展动力,主要包括身份证明、约定书、土地证书、合同、礼物和资助清单、照片等。[1] Masao Miyoshi 阐述,当今的日本政府运用"乡恋"增强历史连续性和身份认同,尝试通过乡村档案建设、传统节日振兴来固化田园牧歌式的传统乡村生活。[2] 随着越来越多的农村家庭开展对家族历史的追寻,关于家谱的研究也日益增多,其中照片档案尤为重要。Mathews 论述了档案在保留乡村文化根源方面发挥的作用,文中提及 J. C. Jessee 曾收集大量家乡村镇老房子和其他社区建筑的图片并捐赠给当地的档案馆以便后人共享。[3] Nelson 通过案例分析,讲述美国一家航拍网站通过提供数百万农村照片资源,使农村社区居民得以

---

[1] Martin Diskin, "The Peasant Family Archive: Sources for an Ethnohistory of the Present", *Ethnohistory*, Vol. 26, No. 3, 1979, pp. 209 – 229.

[2] Masao Miyoshi, *Japan in the World*, Duke University Press, 1993.

[3] D. J. Matthews, "Archive Preserves County's Unique Rural Roots", *Virginia Libraries*, Vol. 52, 2006, pp. 32 – 34.

找到自己家庭的根源，以此论证农村社区数字档案的价值。①

第二，乡村档案利用方面：Schnur 等从文化组织机构的合作出发，阐述了美国佛罗里达州如何通过建立各类乡村社区的历史研究项目，集合博物馆、图书馆、档案馆、家谱协会、市政历史学会等多元主体的力量，充分利用其不同优势，为公众提供资源以便利用。比如，机构联合举办了系列村庄数字化资源建设和文化遗产保护活动，参与者可以自由选择学习，活动包括民俗节日、书籍讨论小组、特别展览和展演等。通过追溯过去让居民体会乡村的变迁，找到联系感和归属感，从而保留村庄的文化底蕴，希冀建设更美好的乡村图景。② Pendlebury 等提及，早在 2008 年，英国档案馆就对馆藏历史进行了反思，开始启动"城镇景观"历史档案项目，该项目由艺术与人文研究理事会（AHRC）计划资助，意在展现托马斯·夏普的工作与生活。③ Jenkins 等以苏格兰 CURIOS（文化知识库和信息系统）项目为例，介绍该项目一直致力于与社区遗产团体合作，为制作数字形式的遗留档案提供可持续的解决方案。作者致力于通过对该项目的分析评估探索乡村社区历史档案如何脱离地理的限制，以更多元、开放的方式呈现给更广泛的受众，吸引社区团体参与，赋予社区可持续维护和传承文化传统的能力。④

第三，农村社区开展乡村档案工作方面：Wagner 等对美国南卡罗来纳州乡村文化机构的员工进行定性访谈，以评估其农村社区档案的状态，从而了解各机构如何管理大量的传统档案。该研究关注乡村文化机构中能深刻了解本土历史的从业者，指出乡村社区文化机构应

---

① Don Nelson, "Digital Archive Provides Access to Millions of Rural Photos: Seeing Family's Roots", *Athens-Banner Herald (GA)*, 2010, pp. 37 – 52.

② James A. Schnur, "Building a Better Village: Connecting Cultural Institutions through Historical Research", *Florida Libraries*, Special Issue, 2005, pp. 62 – 69.

③ John Pendlebury, Laura Fernandez-Gonzalez, "News from the Field: 'Town and Townscape: The Work and Life of Thomas Sharp'", *Planning Perspectives*, Vol. 23, No. 3, 2008, pp. 403 – 405.

④ Jennifer L. Jenkins, "The Geographies of Community History Digital Archives in Rural Scotland", *Advances in Librarianship*, Vol. 43, 2017, pp. 181 – 201.

当提供档案代理服务以满足社区群体的利用需求。① Beel 等介绍了由知识、历史和习俗等构成的农村社区文化遗产保护活动对于建设弹性社区的作用。农村社区遗产文化活动的开展、数字档案的建立使乡村的历史演变和发展现状变得清晰；志愿者的积极参与有助于建立弹性社区，参与者和社区对象的角色互动能增加农村社区居民的身份认同，有益于增强社区凝聚力、提高潜在的社会经济效益，有助于焕发乡村活力。②

就已研读的成果来看，该研究对象目前在国外的研究领域主要汇聚于乡村档案的价值、乡村档案的利用路径、档案机构在乡村档案建构中发挥作用的途径方式以及在乡村档案建设中农村社区应该承担的角色等方面。

(二) 国内研究

1. 专著

在读秀数据库"图书"子库中，以书名含有"传统村落"或"古村落"为检索条件，共得到相关专著 310 本，时间跨度为 1996—2018 年，其年度分布情况见表 1（其中 6 本图书无具体出版时间，不在统计表中予以呈现）。

从出版时间段分布来看，明显可见 2012 年前后随国家政策的号召，传统村落名录等保护项目蓬勃开展，传统村落选题专著数量呈爆发式增长。从研究内容来看，已出版专著大多从历史、地理、建筑、艺术等角度出发，主要涉及传统村落的历史渊源、建筑特色、民俗节庆；传统村落保护的法律问题研究、政策规划；经济视角下的保护发展模式、开发利用方向；工业技术视角下的建筑设计，还包括一些调查成果展示及摄影集。目前未有从档案学视角研究中国传统村落保护的专著面世。

---

① Travis L. Wagner, Bobbie Bischoff, "Defining Community Archives Within Rural South Carolina", *Advances in Librarianship*, Vol. 43, 2017, pp. 155 – 180.

② David E. Beel et al., "Cultural Resilience: The Production of Rural Community Heritage, Digital Archives and the Role of Volunteer", *Journal of Rural Studies*, Vol. 54, 2017, pp. 459 – 468.

表1　　　　　　　传统村落选题专著年度分布统计　　　　　（单位：本）

	1996年	1997年	1999年	2000年	2001年	2002年	2003年	2004年	2005年	2006年
数量	1	1	1	1	5	8	5	9	7	12
	2007年	2008年	2011年	2012年	2013年	2014年	2015年	2016年	2017年	2018年
数量	9	11	24	10	25	19	30	40	34	28

2. 学位论文

以"CNKI"为期刊文献检索平台，以"硕博论文"为检索入口，以"传统村落""古村落""村落文化"为检索词，分别与"建档""档案""建档式保护"搭配进行检索，共得到硕士学位论文11篇、博士学位论文0篇。其年度分布情况见表2。

表2　　　传统村落建档式保护学位论文年度分布统计　　　（单位：篇）

	2010年	2011年	2012年	2016年	2017年	2018年
数量	1	1	4	2	1	2

其中，选择以档案视角切入研究传统村落保护的硕士学位论文仅有3篇，没有博士学位论文以此作为选题，且未随着传统村落保护热潮有所升温，可能与该选题研究尚处于探索阶段，还不够成熟有关。

硕士学位论文《我国传统村落档案建设及开发利用研究》对传统村落建档的理论依据、社会需求、发展脉络、现有的建档模式及成果、经验与问题进行了较为系统的梳理，在此基础上提出传统村落建档优化策略。对传统村落档案现有的开发利用模式、经验及问题进行阐析并提出传统村落档案传播和传承的优化策略。该论文对传统村落建档有较全面的视野，提出了较有针对性和可操作性的政策建议，但对传统村落档案开发利用的路径探索不够深入。

硕士学位论文《我国传统村落档案实践与双元价值取向探析》以档案双元价值论为理论工具，剖析传统村落档案双元价值的构成，主要从乡村记忆工程、国家传统村落保护工程、传统村落档案人文实践三大传统村落档案实践方式切入，考察传统村落档案双元价值实现状况，分析阻滞档案价值充分实现的现实障碍，并初步建构了传统村落档案实践体系。该论文立足于传统村落档案价值及实现，学理探析多于实践层面的引导，对传统村落档案体系建构的体制机制、政策引导、功能保障、技术支撑等要件未有更多的关注。

硕士学位论文《我国传统村落文化建档探究》主要论述传统村落文化建档的必要性并设计了传统村落文化建档方案，就前期规划、操作规程、保障措施等进行了初步探析。总体而言，方案与其他传统类型档案的管理流程无大的差异，对传统村落文化档案在档案管理上的特殊要求关注不够。

3. 网络

一般而言，某一研究领域相关网络资源的丰富程度可视为该领域关注度的一个重要指征。笔者通过百度检索，获悉近年来我国传统村落档案工作的主题分布情况。检索结果（截至2019年2月20日）见表3。

表3　中国传统村落档案工作网络资源的主题分布情况统计

检索词	网页数量	检索词	网页数量
传统村落档案	1230000	传统村落数字博物馆	137000
传统村落普查	525000	传统村落生态博物馆	210000
传统村落建档式保护	30900	传统村落微信公众号	164000
传统村落档案收集	260000	传统村落档案数字化	135000
传统村落档案管理	249000	传统村落数据库	486000
传统村落档案利用	76500	传统村落网站	2280000

从网络资源分布情况来看，传统村落网站所获关注度最高。这一方面是因为公众要了解传统村落相关信息资源，访问网站最方便快捷，信息量也最充分；另一方面，传统村落网站是目前传统村落保护

方发布权威资讯、建档成果、营造保护声势的最理想平台。传统村落档案因固化普查成果、记录村落原貌、提供工作资源支撑的工具性功能亦获得相当大的关注。相较之下，对传统村落建档式保护的关注度明显偏低。虽然在各传统村落保护项目中普遍运用建档方法，但仅将其在工具层面上加以运用，对体系化、科学化建档式保护在学理层面上的探索、思考明显不足。

4. 研究项目

研究项目是推动传统村落保护研究的重要形式之一。近年来，关于传统村落保护的研究得到了国家、省、市各级政府的资金支持，级别较高的国家社会科学基金、国家自然科学基金支持的项目也不少。例如，冯惠玲教授的"历史文化村镇数字化保护与传承：理论、方法与应用"入选 2016 年国家社科基金重大项目，项目旨在探索数字时代如何运用数字技术实现历史文化村镇的保护与文脉传承，致力于搭建历史文化村镇数字资源库和数字传播平台。其他获得国家社科基金资助的以传统村落保护为研究对象的社科项目数量近几年逐步增长。由于篇幅所限及本书主要研究西南少数民族传统村落保护，此处仅列举与西南少数民族传统村落保护相关度较高的国家社科基金资助课题，具体内容见表 4。

表 4　　近年来获国家社科基金立项的西南少数民族传统村落保护相关课题

序号	学科分类	课题名称	类型	时间
1	民族学	藏羌彝走廊地带民族传统村落保护与利用研究	国家社科基金重点项目	2019 年
2	社会学	鄂西少数民族传统村落文化景观保护研究	国家社科基金一般项目	2019 年
3	民族学	文化空间视角下传统村落数字化保护的"贵州模式"研究	国家社科基金青年项目	2019 年
4	民族学	乡村振兴背景下畲族传统村落的保护与发展路径研究	国家社科基金一般项目	2018 年

续表

序号	学科分类	课题名称	类型	时间
5	民族学	乡村振兴战略视阈下彝族传统村落的保护与发展研究	国家社科基金一般项目	2018年
6	民族学	乡村主体视野下武陵少数民族传统村落振兴发展研究	国家社科基金一般项目	2018年
7	民族学	西南少数民族传统村落振兴中的社会风险防范研究	国家社科基金一般项目	2018年
8	社会学	新时代西南地区传统村落文化的活态传承与创新发展研究	国家社科基金一般项目	2018年
9	民族问题研究	城镇化进程中少数民族传统村落景观同质化风险及对策研究	国家社科基金一般项目	2017年
10	民族问题研究	图们江地区朝鲜族传统村落文化遗产保护研究	国家社科基金一般项目	2017年
11	社会学	少数民族旅游精准扶贫与传统村落复兴的协同路径	国家社科基金一般项目	2016年
12		中国西南少数民族传统村落的保护与利用研究（孙九霞）	国家社科基金重大项目	2015年
13		中国西南少数民族传统村落的保护与利用研究（孙华）	国家社科基金重大项目	2015年
14	民族问题研究	新型城镇化进程中西南少数民族传统村落保护路径	国家社科基金重点项目	2015年
15	图书馆情报与文献学	西南少数民族传统村落档案管理与利用研究	国家社科基金一般项目	2015年
16	民族问题研究	乡村"过疏化"背景下湘鄂少数民族传统村落的可持续发展研究	国家社科基金青年项目	2015年
17	民族问题研究	贵州传统村落民俗数学调查研究	国家社科基金一般项目	2014年
18	社会学	热贡移民社区与传统村落的文化开发保护研究	国家社科基金西南项目	2013年
19	民族问题研究	现代化进程中维吾尔族传统村落文化变迁研究	国家社科基金西南项目	2012年

2012—2019 年，以传统村落为研究对象的项目获得国家社科基金立项支持的共 37 项，其中，主要以少数民族传统村落保护为研究对象的申报项目就有 19 项立项，几乎占据了半壁江山。这一方面是因为少数民族地区是传统村落集聚区域，另一方面也体现了国家层面对少数民族传统村落文化生存和发展的高度关注和大力支持。从立项级别来看，其覆盖了西部项目、一般项目、重点项目到重大项目所有层级，特别是 2015 年，对中国西南少数民族传统村落的保护与利用的研究同时获得两项国家社科基金重大项目立项支持，足见对这一领域学术研究的高度关注。从研究领域来看，对少数民族传统村落保护研究的主力军仍然是民族学领域和社会学领域，其他领域立项数很少，显示出对该问题的高层次、高级别研究仍未呈现广覆盖、多元化趋势。从立项类别来看，青年项目立项仅两项，部分说明我国青年学者对西南少数民族传统村落关注度不高，投入的研究力量非常薄弱。

5. 期刊论文

以 "CNKI" 为期刊文献检索平台，以 "期刊" 为检索入口，以 "传统村落""古村落""村落文化" 为检索词，分别与 "建档""档案""建档式保护""数字化" 搭配进行检索，检索时间截至 2018 年 12 月底。共索得 166 篇相关文献，检索结果见表 5。

表 5　　　　传统村落档案主题期刊论文数量统计

检索式：传统村落+	档案	建档	检索式：古村落+	档案	建档	检索式：建档式保护+	传统村落	古村落
检索结果	63	28	—	17	4	—	9	0
检索式：村落文化+	档案	建档	传统村落文化+	数字化+	—	古村落文化+	数字化	—
检索结果	22	13	—	7	—	—	—	3	—

考虑到同一篇文献在上述不同检索式中可能多次出现，后通过同样的检索式，按照年度分别统计，剔除重复、无效文献，共得到期刊

文章85篇，其年度分布情况见表6。

表6　　　国内传统村落建档式保护期刊文献年度分布统计　　（单位：篇）

	2003年	2006年	2007年	2012年	2013年
文献量	2	1	1	3	5
	2014年	2015年	2016年	2017年	2018年
文献量	8	5	15	23	22

通过分析国内期刊论文的内容，发现早期传统村落档案研究内容主要集中于村落文化资源的调查统计、资源收集整理等，论文数量非常少。随着城镇化进程不断加快，传统村落保护与发展被国家提上议事日程，传统村落文化资源日益受到重视，学术研究的侧重点逐渐转向传统村落资源档案化管理、数字化、开发利用等方面，主要包括传统村落文化资源的建档机制策略研究、现实工作困境分析、实践保护措施、数字资源库建设以及古村落文化资源的传承发展等。其中对传统村落建档策略、模式、保护的论述最多，其数量远远多于研究传统村落档案资源开发的论文数量，可见传统村落档案工作还处于基础阶段。

6. 会议文献

以"传统村落文化"+"保护"，"村"+"建档"为检索词，共索得43条有效文献，其中涉及村落文化建档的很少，主题主要聚焦于村落文化遗产保护、村级档案基础工作开展等，检索结果见表7。

表7　　　传统村落文化保护和建档工作会议文献统计

会议名称	时间	会议成果	作者
2012中国农村土地整治与城乡协调发展学术研讨会	2012年	基于文化集体记忆的贵州雷山控拜村落文化遗产保护实践	刘晓晓 朱晓星 宋江 但文红

续表

会议名称	时间	会议成果	作者
城市时代，协同规划——2013中国城市规划年会	2013年	城市化中的村落流失与村落文化保护——以浙江兰溪市为例	冯雨峰 倪露露
新形势下档案资源管理服务	2014年	创新档案工作之我见——以中国名城、名镇、名村建档为例	赵茂莲
中国古村落保护与利用研讨会	2015年	古村镇保护的地域比较与协同发展——第二届中国古村镇保护与利用学术研讨会综述	李诚
第二届中国古村镇保护与利用研讨会	2016年	"美丽乡村"建设背景下传统村落文化的保护与传承——以宁夏平罗县宝丰镇为例	马宝妮
聚落文化保护研究——第三届两岸大学生闽南聚落文化与传统建筑调查夏令营暨学术研讨会	2017年	非物质文化遗产是村落文化遗产保护的关键	郑长欣 阮蕾晔 黄欣

二 研究内容

（一）传统村落建档

1. 指导传统村落建档的基础理论

刘佳慧从记忆观视角出发，认为档案工作不仅要横向关注从物质遗存向文化肌理价值的扩展，体现对传统村落乡愁、集体记忆、归属感、凝聚力及身份认同等方面的情感关怀，还要兼具回溯性和前瞻性的双重眼光，纵向连接传统村落及民族文化的过去与未来。[①] 这与档案记忆观"基于对档案基本属性——社会记忆属性的本质性认识，把档案与社会、国家、民族、家庭的历史记忆联结起来"[②] 的观点相符合。滕春娥在集体记忆视域下阐述了传统村落建档式保护的意义，认为利用建档的方式保护村落文化是对村落集体记忆的集中归集与系统

[①] 刘佳慧：《记忆观视角下我国传统村落档案工作的方式与价值》，《档案与建设》2016年第8期。

[②] 丁华东：《档案记忆观的兴起及其理论影响》，《档案管理》2009年第1期。

整理，是传承珍贵历史和文化记忆的基本方式。① 任越提出文化自觉与传统村落文化建档工作的关系，并阐释传统村落文化建档对提升地区与民族文化自觉、传承与保护传统村落文化的重要性，详细论述了档案从工具属性到信息属性再到双元价值，以此来说明传统村落文化建档保护的可行性。②

上述成果都是以某个理论视角对传统村落档案工作进行研究和探讨，为村落建档工作的出发点和目的性提供了理论指导。但总体来说，基本上还是立足于社会学的社会记忆传承发展相关理论及档案学的双元价值观，对其他学科理论如文化学的文化自觉理论有所运用但欠深入，对其他相关学科，如传播学、文化人类学、政治学、民族学（中国少数民族传统村落为数甚多）等与传统村落档案工作有关的基础理论关注较少，现有的理论体系建构不够完善。

2. 传统村落建档工作主体

丁华东指出档案部门在乡村记忆保护传承中不能"缺位"，而应确立并担当独立的城乡社会文化建设者、乡村记忆存储系统建构者、乡村记忆保护传承探索者的主体地位。档案部门应明确自身优势——对历史文化信息的记录、保存、管理的经验，再不断利用信息技术、完善组织体系，明确自己在乡村文化记忆传承中的位置和责任。③ 王萍、满艺归纳了当下传统村落档案建构的三种主要模式：权力主控模式、精英主导模式、村民自治模式，其参与主体分别是政府相关职能部门、学术团队和民间组织以及传统村落所在地的村民。④ 王萍、卢林涛针对档案机构在当下传统村落档案工作中处于边缘或缺位状态的现象，从档案机构在档案工作主场的规范制定、质量把关到档案工作客场的技术输出、分工协调四个方面，探究档

---

① 滕春娥：《集体记忆视阈下传统村落文化建档实践问题探究》，《兰台世界》2017年第7期。
② 任越：《基于文化自觉的我国传统村落文化建档理论探究》，《兰台世界》2017年第7期。
③ 丁华东：《在乡村记忆保护传承中不能缺位——论城乡档案记忆工程推进的现实必要性与存在合理性》，《档案学研究》2016年第4期。
④ 王萍、满艺：《传统村落档案建构模式比较研究》，《档案学研究》2017年第6期。

案机构介入传统村落档案工作的广度、深度、力度及具体实现路径,认为档案机构应尽可能发挥自己的专业能力,与其他相关社会主体充分合作,才能更好地展现家园的图文档案,描绘独具特色的乡村画卷。① 刘佳慧、王云庆从档案部门与传统村落合作关系建构出发,认为两大主体的合作有助于实现传统村落档案的共建共享,探析了档案部门协助传统村落自治档案、将传统村落档案接收进馆和推动传统村落记忆数字化几种合作关系的建构,以此来塑造一种"自上而下"的文化自觉和"自下而上"的文化自信。提出档案工作者应成为积极的信息资源管理者、村落建设推动者、社会活动实践者,而不再只是档案保管者的身份。②

3. 传统村落文化建档困境及应对策略

任越总结我国传统村落文化建档面临的困境:信息采集阻力大、完整性较差、建档规范与标准欠缺、传统村落文化建档主体单一,各部门职责划分不清。提出应对策略:提升传统村落文化保护级别,积极引导国家性政策出台;走联合建档之路,发挥相关机构的业务特长;以技术为支撑,构建传统村落文化档案群;以村落文化档案资源为基础,创建面向公众的传统村落文化展示平台。③ 王萍、满艺提出传统村落建档式保护优化策略,包括融合多元力量,发动集体智慧,推动传统村落档案建档标准建设以及发挥档案部门专业优势。④ 一些学者以个案分析法研究传统村落文化建档式保护。姜纪云以浙江省"千村档案"建设为例,根据具体实践提出"千村档案"建设策略:摸底调查并整合村落历史文化信息资源;对村落历史文化信息资源进行补充建档;建构"一村一档"村落档案数据库;推进村级档案规

---

① 王萍、卢林涛:《档案机构在传统村落档案工作中的角色再探》,《档案学研究》2018年第6期。

② 刘佳慧、王云庆:《档案部门参与我国传统村落档案工作的方式——档案部门与传统村落合作关系建构探析》,《档案学研究》2017年第2期。

③ 任越:《论我国传统村落文化建档的实践诉求与现实困境》,《档案学研究》2018年第2期。

④ 王萍、满艺:《传统村落建档式保护现状及策略研究》,《档案与建设》2017年第7期。

范化管理和展示场所建设。① 周秋萍以广东省佛山村落为例，为推进佛山传统村落文化建档式保护提出建议，包括明确档案收集范围、建立保管联动机制、加强档案信息化建设和建立资源共享机制，以期借力档案管理工作，推进传统村落文化的保护与传承。②

4. 传统村落文化数字资源建设

王萍认为，传统村落文化数字资源（以档案化数字资源为主）建设在政策、文化、技术方面有一定优势，同时面临文化资源碎片化、数字技术单极化、村民主体边缘化等内部问题和法律法规缺位、监管乏力、顶层设计缺乏、协调不畅、规范标准滞后、共享困难等外部障碍，有待加快立法、做好顶层设计、规范标准先行、吸纳村民参与、平衡技术文化。③ 王萍、卢林涛对传统村落文化数字资源库建设的目标与原则、具体架构、开发利用方式展开探究，提出基于数据库、网页、移动互联等技术建构包括传统村落的物质文化和非物质文化，体现多元、整合、开放原则的数字资源库。④ 卢林涛分析传统村落档案数字资源库建设的指导性（建设目标、建设原则）、策略性（可行性论证、推进布局、组织体制、支撑保障）、平台性（内容组织、技术架构）、业务类（标准规范、维护管理、利用途径）四类关键构件。通过各构件的协同配合，以构建数字时代传统村落档案保护和管理实践新框架。⑤ 陈阳提出一方面要大力开展村落文化遗存的数字化；另一方面为了今后的信息共享，要制定信息著录的标准规范。另外，要着力建设传统村落信息平台并全面开放，在提供信息以便充分利用的

---

① 姜纪云：《"千村档案"建设问题研究——以浙江省"千村档案"建设为例》，《档案学研究》2017年第6期。

② 周秋萍：《我国传统村落文化建档式保护研究——以广东省佛山村落为例》，《浙江档案》2017年第10期。

③ 王萍：《传统村落文化数字资源建设研究》，《图书馆建设》2018年第7期。

④ 王萍、卢林涛：《我国传统村落文化数字资源库建设初探》，《图书馆学研究》2018年第9期。

⑤ 卢林涛：《传统村落档案数字资源库建设关键构件研究》，《浙江档案》2018年第9期。

同时，注意宣传引导受众通过平台不断完善村落文化遗存记录。①

当下对传统村落档案数字化的研究已不仅仅停留在技术层面，逐渐开始以技术为平台，更多地关注内容开发。研究逐渐从信息资源的电子化管理向信息知识的挖掘利用方向发展。

（二）传统村落档案管理

韩桐、王云庆认为传统村落档案收集是保护甚至挽救处于消亡边缘的传统村落的较为高效的途径之一，对传统村落档案收集工作的要点和档案整理环节提出了要求。②朱天梅提出要确定少数民族传统村落文化建档的范畴；弄清少数民族传统村落文化建档的档案内容来源；把握好少数民族传统村落文化遗存档案收集工作中文化建档与民族宗教情感、档案征集入馆与信息采集、建档后档案信息资源产权与使用的归属以及信息采集规范性与后续使用的关系。③徐欣云、刘迪针对古村落档案的"泛化"现象，提出革新古村落档案收集方式，包括采用田野征集、收购、捐赠等，主张村民自觉参与，用古村落档案的"泛化"收集以适应古村落档案零散存在的现状。④何斌总结传统村落档案收集的四种主要方法：科学调查、文献收集、访谈记录、图纸测绘。⑤

王云庆、韩桐认为，对传统村落档案的鉴定需重点考虑其内容的独特性、形成的时效标准、形式特征标准、相对价值标准以及现实和长远的关系。要注意传统村落实体档案及电子档案的管理和安全。⑥安宏清梳理了传统村落档案管理存在的问题，比如档案收集不齐全、保管机制不健全、档案管理共享机制不健全等，并提出明确收集范

---

① 陈阳：《对我国传统村落文化建档式保护问题的思考》，《兰台世界》2017年第7期。
② 韩桐、王云庆：《守护传统村落的历史记忆——谈中国传统村落档案的收集整理》，《中国房地产》2014年第10期。
③ 朱天梅：《论少数民族传统村落文化建档中档案收集工作》，《兰台世界》2017年第7期。
④ 徐欣云、刘迪：《古村落档案的"泛化"现象及"泛化"收集研究——以江西古村落为例》，《档案学通讯》2017年第6期。
⑤ 何斌：《传统村落档案的收集》，《城建档案》2018年第9期。
⑥ 王云庆、韩桐：《我国传统村落档案管理路径探析》，《浙江档案》2014年第6期。

围,丰富建档门类;建立保管联动机制,明确部门责任;充分利用信息网络平台,建立传统村落档案资源共享机制的解决方略。① 李健、王运彬发现传统村落档案人文引导管理的弊端,提出"人文引导管理+文化生态保护"并重的管理模式以实现传统村落档案管理向文化生态复兴转型,即尽量还原村落历史风貌,强调传统村落档案不能脱离文化语境,档案记录要连续跟随村落的动态发展,档案管理要与地方规划、经济发展、村民文化自觉相结合。②

(三) 传统村落档案利用

唐思卓认为,我国传统村落文化档案开发应该通过揭示并宣传传统村落的特色文化、文化价值、优势等,使更多的人认识到传统村落文化的重要,同时发掘传统村落文化资源并进行旅游等开发。③ 洪光华以徽州历史档案的开发利用助推徽州乡土旅游发展为例,论证民间档案在乡土景观宣传与开发中发挥的价值和作用,推动了地方旅游经济的发展。④

从上述成果可看出,传统村落文化档案的开发与利用尚处于探索阶段,更多是挖掘村落档案中的历史内涵来赋予其人文气息,促进当地的旅游开发。相关的研究比较零散,还没形成专门的体系,比如谁来开发、如何开发、开发的标准如何等,都还有待思考。

三 研究述评

总体而言,传统村落档案工作随着传统村落保护活动的进行而逐步拓展,无论是指导传统村落档案工作的理论和理念,档案工作的主体、对象、内容还是技术手段的运用,其内涵都在不断丰富,外延都在不断拓宽,实践层面的探索一派繁荣。学术界也在适时跟进,对上

---

① 安宏清:《传统村落档案管理工作初探》,《北京档案》2017年第5期。
② 李健、王运彬:《传统村落档案管理路径转型——从人文引导管理到文化生态复兴》,《浙江档案》2018年第10期。
③ 唐思卓:《我国传统村落文化建档探究》,硕士学位论文,黑龙江大学,2016年。
④ 洪光华:《浅议民间档案的开发利用与乡土旅游的发展》,《云南档案》2012年第4期。

述领域都有不同角度、不同层次和深度的研究和思考。但应该看到，现有研究无论是数量、覆盖面还是深度都有较大欠缺，与蓬勃发展的传统村落保护工作的需要不相适应，特别是对当下传统村落保护工作亟待解决的几大问题，研究成果还相当薄弱，难以为实际工作提供有力的理论支撑和引导，具体表现如下。

第一，宏观层面的顶层设计和制度标准建设。传统村落保护工作主体众多，力量分散，客观上需要进行先期的顶层设计以统筹各方力量，实现传统村落档案资源共建共享。传统村落档案工作的制度建设和标准制定关系到工作是否持续、规范、一致。在中外文化遗产保护众多成功案例中，无一不是顶层设计和制度标准建设统筹和引领项目走向成功，此为传统村落建档式保护要解决的首要问题。

第二，中观层面的传统村落档案管理体系建构。众多的传统村落档案工作主体、海量且异构的传统村落档案资源、多元的传统村落档案资源利用者都需要纳入科学的传统村落档案管理体系，在体系的大框架下协同合作。一方面高效配置建设资源，充分发挥各建设主体专业化力量；另一方面通过构建有效的激励机制、保障机制、合理的利益分享机制，推动各建设主体展开良性合作，互通有无，在文化抢救保护大目标一致的前提下充分实现建档资源、建档成果共享。

第三，微观层面的传统村落档案工作环节和应用技术探索。当下对传统村落档案工作环节的学理性探究过度集中于建档环节且偏重于传统形式的档案资源建设，对传统村落数字档案资源建设的研究亟待加强。在传统村落档案资源组织方面，如对传统村落档案整理、鉴定、保管等方面的特殊需要亦应开展重点研究，探索符合这一新兴档案门类管理需求的具有指导性和可操作性的工作模式。此外，对档案资源利用的创新方式特别需要加大研究力度。"除了已有的编研出版、展览等传统模式外，如何以'互联网+'为思维导向，以数字技术为支撑，从社会学、文化学、人类学、传播学等多学科角度探索其人文价值实现的路径，一方面将村落文化外向传播的广度和深度、影响力推到更高的境界；另一方面如何借助于古老的、接地气的民间传播方式，向内向下渲染，维系文化认同感，增强原住民对村落文化的自豪感和自觉传承的使命感以配合乡村治理和文化振兴这一国家重大战略。"① 另外，互联网技术、多媒体技术、数字技术、信息技术的突飞猛进以及社交工具的日益成熟为传统村落档案工作提供了极大的想象力和可能性。数字人文的理念和先期探索的经验完全可能在传统村落档案工作领域落地，如何在传统村落档案工作中对接技术发展的红利，结合传统村落档案资源的独特属性，探索对上述技术手段的适应性运用，真正实现档案资源从采集、整理、组织到呈现的全程数字化、关联化、直观化、可视化，打造全社会共同建设和利用的数字化生产和利用平台，应成为该领域未来重点研究的方向之一。

第四，对少数民族传统村落档案研究应着力加强。少数民族地区尤其是西南少数民族地区聚集了多数的传统村落，该类型地区的传统村落档案资源一是自存状态更加脆弱；二是在数量、类型、载体、内容等方面与汉族地区的传统村落档案相比，既有共性又有突出的特色和差异性，需要探索有别于传统和具有民族适应性的档案管理模式和利用路径，这方面的研究目前相当薄弱。

综上所述，已有学术成果为本书提供了坚实的观点支撑和有益的智慧启迪，而对传统村落档案工作，特别是少数民族传统村落档案工作在宏观层面的顶层设计和制度标准建设，中观层面的档案管理体系建构，微观层面的档案管理、利用和数字化技术探索，目前仍有较大的研究空间。鉴于少数民族传统村落建档式保护实践对以上议题有强烈的现实需求，本研究力图不限于自身的学科语言、思维视角和研究方法，跨越学科边界，从社会学、文化遗产保护学、民族学、传播学等相关学科借力，包括借鉴理论和研究范式，实现跨学科的知识整合，以期在上述方面取得突破。

---

① 王萍、卢林涛：《传统村落档案研究——现状、困境与展望》，《档案学研究》2017年第2期。

第三节　相关概念界定

一　村落

村落是农耕文明特有的聚居形态,是由一定的地域界线、经济模式和人类群体构成的有机整体。《史记》有云:"一年而所居成聚,二年成邑,三年成都。"① 其中的"聚"即指村落,可见村落是相对于城市而言的。现代意义上的村落,是"以农业(包括耕作业或林牧副渔业)生产为主的居民点",② 包括汉族聚居的村庄和少数民族聚居的村寨等。村落既是乡村历史的"记忆场",也是中华文化的"基因库"。③

二　传统村落

传统村落前称"古村落",古村落强调时间上的延续性,传统村落则更加注重文化和文脉的传承,凸显传统村落的历史价值和文化内涵。目前对"传统村落"的价值及范围界定存在多元判断。综合来看,主要有以下几类。

（一）行政管理领域

在住建部等四部委下发的文件中,将传统村落界定为:"聚居年代久远,拥有丰富的物质和非物质形态文化遗产资源,具有历史、文化、科学、艺术、社会、经济价值,应予以保护的村落。"这一认定指标目前已得到相当广泛的认同,主要用于指导以住建部为主推动的传统村落建档工作。

（二）学术研究领域

由于对"传统"一词内涵与外延的不同理解以及对村落历史文化等价值判断的主观差异性,在学术研究领域实际上存在不同的具体界

---

① （汉）司汉迁:《史记》,线装书局2006年版,第3页。
② 冯淑华:《传统村落文化生态空间演化论》,科学出版社2011年版,第1页。
③ 丁华东:《在乡村记忆保护传承中不能缺位——论城乡档案记忆工程推进的现实必要性与存在合理性》,《档案学研究》2016年第4期。

定标准。如学术界传统村落文化抢救保护的领军人物冯骥才先生提出以下传统村落界定标准：一是有悠久的历史，而且这个历史都被村落记忆着；二是有较完整的规划体系；三是有比较深厚的非物质文化遗存；四是有鲜明的地域特色，有它的独特性。① 冯先生的标准与官方标准相比，似乎更加强调村落聚居生长基因的独特性，即不可替代性；村落历史文化积淀的深厚以及村落记忆的连续性。还有部分学者对传统村落概念的界定则更为宽泛，如王云庆指出："传统村落是人类聚落的一种形态，有深厚的历史文化内涵，是人类创造的物质财富和精神财富的集中体现。"② 东南大学教授陶思炎则持以下判断：能够进入传统村落名录的应该是有一定历史、有遗迹、保存基本完整、人们生活过或正在生活的村庄。"这个标准不能全国统一。对于少数民族村寨，只要村民的居住区域、生活状况能够保持原有风貌，也可以称为传统村落。"③

（三）社会领域

民间团体及个人基于自身对传统村落的体察及情感，对传统村落的界定则更为自由宽泛，如中国民协顾问曹保明认为，凡是依靠自给自足的方式进行生产、生活，以血缘关系的家庭和以几个大姓为纽带形成的村落组织，都可以称为传统村落。

由于本书的研究对象"西南少数民族传统村落"大多已列入国家级传统村落名录，故本书选取住建部界定的传统村落概念来框定研究范围，避免因使用过于宽泛或过于细化的概念导致研究对象划界偏大而难以把握或偏小而有所疏漏。

三 少数民族传统村落

少数民族传统村落是指传统村落中"少数民族人口相对聚居，相

---

① 《如何保护无法复制的古村落？》，2018年5月3日，中国文明网，http://news.163.com/12/0503/04/80IA0DI700014 AED.html。
② 王云庆：《保护传统村落 留存乡村记忆》，《城乡建设》2015年第1期。
③ 《传统村落的"存"与"活"》，2022年4月10日，搜狐网，http://www.sohu.com/a/210126792_355955。

对完整地保留了各少数民族的文化基因、产业结构、民居式样、村寨风貌以及风俗习惯等,具有少数民族文化特征的自然村或行政村"。① 少数民族传统村落承载着少数民族同胞的生产和生活,集物质文化遗产与非物质文化遗产于一身,是少数民族传统文化的"活化石"和"博物馆"。

四 建档式保护

建档式保护的正式提出源于 20 世纪 50 年代日本的非物质文化遗产保护实践。作为文化遗产保护的一种方式,建档式保护指通过前期普查,主要运用收集文化遗产原生档案材料和建构文化遗产衍生档案的手段,记录文化遗产存留情况并用文字、图片、音像等方式将文化遗产中无形的文化因子转化为有形的信息记录从而保留并传承。其关键要素是文化遗产档案的建立、管理和开发利用。

五 传统村落档案

目前,学界和业界对传统村落档案内涵和外延的边界存在不同的理解和界定。总体而言,一类界定偏狭义:如安宏清认为,传统村落档案是指专门为列入"中国传统村落"名录的村落而建立的档案。从档案内容来看,主要包括三个方面:一是传统村落物质肌理信息,如村落布局、特色民居、街道走向、重点文物等档案;二是传统村落历史文化的信息,如历史传承、村规民约、民风民俗、非物质文化遗产等档案;三是传统村落在当今社会发展中的变化信息,如人口变迁、房屋改建、新农村建设等档案。② 而徐欣云、刘迪则认为,传统村落"建档"主要是重建古村落的信息台账,其建构性明显,与传统"归档"有所不同。古村落档案更侧重于古村落历史悠久的原生文献。古村落档案可分为文化遗产档案与农村档案,这类"档案"

---

① 朱天梅:《论少数民族传统村落文化建档中档案收集工作》,《兰台世界》2017 年第 7 期。
② 安宏清:《传统村落档案管理工作初探》,《北京档案》2017 年第 5 期。

与传统档案的特征不符，是一种档案"泛化"现象。① 显然一个强调传统村落档案的建构性，另一个则强调传统村落档案的原生性。

另一类界定相对宽泛：如贵州省黔东南州档案局下发的《黔东南州传统村落档案管理办法（试行）》规定："本办法所称传统村落档案，是指对传统村落科学调查、保护、规划利用过程中所产生的资料、图纸、照片、录音、录像、实物以及传统村落的党群组织、村民会议（村民代表会议）、村民委员会在从事党群工作、基层群众自治管理和经济活动中形成的，具有查考和保存价值的各种文字、图表、声像、实物等不同形式的历史记录，是所有反映中国传统文化、传统民俗、历史、宗教、地理、自然等的历史凭证。"该定义将传统村落保护档案与在农村档案工作中历史悠久的村级管理档案相结合，侧重于传统村落动态保护与管理活动中累积的档案材料，对村落原生档案没有涉及。2018年由贵州省安顺市档案局牵头，联合安顺市民政局、市民委、市住建局下发的《安顺市传统村落档案管理办法（试行）》，将传统村落档案界定为："传统村落档案是指传统村落形成、发展、变迁和保护、规划、开发、管理，以及村支两委及其他社会组织或个人在从事村务管理、基层党务、经济建设、文化活动等社会活动过程中产生或形成的具有查考和保存价值的各种文字、图表、声像等不同形式、不同载体、不同门类文件材料的总称，是反映村落过去传统历史文化、民风、民俗、农耕文明和现在村民自治、村务管理、建设、发展的重要凭证和历史记录。"这一界定明确包含了村落历史、村级管理、村落保护与发展三个主要领域产生的档案。而部分学者则认为，村落档案的形成、构成与传统以行政机关为主体形成的档案全宗有很大区别，如杨毅、张会超认为，"村民日常生活沉淀下来的村寨记忆，不适宜用档案学的传统概念去框束"。②

笔者认为，传统村落档案的内涵和外延应有科学、合理的界定。

---

① 徐欣云、刘迪：《古村落档案的"泛化"现象及"泛化"收集研究——以江西古村落为例》，《档案学通讯》2017年第6期。

② 杨毅、张会超：《民族档案在田野中生成的实践探索》，《思想战线》2013年第5期。

外延过大会造成档案过度"泛化",造成传统村落建档式保护工作的对象过于宽泛,工作任务过重;外延过小则很有可能造成以村落为立档单位的档案全宗不完整、不全面,难以反映村落在历时性和共时性两个维度上的历史和现实、积淀与发展的全貌。基于以上考虑,本书将传统村落档案界定为:传统村落档案指传统村落所在地的村民在生产生活实践中直接形成的,以及国家机构、社会组织和个人在传统村落保护和管理活动中形成的有留存价值的各种形式的历史记录。

六 少数民族传统村落档案

基于上述认知,本书将少数民族传统村落档案界定为:少数民族传统村落档案指少数民族传统村落的村民在生产生活实践中直接形成的,以及国家机构、社会组织和个人在少数民族传统村落保护和管理活动中形成的有留存价值的各种形式的历史记录。主要由两部分组成:一是伴随少数民族传统村落社会实践而形成的档案,即村落自身"在其产生、发展和变化的完整历史过程中所形成的文字、实物、录音、录像、照片等材料,也包括通过史料挖掘形成的档案资料";①二是将少数民族传统村落视为管理和保护对象,在保护和管理活动中形成的档案,如传统村落名录申报材料、传统村落保护发展规划、传统村落田野调查与图文记录、村级管理档案等。少数民族传统村落档案同时隶属于民族档案和村级档案大类,具有民族档案和村级档案叠加的属性,是少数民族乡村档案资源体系的重要组成部分。

除了具有传统村落档案共同的活态性、系统性、依存性之外,少数民族传统村落档案还具有以下特色。

一是内容特别丰富。与一般的传统村落档案相比,少数民族传统村落档案包罗万象,内容更加丰富,诸如衣冠服饰、特色食物、建筑风貌、传统节日、宗教信仰、语言文字、民间音乐等。由于少数民族所有的非物质文化遗产都在村寨里,故少数民族传统村落档案里非物质文化遗产档案的丰富性尤为突出。

---

① 连湘、王萍:《我国传统村落档案工作研究》,《秘书》2018 年第 1 期。

二是形式特别多样。形式的多样性既指档案载体形式的多样性，也指记录形式的多样性。就前者而言，少数民族传统村落就地取材，形成了石刻、木刻、摩岩石刻、布帛、兽骨、羊皮、陶片、贝叶等载体不一、形态各异的档案；在村落的立档调查过程中，因语言、音乐、舞蹈、传统节日等的特殊性，也会形成录音、录像、照片等特殊载体档案。就后者而言，其一，多数民族拥有本民族独特的文字，例如藏文、壮文、彝文、东巴文、白文、苗文、瑶文、傣文等；其二，少数民族传统村落档案除文字书写的档案外，还有大量图像档案和实物档案，例如在云南省沧源、耿马、怒江、元江、路南、弥勒、邱北、宜良、西畴麻栗坡等县发现的23处、1500多幅岩画，画面描绘了狩猎、放牧、农业、战争、祭祀、舞蹈、杂技等场景，是今人了解东汉魏晋时期该地生产生活重要的史料和档案。[1]

三是民族风格特别突出。不同的民族在长期的演化中形成了各自风格迥异的民族特性。少数民族传统村落是少数民族历史文化的典型代表，其档案的整体风格自然而然地会折射出本民族的特色。因此，少数民族传统村落档案无论是在村域环境、村落选址与格局、传统建筑方面，还是在历史环境要素、非物质文化、文献资料方面都具有鲜明的民族性，而这也正是少数民族传统村落档案的珍稀与珍贵之处。

四是文化特别多元。少数民族总体呈现大聚居、小杂居的分布格局。大聚居又包括单一民族聚居和多民族融合聚居。不仅多个少数民族传统文化互相交流融通，形成拼盘式文化风格。即使单一民族聚居村落也会有不同的民族支系，如贵州省不少苗族村落里还分独角苗、长角苗、花衣苗等，不同支系的服饰、习俗、禁忌等都有所区别。在少数民族与汉族杂居的村落，村落文化则呈现汉文化与少数民族文化交织融会、和谐共生的格局。上述文化样式和风格的多元折射在传统村落档案上，使少数民族传统村落档案的文化异质性更加突出，更具有开发利用价值。

---

[1] 华林、黄梅：《少数民族档案遗产研究》，《档案学通讯》2010年第4期。

七 少数民族传统村落档案管理

少数民族传统村落档案管理是指以少数民族传统村落档案或档案材料为管理对象所开展的一系列档案管理或档案化管理活动的总称。少数民族传统村落档案管理与传统的文书档案管理相比，既有包括归档、鉴定、分类立卷、著录、保管、检索利用等在内的工作流程上的共性，亦有其特殊性。主要表现在以下两点：第一，少数民族传统村落档案管理的对象既包括传统意义上的档案，可称为"纯档案"，也包括真实记录、描绘传统村落演化变迁轨迹的档案材料。这类材料在严格意义上不属于传统的档案范畴，但具有一定的档案属性，可称为"准档案"。[①] 第二，除却档案部门对传统村落档案施加的管理活动之外，住建部等政府部门、学术机构、民间团体或个人等在少数民族传统村落研究和保护过程中，亦持续对包括普查档案、申报档案等在内的档案施加管理。该类管理活动运用了一些档案管理领域的原理方法和技术手段，具有一定的档案管理内涵，但与档案学领域内对档案管理工作内涵、外延的界定和要求相比，还称不上是严格意义上的档案管理活动。故在本书中，称之为档案化管理。需要说明的是，根据西南少数民族传统村落建档式保护的工作现状，本书的研究对象既包括档案管理，也包括档案化管理；既包括传统村落档案，也包括传统村落档案材料。从某种意义上说，后者在类型、内容的丰富性及现存数量上大于前者，是值得重点关注和研究的对象。

第四节 研究思路、框架与方法

一 研究思路

本书秉持面向工作实践的研究方法论，用文化保护学的视野、社会学的思考、档案学的方法、传播学的分析交织成对研究对象的综合

[①] "纯档案"和"准档案"的称谓来自四川大学乔健教授在第二十八届教育部档案学教育指导委员会会议上的发言。

认识。本书首先充分阐析传统村落特别是少数民族传统村落的文化和战略意义以及传统村落保护的重要性和紧迫性，在此基础上分析已有传统村落保护模式的优劣，论证传统村落建档式保护是当下最行之有效的保护路径。由于建档式保护成败的关键在于传统村落档案管理（广义的管理，包括传统村落档案资源建设、资源组织与资源利用）的质量和效度，故本书总结梳理了当下西南少数民族传统村落档案管理的现状和问题。为解决以上问题，本书提出的策略和方案是建构以顶层设计为原点，以科学分工为基础，以共建共享为旨归的少数民族传统村落档案体系。在框架体系确立之后，接下来用三章的篇幅具体研究在该体系框架下如何分别开展西南少数民族传统村落档案资源建设、档案资源组织和档案资源利用。结语部分对本研究择要加以总结，对传统村落档案工作未来可能的方向、本书的不足及下一步研究计划作简要说明。

二 研究框架

本书的研究框架见图1。

根据上述主要内容组织架构，本书由八章组成，分如下六个部分。

第一部分为绪论，对本书的研究背景与意义、国内外研究综述以及本书的内容结构、研究方法等进行说明。

第二部分即第一章，主要论证少数民族传统村落建档式保护的必要性和可行性。在论证建档式保护的必要性时，是从少数民族传统村落面临生存危机，亟须抢救和保护出发，对名录制保护、博物馆式保护、建档式保护的优势和劣势展开分析，论证建档式保护是当下少数民族传统村落保护的最佳路径。为加大论证力度，从切实提高传统村落保护质量、助力乡村文化振兴、助力乡村经济振兴、留存民族集体记忆、保护文化多样性五个方面全面阐析建档式保护的成果价值。在论证西南少数民族传统村落建档式保护的可行性时，主要探析了理论层面和实践层面（主要包括政策、资金、技术）为建档式保护提供的支撑和保障。

绪　论 | 35

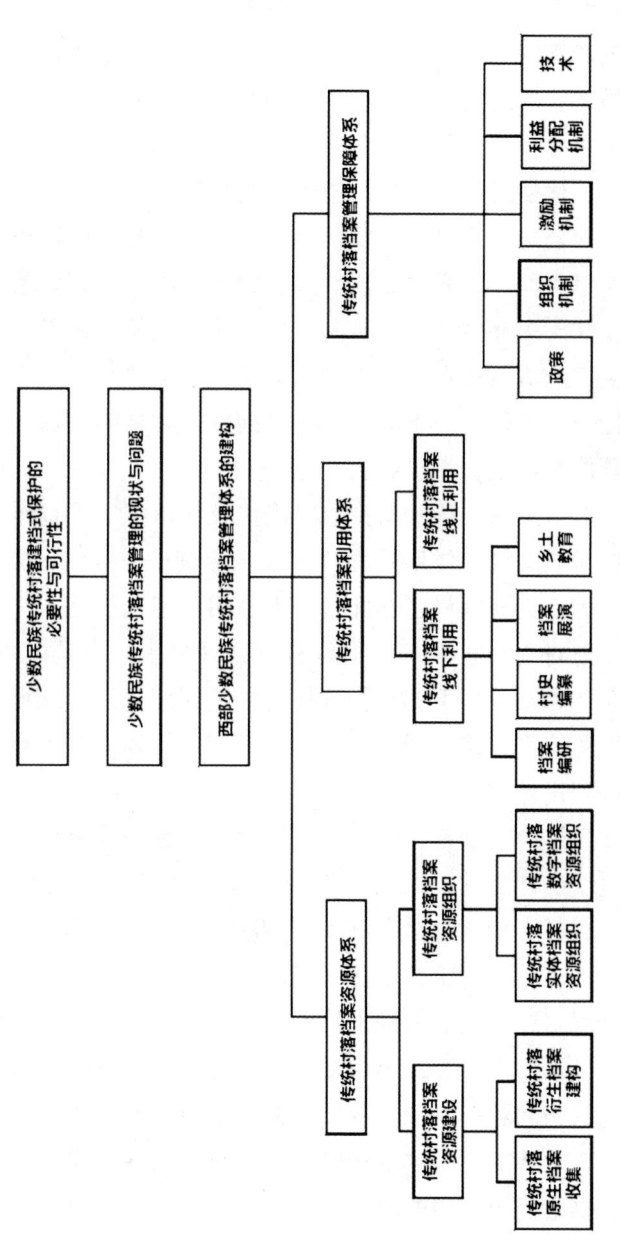

图1　西南少数民族传统村落档案管理与利用研究框架

第三部分即第二章，主要梳理总结西南少数民族传统村落建档与档案管理的现状和问题。一是回顾历史，对西南少数民族传统村落建档作全景式描述；通过对当下三种主要建档模式——行政机构主控模式、学术团队主导模式、村民文化自治模式的基本情况和优劣以及对各模式下形成的建档成果管理现状进行客观描述和评价，形成对少数民族传统村落建档与档案管理现状的客观认识。二是从少数民族传统村落入档材料量大面广，采集难度较大，缺乏有力的建档政策、统一的建档标准，缺乏多元主体合作机制，缺乏档案机构深度参与，缺乏对村民文化主权的应有尊重等方面深入分析和全面总结西南少数民族传统村落建档与档案管理当下面临的主要问题。在准确把握和精准认识现状和问题的基础上，探求解决之道。

第四部分即第三章。从西南少数民族传统村落档案管理体系建构的目标入手，对档案管理体系建构四大基础原则——整体、协同、共享、动态原则进行充分阐释。在此基础上，明晰建构思路：一是做好顶层设计；二是对主要建档主体进行科学合理分工；三是协同建设，整合共享。在此思路指导下，对传统村落档案管理体系的三大构成要素，即档案资源体系、档案利用体系、档案管理保障体系各自的内容及组织形式展开设计。

第五部分含第四、第五、第六章，从西南少数民族传统村落档案资源建设、组织、利用三个层面分析传统村落档案工作的实现方式。第四章重点探讨西南少数民族传统村落档案资源建设的原则、范围、重点及方式；第五章将传统村落档案资源组织分为实体档案资源组织和数字档案资源组织两大类，分别从鉴定、分类、著录、保管和数据库建设等方面设计技术方案；第六章首先梳理总结当下传统村落档案资源利用的现状与问题，以此为基础，提出西南少数民族传统村落档案资源利用应该秉持的原则，重点研讨在该原则指导下优化西南少数民族传统村落档案资源利用的策略问题。

第六部分即结语。该章主要就传统村落档案工作未来发展走向进行前瞻性研究，说明本研究因主客观条件的限制而导致的不足，对本研究可能的拓展空间及下一步研究计划作出说明。

三　研究方法

为了完成上述研究内容，本书采取了如下研究方法。

（一）文献调查法

本书以"西南民族传统村落文化建档式保护"研究为主题，通过查阅国内外相关数据库，对该领域的相关著作、期刊论文、会议论文、报纸等文献进行检索，尽可能全面地收集第一手相关文献资料，经过分析、综合、比较、归纳，把握该领域研究的进展与前沿动态，找出其中的规律和问题，以求全面了解西南少数少数民族传统村落档案管理与利用的现状，帮助确定本书的主要研究内容。

（二）实地调查法

本书采用的实地调查法主要包括问卷调查和深度访谈。本书选择的实地调研样本对象多在某方面具有代表性，如桃坪羌寨拥有世界上保存最完整的尚有人居住的碉楼与民居融为一体的建筑群，是国家级重点文物保护单位；周城村是全国最大的白族聚居村；大湾苗寨拥有全国第一家传统村落活态档案馆；地扪侗寨是村民文化自治式建档模式的典型代表；等等。而对传统村落数量较少、传统村落档案工作相对滞后的西藏自治区，则主要采用了网络调查法。

具体如下：为掌握村民对传统村落文化遗产及保护所秉持的文化态度，笔者对贵州省贵阳市镇山村（布依族）、四川省阿坝州理县桃坪羌寨、四川省阆中市老龙村和天宫院村的村民进行了以发放问卷为主，结合深度访谈的实地调研。为摸清传统村落所在地的村级档案情况，笔者对上述调研地点的村委会以及云南省大理白族自治州周城村、双廊村，贵州省黔南州松桃苗族自治县大湾苗寨，贵州省黔东南州黎平县黄岗侗寨、地扪侗寨村委会工作人员开展了访谈。为了解政府相关职能部门的传统村落档案工作情况，笔者对四川省阿坝州理县住建局、文化旅游和体育局、档案局，贵州省档案局，贵州省黔东南州住建局、档案局，黔东南州黎平县住建局、文广新局非遗中心、档案局等单位进行了以访谈为主的实地调查。辅以对西南其他地区少数民族传统村落档案工作的电话访谈、网络调查，广泛收集我国西南少数民族传统村落档案管理与利用的相关信息，经过系统整理和科学分析，揭示我国西南少数民族传统村落档案管理与利用的现状。

（三）案例分析法

以全国地级行政单位中入选传统村落名录最多的贵州省黔东南州为主要案例，将该州传统村落档案工作实践作为相关部分的例证，并辅以四川省阿坝州理县桃坪羌寨、云南省大理白族自治州周城村和双廊村等地的实地调研，力图以点代面，在传统村落档案管理及利用策略方面有所突破。

（四）定量研究法

为优选西南少数民族传统村落档案资源利用线上平台，本书借鉴了传播学的定量研究方法。使用 NLPIR-master 开源工具的新词发现功能，发现主要线上平台在某时间段内传播传统村落文化内容的主要词语并形成词典，使用 TextRank 方法分别计算出排名前 100 的文档关键词，作为描述线上传统村落文化档案资源特征的重要词语。使用爬虫软件抓取微博、微信平台传播的传统村落语词并形成语义网络图，力图以量化方式对微博、微信的传统村落文化资源传播能力作出客观评价。

第五节　研究创新及不足之处

一　创新之处

坦率地说，西南少数民族传统村落档案管理与利用是一项有一定难度的研究课题。由于我国传统村落名录工程始于 2012 年，迄今仅 10 年，伴随传统村落名录工程而产生的传统村落档案工作刚刚起步，来自实践层面的探索和经验都非常有限，还未形成总结提升所需的扎实材料基础。理论研究目前涉足不深，专题性研究论文数量少，研究范围狭窄，更不用说系统性研究了，加之传统村落档案工作在对象和方法上的复杂性加剧了该研究课题的难度。本书力图对西南少数民族传统村落档案管理与利用展开较为系统和深入的研究，提出既具学理性亦具一定的现实指导性和可操作性的对策建议。从这个意义上讲，本研究尽管难以尽善尽美，但亦具有开拓性意义。

（一）选题新

如前文所述，传统村落档案工作开展仅10年，对传统村落档案的研究成果较少，尤其对少数民族传统村落档案的研究非常稀缺，故本研究具有一定的前瞻性。从乡村记忆这一视角研究传统村落档案的社会和文化价值，也使本书在理论丰富性和方法论上有所突破。

（二）观点新

由于尚无人做过传统村落档案管理与利用的系统研究，可参照的现成理论和观点有限，需要笔者进行大胆创新。本书尤其在观点方面进行了大胆创新，重要创新点如下。

第一，首次对"少数民族传统村落档案"进行概念化、系统化的规范界定。

第二，首次提炼和阐述少数民族传统村落档案的特点与价值，明确少数民族传统村落档案在建设有历史记忆、地域特点、民族特色的"美丽乡村"这一国家战略层面，在支撑少数民族内向寻根、寻求集体认同、固化族群记忆、传承民族文化方面具有其他记录无可比拟的价值。

第三，充分论证少数民族传统村落建档式保护的必要性和可行性，并首次归纳与对比三大传统村落建档模式。

第四，首次对少数民族传统村落档案管理体系进行建构与设计，以解决类似民族民间传统文化抢救与保护项目中多次出现的保护责任主体多元、联席单位协调沟通不到位、档案信息重复采集、著录标准不一、保管地点分散、共享困难等问题。

第五，在基于体系框架研究少数民族传统村落档案工作时，从少数民族传统村落档案资源建设、资源组织、资源利用三个维度提出了一些独创性观点，如对少数民族传统村落档案资源建设范围、重点、方式的思考；基于传统村落档案的特殊性，在鉴定、分类、著录、保管等档案工作的重要环节，相较于传统方法如何设计更具弹性、适用性的工作方法。在传统村落档案利用方面，如何既优化线下利用，又搭上"互联网+"的快车，开拓线上的创新性利用。如何在档案管理体系的建构、管理模式的优选以及档案信息的开发利用中加强"村落"视角和"村民"视角，通过制度设计让村民参与其中。其新颖观点贯穿本书的各个章节。

（三）研究方法新

本研究除运用传统档案学的定性研究方法之外，还结合了社会学的田野调查、传播学的定量研究，综合运用了社会调查、实证研究等方法。

二 不足之处

本书的不足与欠缺主要表现在三个方面。一是西南地区少数民族传统村落档案工作水平参差不齐。由于时间及精力有限，实地调研考察主要集中于少数民族传统村落数量多的地区，包括传统村落档案工作水平相对较高的贵州省、四川省、云南省有代表性的传统村落及相关政府部门，对少数民族传统村落数量较少、档案工作开展相对滞后的重庆市和西藏自治区的传统村落档案工作情况仅限于网络调研。另外，鉴于有些村民不具备理解和填写问卷的能力，故问卷调查采取面对面、一对一的讲解方式进行。这会在一定程度上影响本书对西南少数民族传统村落档案工作现状的全面把握度及相关结论的客观性。二是重新审视本书的内容组织与安排发现，本书突出学理层面的构建，与传统村落主管部门的结合尚需加强，实证研究尚未开展。三是成果中对传统村落数字档案资源整合与共享的技术方案仅是宏观架构，具体实现方式与技术路径尚需进一步论证。

第一章　少数民族传统村落建档式保护的必要性与可行性

第一节　少数民族传统村落建档式保护的必要性

一　少数民族传统村落面临生存危机

随着城镇化进程的不断加快，我国少数民族传统村落面临着多种危机，抢救保护工作迫在眉睫。

第一，少数民族传统村落实体破败带来的危机。在城镇化进程中，传统村落面临的首要危机是实体破坏，目前少数民族传统村落的实体破坏突出表现在村落建筑特别是民居建筑上。由于少数民族传统村落大多位于地域偏僻之地，交通难以通达，① 故村落建筑基本上都是就地取材。除了以石为主的民居建筑相对牢固长久之外，西南特别是西南少数民族最主要的建筑材料是当地大山里的木材。由于山区长年湿润潮湿，木材容易朽坏，而且对木质建筑最大的危险是蚁虫和火灾，蚁虫尚可防可治，而火灾防控难度很大。特别是贵州省黔东南苗族侗族自治州的苗族喜好聚群而居，苗寨普遍屋瓦相连，绵延数里，如黔东南州西江千户苗寨是世界上最大的苗族聚居区，民居建筑以千数计。侗寨的公共建筑鼓楼、风雨桥都是纯木建筑，寨内民房绝大多数都以木而筑且间距极小。这类连片式木质建筑一旦遇火，势必火烧

---

① 如杨东升对贵州黔东南苗族古村落结构特征的研究发现，苗族古村落"多处在危险之处"，山间团状、河谷带状、半山簇状，具有"一山一岭一村落"的分布特点。参见杨东升《论黔东南苗族古村落结构特征及其形成的文化地理背景》，《西南民族大学学报》（人文社会科学版）2011年第4期。

连营。少数民族村寨一来多地处偏远，消防车辆几乎无法迅速到达；二来按消防要求配置的消防车一般要求道路宽度为4米以上，要求有12米的转弯半径，而少数民族村寨通巷崎岖狭窄，消防车根本无法深入村内扑救，仅靠家门口的消防水塘只能是"杯水车薪"。

除了火灾威胁外，少数民族传统村落均历史久远，这既是其独到的优势，也是实体保护中的劣势。饱经风霜增加了村落自身的脆弱性，使许多老房子、古桥、古路、古祠堂等建筑受到不同程度的破坏。对未列入传统村落名录的村落建筑，村民可自行修缮。但修缮一是需要费用，二是村民普遍认为水泥结构二层小楼甚至西洋院落更洋气也更结实，所以在修缮时选择将老房子推倒重建。在笔者走访调研的贵州省、四川省、云南省少数民族村落里，中外结合、土洋结合的村落建筑"插花"混建，比比皆是，与村落整体自然、文化环境格格不入，令人叹惜。对已列入传统村落名录的村落建筑修缮则更为艰难。村落里的公共建筑，如祠堂、戏台等即使通过政府审批可以修缮，但必须聘请有资质的建筑公司完成，而对当地文化非常熟悉且掌握了本地建筑工艺的当地公司或个人因没有资质被排除在外，结果是来自北方的资质符合政府要求的建筑公司根据长期对北方农村民居维修的经验，用北方的材质和建筑工艺来修缮西南少数民族村落的建筑，失去了本土建筑古朴精巧的审美意韵。加之随着进城务工人员的增多，越来越多的传统村落呈现"空心化""老龄化"现象，村落中青壮年主体力量的缺失，造成许多房屋、手艺日渐荒废。

第二，少数民族传统村落文化式微带来的危机。传统村落文化式微是当代中国农村的普遍现象。村落文化在小农经济时代尚可处于自在自为状态，老牛牧笛，悠然自得。随着城镇化进程的加快，农耕文化在工业文明和城市文化的残酷对比下，迅速被贴上了"落后""愚昧""土味"的标签。我国西南少数民族蕴含着大量包含民族审美意向、民族文化意韵和民族民间工艺的非物质文化遗产，但由于传统村落实体的衰败和代际传承的断裂，已经面临生存危机。

少数民族聚居地区面临的另一个文化挑战来自对本民族语言的日

常使用和传承。由于西南地区大部分少数民族没有自己的通用文字,①故本民族的文化传承严重依赖民族语言和汉语。由于民族文化的产生和演化是以本民族语言语境为基础的,故对其原汁原味的记录和传承还是要依托本民族语言,但目前我国民族语言的生命力已极度衰微。据2007年《中国的语言》披露,中国56个民族共有语言129种,其中117种语言处于衰落或濒危状态,迈入濒危的有64种,临近濒危的有24种,已经濒危的有21种,没有交际功能的有8种。换言之,少数民族语言除了有限的几种(蒙古、藏、维、哈、朝等)外,几乎全处于衰落或濒危之列。② 在调研的贵州省贵阳市花溪区镇山村(布依族村寨)、贵州省黔东南州黎平县堂安侗寨,当地村民只有少数老年人会说、会写本民族语言;中年人基本能听和说,但不会书写本民族语言;而青年一代则既不会听说、也不会书写本民族语言。

第三,居民大量外流和活体文化传承带来的危机。传统的村落文化传承方式大多依赖血缘、师徒等社会亲缘、地缘和业缘关系,传承方式包括口耳相传、子承父业、师徒相传等。无论是哪种传承方式,都离不开传承者的学习与热爱。也正因为有人的参与,使得传统村落所保留的文化、手工技艺、建筑、风俗比经典文献、出土文物更具鲜活性和灵动感。如今,大量农村青壮年进城务工,中国农村普遍存在"空心化"现象,少数民族传统村落"空心化"程度略低于汉族村落,但也不容乐观。冯骥才先生认为,"民间文化处于最濒危的现状有两种,一种是少数民族民间文化,另一种是传承人的问题,而传承濒危现象又在少数少数民族最为明显,极需关注"。③ 传承濒危问题主要有两种表现。一是掌握本民族文化密码的传承者极为稀缺且大多

---

① 这里所指的是缺乏在当下生产生活中大面积使用的本民族文字。历史上在20世纪50年代国家曾制定颁布了一部分少数民族语言文字方案,对原来没有文字或没有通用文字的少数民族创制了他们的民族文字或修改完善了原有的文字,不过直到今天,这些文字使用的范围还很有限。参见杨毅《中国西南民族档案资源集成管理研究》,中国社会科学出版社2018年版,第33页。

② 张弘:《大部分"中国语言"接近濒危》,《新京报》2008年1月19日第6版。

③ 吴磊:《我国少数民族非物质文化遗产政策研究》,博士学位论文,中央民族大学,2012年。

是古稀老人，一旦逝去，该民族文化最核心的一部分将成为绝响。例如，演唱《格萨尔》史诗的著名艺人扎巴老人自述会唱70部《格萨尔》，只唱录24部半便与世长辞；新疆演唱《玛纳斯》的歌手艾什玛特自述会唱70部《玛纳斯》，只记录了两部也人亡艺绝。[①] 二是民族文化传承者的智者地位遭遇挑战。在少数民族文化场域内，老年人本是集体记忆的中坚力量。他们拥有保留过去痕迹的能力，在建构和传播本族群历史的活动中具有无可辩驳的话语权。例如，四川大凉山彝族传统民居客屋内以前都有火塘，火塘同灶台相比是一种轻量级的伙食料理工具，它同小家庭结构的干栏式建筑是互为表里的。在干栏式建筑中，火塘是家庭真正的中心，扮演着维系家庭内聚力的角色。每晚一家人围坐火塘四周，听家里老人讲传说、讲故事是文化代际传承的一种自然形式。随着传统民居样式改变，火塘不再保留，老人在家庭里的文化控制权被电视机的遥控器取代，其毕生所积累的经验在触手可及的网络海量资源面前不值一提。随着"前喻文化"被"后喻文化"取代，老人不仅失去了文化讲述权，还要接受后辈的知识教育，其传承民族传统文化的核心地位已不复存在。特别是在没有本民族文字，村寨历史、非遗工艺、民风习俗等文化要素均只通过口耳相传、仪式展演等人际传播形式代际传递的一些少数民族村寨里，可以说传承者的失语和传承对象的缺失对本村寨文化传统的延续是致命的。

第四，无序过度开发给脆弱的村落文化生态带来致命一击。西南少数民族传统村落大多偏隅一角，经济发展水平落后。急于致富的心态造就了对传统村落文化资源急功近利的"掠夺式"开发，深山里的少数民族村落最有卖点的就是原生态的自然环境和浓郁的少数民族文化风情。由于资本的常用手段就是把一切商品化，于是民俗、风情等文化资源被"打造""包装"完成商品化改造，以此来吸引目光。从长远来看，此类开发行为会从根基上动摇少数民族传统村落文化绵延和传承的基础。

---

① 周文翰：《民协将评民间文化传承人》，《新京报》2005年3月23日第2版。

二 少数民族传统村落建档式保护的优势

少数民族传统村落在我国文化版图、民族团结和国家战略安全方面均有重要意义。在文化意义上，以村寨为发源地和承载体的我国少数民族文化在文化风格上独树一帜，与汉族文化交相辉映，对维护文化多元性来说至关重要。从民族团结而言，民族间团结的基础是互相尊重，费孝通先生的"各美其美，美人之美，美美与共，天下大同"对此作了最好的注解。对少数民族文化权利的充分尊重和在文化保护上鼎力支持可为民族团结夯实信任基础。从国家安全战略层面而言，我国少数民族传统村落特别是地处西南边陲的村落，如西藏自治区、云南省等地与邻国接壤，地形复杂，文化交流也时常发生，更要守土有责，以稳定的态势、自信的文化态度守住祖国的西大门。鉴于此，我国以传统村落名录项目为契机，大规模开展传统村落保护运动，这其中自然也涵盖了少数民族传统村落。当下的保护模式主要有以下几种。

（一）名录制保护

2012年12月12日，住建部、文化部和财政部联合发布《关于加强传统村落保护发展工作的指导意见》（建村〔2012〕184号），文件指出建立传统村落名录制度，将符合国家级传统村落认定条件的村落公布列入中国传统村落名录，要求各级传统村落必须编制保护发展规划。2014年4月25日，住建部、文化部、文物局、财政部联合发布《关于切实加强中国传统村落保护的指导意见》（建村〔2014〕61号），文件指出应不断完善名录、制定保护发展规划、加强建设管理（严禁拆并中国传统村落，新建、修缮和改造等建设活动均需报住建部门审批）、加大资金投入、做好技术指导，从制度、建设管理、资金、技术等方面全方位加强传统村落保护力度。根据这一文件要求，四部委依次公布了5批列入中央财政支持范围的中国传统村落名单，对传统村落保护给予国家财政支持。

（二）博物馆式保护

目前，博物馆式保护主要包括露天博物馆和生态博物馆两大类。

露天博物馆解决了历史民居及发生于其中的生活细节的保存难题，它将零散分布于乡野的民居集中起来，保留并展示其原初风貌。① 例如，20世纪60年代，韩国是典型的农业国，当时村民最大的愿望就是拆掉茅草房，住上砖瓦房，70年代开始的"新村运动"即从改造草屋顶开始。随着农村生活逐步富裕，人们开始思考早先生活方式的当代意义和价值，遂提出旧村保护计划，由民间集资，将古旧民宅、官厅等建筑物及民间日常用品迁到集中打造的民俗村，以再现韩国历史上田园生活的风貌。在韩国城市化率超过90%的今天，"民俗村"已成为本国人缅怀往昔生活、追溯民族传统的场所，国外游客也将其视为体验韩国生活历史样态的绝好去处，其文化价值和经济效益日益凸显。② 我国的山西省晋中市在复原王家大院和常家庄园时，以原有建筑为框架，将附近乡镇许多零散的民居建筑一并迁入，集中进行保护。

生态博物馆是文化遗产保护的新型理念，强调尊重村民的文化权利，在保留村民原有生活面貌的基础上，注重延续村民的手工技艺、村落的民风民俗，以开放态势在自然生活中进行保护与传承，注重对村落自然、文化、生态环境的整体性保护。它生发于法国，20世纪80年代被引介到中国。由于中国西南地区少数民族文化资源丰饶且经济不发达，自身保护力量薄弱，急需外界指导和帮扶。1997年，由挪威援建的中国首家生态博物馆落户贵州西南六枝特区的梭戛山寨。生态博物馆的核心理念：一是摒弃以往"圈地养护"式的保护做法，而将整个被保护区域纳入博物馆范围，将相对静态的"人造式博物馆"置于大自然并与之浑然一体；二是以专家指导、当地村民自建自养的模式运作，力图培育村民的文化自信和自豪感，依靠村民实现可持续保护的理念并使村民成为社区保护最大的受益者。③ 其后该

---

① 冯骥才：《传统村落保护的两种新方式》，《决策探索》（下半月）2015年第8期。
② 祁嘉华：《营造的初心——传统村落的文化思考》，中国建材工业出版社2018年版，第224页。
③ 徐新建：《梭戛记事：国家与底层的关联与互动——关于中国首座"生态博物馆"的考察分析》，《民族艺术》2005年第3期。

模式开始陆续在贵州少数民族地区推广，花溪镇山、锦屏隆里、黎平堂安、地扪生态博物馆相继落成。2003年，少数民族文化资源同样丰富的广西壮族自治区引进生态博物馆模式，在全区范围内建成10座"民族村寨型"生态博物馆，云南、新疆、内蒙古等地也纷纷效仿，开展生态博物馆模式保护实践探索。在云南，生态博物馆改称"民族文化生态村"。这类民族村寨性生态博物馆重在记录与保护少数民族文化，例如，贵州省黔东南州黎平县堂安侗寨生态博物馆的驻馆专家进行了大量的田野调查，将该村寨珍贵的侗族民俗和生活整理成影像和文字。

（三）建档式保护

建档式保护即采用为传统村落建立档案，予以固化的保护形式。与前三种保护手段相比较而言，建档式保护是目前对西南少数民族传统村落文化保护的最优方式。作出该判断是基于以下原因。

1. 前两种保护方式各有优势也有局限

名录制保护由行政部门推进，保护范围较广但过程复杂，牵涉部门众多，要初见成效需要较长的时间。中国有保护价值的传统村落数量太大，而"每个古村落都是一部厚重的书，还没有等我们去认真翻阅，它们就很快消遁于无形"。[①] 即使入选了名录，受到"国家级别"关注和保护的传统村落数量也很大，但它们目前不受法律保护，与文物保护单位和历史文化名村不同。2014年3月前，传统村落保护没有资金投入、无法律地位，能否保护下来不确定。因此，留下尽可能多的历史信息是第一步。

博物馆式保护是舶来品，不仅覆盖范围有限，与需要保护的西南少数民族传统村落宏大体量不相匹配，而且起源于西方国家的这种保护方式在中国的落地情况总体并不理想。例如，梭戛生态博物馆作为中国第一个村落生态博物馆，在建成十几年后，依然未能完成对当地人文资源的全盘清点和认识，没有形成系统翔实的关于当地文化历史的文献资料、图片资料和录像资料，也没有专门的资料室和专门管理

---

① 冯骥才：《为紧急保护古村落再进一言》，《中国艺术报》2014年4月13日第1版。

资料的人员。这里的电脑设备都不错，但没有资料存档，打开电脑空空如也，只有一些零星的照片和文字记录。对这个民族的来历、文化特点、生活现状、民间习俗等几乎没有多少研究。挪威专家约翰·杰斯特龙在建馆之初实地拍摄了许多影像资料，由于保管不当早已散失。① 笔者曾前往调研的贵州省贵阳市镇山村（中国历史文化名村、入选国家级传统村落名录）早在20世纪90年代即被荷兰选定为生态博物馆式保护示范点，初期曾轰动一时。而2016年笔者前往调研时，该村的生态博物馆大门紧闭，并不对外开放，有的村民一次都没有去过。村支书开门后，馆内陈设的一些实物档案、族谱家谱、民族服饰、生产工具等布满灰尘，一片死寂，生活气息全无。原本宽大空阔的展厅被一分为二，另一半租给了村里的商人用于经营奇石馆，与抢救保护当地布依族文化的初衷背道而驰。

上述现象绝非个案，生态博物馆记录和活态保存少数民族原生文化的作用远未发挥出来。相反，由于生态博物馆这一舶来品在建馆之初的轰动效应，引来的外界关注和文化、资本注入反而扰乱了原有文化生态，其作为传统村落保护模式的探索在中国还有很长的路要走。而建档式保护（需要说明的是，名录制保护也涉及建档工作，但只是普查档案，与这里所指的传统村落档案有很大差别）需要的人力、物力相对少一些，前期准备时间不长，见效更快，可分期分批梯次进行，保护范围更为宽泛，形成范例后更适合全面推广。

2. 为文化遗产建立保护档案是国际惯例

2001年，面对濒危的印度卡提亚达姆梵剧，联合国教科文组织（UNESCO）的第一个保护方案就是建立卡提亚达姆梵剧档案和资料馆，以保留可资参考的文化讯息。② 冯骥才先生认为，档案的制作和留存是中国传统村落保护的首要任务，档案是传统村落身份的见证，更是传统村落保护与研究工作的重要平台，可让我们告别非遗没有档

---

① 方李莉：《梭戛日记——一个女人类学家在苗寨的考察》，学苑出版社2010年版，第39—40页。

② 何晓丽、牛加明：《三维数字化技术在非物质文化遗产保护中的应用研究——以肇庆端砚为例》，《艺术百家》2016年第3期。

案的尴尬局面。特别是传统村落中有的非遗文化事象，由于其生发的土壤和环境随着社会变迁已然改变甚至消失，无法以人工干预的方式强行挽留。例如，"薅草锣鼓"曾流行于土家族民族区域，它本是土家族群众集体出工时为了调节劳逸、提高工效的一种歌舞娱乐活动，是一种独特的民族民歌艺术形式，但随着农村家庭联产承包责任制的实行，集体出工的现象已基本消失。因此，"薅草锣鼓"已丧失了存在的经济基础，其结果也必将是走向消亡。① 再如，西南大多数少数民族由于没有文字，其文化传承依靠口传心授。一些族源传说、非遗工艺、宗教仪式等仅有村寨的寨老、毕摩（宗教领袖）等德高望重的老人知晓和掌握，如果不及时通过对口述、演示的笔录、录像等档案化方式转录固化，这些珍贵的文化遗产完全有可能随着老人的逝去而永远消失。还有部分传统村落早已高度"空心化"，老宅年久失修，摇摇欲坠，丧失了适宜人居住的条件。一些在极少数传统村落里仅在极小范围内使用的民族语言，一些确实失去了传承基础的少数民族民间工艺目前面临的首要任务已不是起死回生，而是在彻底消失之前，用档案将其固化下来，在村落发展史上留下痕迹。一方面，为它们在中国民俗文化史上留下曾经存在过的痕迹，留出应有的文化地位；另一方面，可保持历史和文化的连续性，避免出现断层。"对那些现实中已经消逝的民俗现象，不要说在生活中，就是在档案里也难以觅其芳踪，那是文化的悲哀。"②

3. 可盘清传统村落文化遗存的底数

通过建档式保护的前期普查工作，可对少数民族传统村落散存的物质和非物质文化遗产进行一次全面的摸底盘点，在摸清家底的情况下才能科学开展后期的保护工作。之前针对传统村落文化的普查也开展过数次，如文物部门对村落里符合文物条件的文化遗产、文化部门对村落里的非物质文化遗产、住建部门对村落的实体建筑等都基于各

---

① 周兴茂、周丹：《关于非物质文化遗产保护与传承的几个基本问题——以土家族为例》，《西北民族大学学报》（哲学社会科学版）2007年第1期。

② 杨景春：《民众档案和档案中的民俗》，《忻州师范学院学报》2012年第28期。

自的工作目的、技术条件、经费情况进行过或深或浅的调查摸底，但由于分属于不同的政府职能部门，普查结果并未互联互通，更谈不上在整合基础上全面系统地揭示村落文化全貌，导致查了又查，村落文化遗产总盘子仍然不明晰。此外，住建部门、文物部门、文化部门采集的传统村落数据都汇入了各自的信息管理系统，服务于各自的行政管理职能，并不供公众利用，导致经普查形成的村落档案信息无法实现价值最大化。本书倡导的建档式保护虽然建设主体是多元的，但建档成果是共享的，对社会公众是开放的，是能够使建档式保护方式效益最大化的。

综上，对少数民族传统村落而言，既要抢救性存储其文化内容，又要活态化重现其文化内涵。基于这样的实践需求，建档式保护成为抢救式保护与活态保护的首选措施。运用档案的固化作用，将其原貌予以记载并妥善保存；基于档案记忆属性，储存并触发村落集体记忆；利用数字化采集及开发利用技术，活态重现传统村落原貌。其具有较强的社会需求性，也具有较强的可操作性。

三　少数民族传统村落建档式保护成果的价值

（一）切实提高传统村落保护质量

传统村落档案不仅在申请评定阶段可提供真实可靠的评审依据，而且在编制保护发展规划和后期保护项目的实施与监督工作中，通过其全面准确掌握村落既有文化资源、村民生活、建筑现状，能有效避免前期规划与后期拆迁、建设、管理、招商等环节的脱节。

保护发展规划是传统村落未来的发展蓝图，它规约着传统村落保护资金的使用、村落建筑维护的技术要求、村落保护各方力量的权责关系等，对村落面貌起关键作用。因此，在制定保护发展规划时必须要明确村落的历史文化价值，把握村落保护面临的具体问题进而提出有见地的思路。"根据2012年《传统村落评价认定指标体系（试行）》的规定，在对传统村落的保护价值开展评估时，要明晰村落传统建筑的年代、文物等级、规模、种类及造型和细部的工艺美学价值；村落选址和格局与周边环境协调程度所体现的选址理念；村落所承载的非物质文化遗产的稀缺程度、丰富度、规模、活态传承与否及其与村落的依存程度。与此形成反差的是，目前不少规划设计人员多毕业于建筑和规划专业，对村落中的传统文化价值只能进行表层挖掘与分析。对一些涉及村落文化深层次的问题，如'这些建筑为什么会有这样的格局或形态？为什么会采用这样的结构、材料和工艺？反映出了哪些历史信息？反映出哪些生存智慧？'等要么根本没有意识，要么有所思考但苦于没有系统讲述传统村落文化的文本而无处求解，如此制定的规划只能反映传统村落的一些表象，很难涉及村落的核心价值。"[1] 而传统村落档案汇聚了反映传统村落的形成历史、重要事件、演变过程、物质和非物质文化遗存等诸多材料，可据此解读村落历史，总体掌握当地的自然与人文情况，总结村落智慧和传统文化；对难以确定价值的遗迹可从档案提供的多方材料中比较甄别，从而加以准确判定。总之，通过传统村落档案来把握传统村落核心价值，方能在规划中保持村落文化价值的真实性、完整性和可持续性。

对村落文化真实性、完整性的要求不仅体现在规划编制阶段，在传统村落保护阶段，对这一要求的贯彻执行是维护村落原貌、保持村落本真精神的重要方式。国际上，1964年颁布的《威尼斯宪章》对文化遗产的真实性有明确规定；1994年订立的《奈良真实性文件》专门讨论文化遗产的真实性，它重申了《威尼斯宪章》真实性原则的重要意义，同时也提出："与文化背景相关的真实性判断必须联系更大量的信息来源，包括形式和设计、材料和质地、用途和功能、传统和技艺、位置和设置、精神和情感，以及其他内外部因素。"在国内，近些年来，政府主管部门颁布的一系列通知和指导意见都把真实性和完整性放在首位。例如，2014年住建部等四部委联合发布的《关于切实加强中国传统村落保护的指导意见》明确要求："传统民居的外观改造要运用传统工艺、使用乡土材料。重点修复传统建筑集中连片区，禁止没有依据的重建和仿制。"这里的依据应该理解为对

---

[1] 祁嘉华：《营造的初心——传统村落的文化思考》，中国建材工业出版社2018年版，第322页。

传统村落建筑形制、样式、材料、工艺等原有格局的尊重和维持。传统村落建筑因年代久远垮塌或残损几乎不可避免，但如果在档案里及时真实完整地记录其样貌，日后也能凭借档案记录重建或修补，避免出现与原建筑南辕北辙、与周边环境格格不入的伪古建筑被建造出来；也可以通过复原以前旧建筑样式，以建模方式连续展示村落建筑演变的过程。这也是为什么传统村落保护和发展专家指导委员会、政府主管部门和工作组在第一批中国传统村落评选结束之后不久即达成共识，要求所有入选名录的传统村落都要建立档案，并对档案内容和格式作出详细规定。①

（二）助力乡村文化振兴

日前发布的《乡村振兴战略规划（2018—2022年）》要求实施农耕文化传承保护工程，深入挖掘农耕文化中蕴含的优秀思想观念、人文精神、道德规范，充分发挥其在凝聚人心、教化群众、淳化民风中的重要作用。汪芳等曾对央视大型纪录片《记住乡愁》进行文本分析，从中选取60个典型的中国传统村落情况进行词频分析，发现前9位的高频词分别是孝文化（45次）、铭记家族荣耀（42次）、追根溯源（38次）、传承（37次）、读书与教育（33次）、感恩（17次）、建设家乡（16次）、和睦（15次）、祈福祝愿（13次），可见传统村落珍视并代际传递的主体诉求与中国传统核心价值观，如忠、孝、诚、勤、俭、和等保持着高度的一致性。②

上述中国传统核心价值观同样深深根植于我国西南少数民族传统村落。不仅在村落选址上讲究与自然和谐相融，而且人与人之间历来秉持德业相劝、过失相规、礼俗相交、患难相恤的人伦观和价值观。例如，藏戏是藏族的传统艺术表现形式，它涵盖了宗教、哲学、艺术、道德、文艺、民俗等内容，影响着藏民对历史、道德和人格的精神认同，"藏民族的含蓄精神和宗教思想在藏戏剧目中得

---

① 罗德胤：《传统村落：从观念到实践》，清华大学出版社2017年版，第147页。
② 汪芳、孙瑞敏：《传统村落的集体记忆研究——对纪录片〈记住乡愁〉进行内容分析为例》，《地理研究》2015年第12期。

到充分的体现",他们主张"温柔敦厚""谦和礼让""虔诚信仰"的道德标准。① 又如,我国西南少数民族村寨自治传统颇为悠久,历史上曾订立过各种款约。经协商订立的村规民约在村中约束力极高,"在我们眼中,与宪法一样"。这种公认一致的规矩可称之为"地方性共识",它包含价值与规范,是村民行为的释义系统和规范系统,由它来形塑村民的行为逻辑。2017 年笔者赴贵州省黔东南州黎平县地扪侗寨调研时,发现于 1995 年 1 月 13 日书于风雨桥头、署名为地扪村芒寨全体群众的"护桥公约"。该公约由墨字书写于木板上,简体繁体字夹杂,字迹虽已有些斑驳,但从遣词造句、格式规范来看,颇显示出公约订立者较高的自律能力、文字修养和政策水平,现抄录如下。

护桥公约

为了爱护公共场所,维护公共利益不受损坏,经群众酝酿讨论,特定如下公约以便共同遵守:

一、花桥是我们每个劳动群众用双手建设起来的,我们必须人人爱惜我们的劳动成果,自觉遵守,互相监督执行。

二、凡桥上一切装饰和建筑材料(包括宝顶、瓦片、花板、花格、桥栏、桥方、坐板、栏杆以及桥头培植的花草、树木等)一律不准破坏。

三、凡发现有破(坏)花桥行为者,不管谁人看见,首先要及时劝阻,并向当时任职的生产组长报告。

四、凡破坏花桥上的物品,应根据情节轻重,按照中华人民共和国治安管理处罚条例分别罚款十元以上二百元以下,并赔偿其损失。

五、凡是用力脚踢、石头打等,断一根栏杆或翘角者,罚款伍至拾元。一根以上者,按每根罚款五元赔偿损失。破坏其他设

---

① 曹娅丽:《青海黄南藏戏遗产传承与表述——以托叶玛乡西顷村蒙古族藏戏演述与文化认同田野考察为例》,《内蒙古大学艺术学院学报》2010 年第 3 期。

施如用石头打在瓦上，用刀削桥上的方、栏或用其他方法损坏花板、格板等发现一次罚款拾元。

六、各户家长必须加强对自己的子女进行教育，不要他们在桥上乱搞一些损害公益事业的事，使孩子们养成良好的社会风气，这是我们家长公民教育的职责，如某家小孩经多次教育不听，仍在桥上有破坏行为，应追究其家长责任，并赔偿造成的损失。

七、以上条款于九五年二月十三日起执行，望共同遵守。

当晚，在寨老家访问时，笔者提及此事。经寨老确认，该护桥公约历经22年一直执行不辍。其间有违反者严格按约规予以处罚，约束效果极佳。黔东南州苗族侗族村寨村民由于世居于此，在熟人社会中极为爱惜名声。据寨老介绍，地扪侗寨几乎家家户户都有稻田养鱼的传统，各家稻田里肥美的稻花鱼从无人看管，田坎边也无屏障，几乎没有丢失过。多年前有位村里后生可能是晚上喝醉了，加上天黑视线不佳，从隔壁家稻田里摸了两尾鱼回去做宵夜。第二天被告发后，寨老不仅组织村民在鼓楼开会，让该后生当面检讨，会后还让他拿着脸盆当锣敲，在全寨游走一圈，边敲边高喊"我偷××家的鱼了"。至此，若干年村寨小偷小摸现象绝迹，风清气正，路不拾遗。如此纯良和谐的村风确实得益于祖传家训、村规的熏陶与约束。再如，苗族由于历史上长期受主流文化排挤，一路迁徙流转，往往只能选择在寒山恶水的恶劣自然环境栖息，其自我管理和自我教化对维持整个族群的生存繁衍就显得尤为重要。由于苗族村寨长期缺乏正统教育机构，对青少年的人格培育和伦理教育只能另辟蹊径，主要由长期流传于田野阡陌间的民间故事发挥教化作用。在乡村文化振兴的文化战略中，如果能通过档案手段系统梳理、总结、钩沉出少数民族村寨的乡规民约，宣扬"扬善惩恶"有教化功能的民间故事等传统农耕文化精髓并将之发扬光大，无疑有益于营造和美愉悦的乡居环境，助力实现少数民族聚居区乡村社会的"善治"，为探索我国当前基层社会治理提供新视角。①

（三）助力乡村经济振兴

近年来，以古村落为主体的乡村旅游势头强劲。据报道，"十二五"时期，主打原生态民族文化旅游的黔东南接待游客达1.56亿人次，旅游总收入达1307亿元，游客总人数和旅游总收入年均分别增长24.4%和28.7%。其中接待境外游客达102万人次，占全省境外游客的26%，年均增长18.6%。②人们的旅游模式已逐渐从以前的"打卡"游向体验探寻转化，由感官满足向精神满足提升，以古村落为主体的旅游热点地区往往具有鲜明的文化特征，如云南、贵州、西藏、青海、新疆等边远省份，少数民族聚集地区的旅游热度要高于纯粹以山水景观为主的地区，这体现了民族文化的巨大魅力。2016年1月，《纽约时报》评选出全球最值得到访的52个旅游目的地，贵州因当地苗寨、侗寨不紧不慢的舒适节奏和最淳朴的真实感成功入选。但是，民族文化毕竟散落范围很广，特别是人口众多的少数民族在其聚居地创造传承的民族文化不可避免地存在同质化现象，如何同中求异，充分发掘本地文化特色，打造排他性的旅游竞争力成为地方政府亟待思考的问题。例如，徽州地区文化底蕴深厚，传统村落数量众多且各具特色，水岚村在老徽州众多村落中，无论是历史悠久度还是乡土建筑的精美度都不算突出，令其脱颖而出的是安徽电视台挖掘出的该村村民詹庆良写的日记。该日记真实记录了1949年前后，婺源、徽州乃至传统中国社会下层民众的日常生活。安徽电视台以此为蓝本，配以水岚村的古建筑制作了电视片《水岚村纪事：1949年》。随着电视片的播出，水岚村一夜成名，有了历史纵深感和充满烟火气的市井生活感加持，其在短期内迅速成为古村游热门景点。可见发掘古村落历史文化对古村落层次提升的重要作用。③

---

① 肖远平、奉振：《苗族民间故事善恶观与基层社会治理研究》，《贵州民族研究》2016年第12期。

② 《让传统村落"活"起来——看传统村落保护与发展的黔东南实践》，2016年10月13日，多彩贵州网，http://news.gog.cn/system/2016/10/13/015159167.shtml。

③ 洪光华：《浅议民间档案的开发利用与乡土旅游的发展》，《云南档案》2012年第4期。

具体而言，以档案支撑的历史和文化讲述既有深度又有可信度，有利于打造深度旅游的看点和亮点，增强少数民族文化特质。根据档案史料进行修复和开发的村落建筑，可最大限度地复原其历史风采，以古拙简逸之风描摹民族村寨文化气质。根据档案史料整理复现的民族节日、民俗活动、民间工艺才有可能"原汁原味"地烘托真正的少数民族风情，摆脱进村必挂红灯笼、"三日一小节，五日一大节"、"进寨就当新郎、进洞房"等生硬、尴尬、粗鄙的伪民俗、假风情。以此大力发展招得来、有得看、留得住的乡村旅游，增加游客吃、住、行、游、购、娱的消费以此增加农民的收入，为乡村振兴提供支撑点。

（四）留存民族集体记忆

充满瑰丽奇想的神话，先民开疆拓土的壮烈故事，体现民族睿智的典籍，历经岁月沧桑存留下来的格言，脍炙人口世代流传至今的诗歌、小说、戏曲、演义和逸闻都是民族集体性记忆的具象表现形式，这种集体性记忆的内涵、风格和强韧性构成了一个民族的精神素质，即民族性。[①] 档案具有社会记忆属性。一方面，作为一种固化信息，少数民族传统村落档案记录着村落的物质文化和非物质文化，是村落民族集体记忆的重要形式之一；另一方面，作为村落信息的物质载体，少数民族传统村落档案亦是构建和传承村落民族集体记忆的工具和媒介，是保护过去、记录现在和联系未来的桥梁。[②]

（五）保护文化多样性

2001年联合国教科文组织发布世界文化多样性宣言，指出"文化多样性是交流革新和创作的源泉，对人类来讲就像生物多样性对维持生物平衡那样必不可少"。2005年《保护文化内容和艺术表现形式多样性国际公约》面世，重申文化间平等对话的重要意义，强调对原生态文化和本土文化的保护。对少数民族传统村落开展建档式保护的

---

① 徐川：《记忆即生命》，载夏中义主编《大学人文读本：人与国家》，广西师范大学出版社2002年版，第7页。

② 中国城建档案代表团：《第十五届国际档案大会及其学术动向》，《城建档案》2004年第5期。

根本目的，即是用档案手段固化记录少数民族多元文化的渊源和脉络，解决"从哪里来"的问题。在寻求"到哪里去"的答案过程中，帮助族群运用先民的哲学和生活智慧，在当下重塑对民族生活方式和民族文化的自信，明晰族群在中华文化多元一体格局中的定位，以主动融入中国乃至世界文化生态的方式发展多元文化。

第二节 少数民族传统村落建档式保护的可行性

一 理论层面

（一）档案记忆观理论

学者张德明指出："历经积淀的民族文化记忆由于尚未经过精英化、理性化的扭曲，还保持着比较纯洁的地方性文化身份标志，因而能够投射出较为原始的、真实的民族文化影像，对于该民族文化今后的发展走向具有非常重要的启示意义，并将成为全球化语境中唯一具有交换价值的文化产品。但由于它大多来自弱势话语团体口耳相传的无意识积淀，所以它存在着却被压抑着，需要本民族极大的勇气、耐心和毅力加以钩沉、索隐，使之浮现出民族意识无意识的海面。"①这一认知可谓一语中的。民族文化记忆如此珍贵却又破碎、隐约，急需技术和工具加以钩沉、索隐。美国社会人类学家保罗·康纳顿认为："记忆的恢复借助了外来原始资料。"美国地理学家肯尼斯·富特则直接指出："档案可以被视为一种延展人类交流时空范围的重要手段，与其他交流手段（如口头表达和传统仪式）一起，帮助信息传递，从而维持记忆的世代相传。"② 随着档案记忆观的勃兴，档案学者对档案在记忆建构中的作用认识越发深刻。档案学者冯惠玲认为："档案是建构集体记忆重要且不可替代的要素；档案工作者有责任通过自身的业务活动积极主动地参与集体记忆的建构、维护与传

---

① 张德明：《多元文化杂交时代的民族文化记忆问题》，《外国文学评论》2001 年第 3 期。

② Kenneth E. Foote, "To Remember and Forget: Archives, Memory and Culture", *American Archivist*, Vol. 53, No. 3, 1990, pp. 378 – 392.

承；档案工作者的观念、工作原则与方法对于集体记忆的真实、完整与鲜活产生正面或负面的影响。"① 冯惠玲一方面积极呼吁建设"中国记忆库"，另一方面开展了对数字档案记忆理论层面的探索和实践层面的践行。

以上学者对档案记忆功能的真知灼见，对档案记忆观理论孜孜不倦的持续研究和深化为留存传统村落记忆提供了理论指引，使建档式保护成为传承传统村落记忆的优选措施，通过档案建构和传承的乡村记忆拯救村落，复活村落意识。村落是生成记忆的场所，记忆则是使村落重现的情感性力量。"只要具有重要特征和意象的承载体保持稳定，其呈现出的秩序与平静便能让我们在这令人欣慰的延续性中认识自己。"②

（二）隐性知识显性化理论

知识管理理论认为，知识分为显性知识和隐性知识。"显性知识是易于用正式语言、文字表达，记录在一定物质载体上的知识；隐性知识是可以意会难以表达的，存储于人们大脑的经历、经验、技巧、诀窍、灵感、想象、直觉等尚未公开的知识。"③ 在西南少数民族村寨里，少量关于村寨史脉、人脉的显性知识刻写、记录在家谱、族谱、石碑、日记等载体上得以代际传递；而大量民间技艺、工艺、礼仪仪式规程、说唱、歌舞等隐性知识存在于村民训练有素的身体内，需要将档案作为编码工具，以档案化形式将这些隐性知识显性化，将其固化或物化于档案之中，方能在更广阔范围和更长久时间段里传递和分享。这一理论对西南少数民族传统村落档案资源建设，特别是口述档案建设具有重要的指导意义。

（三）文化生态理论

美国人类学家朱利安·斯图尔德认为，文化与其生态环境不可分

---

① 冯惠玲：《档案记忆观、资源观与"中国记忆"数字资源建设》，《档案学通讯》2012年第3期。

② [西班牙] 埃米里奥·马丁内斯·古铁雷斯：《无场所的记忆》，冯黛梅译，《国际社会科学杂志》（中文版）2012年第3期。

③ 徐拥军：《企业档案知识管理——基于双向视角的研究》，中国档案出版社2009年版，第103—109页。

离，它们相互影响、互为因果。相似的生态环境下会产生相似的文化形态及其发展线索，而相异的生态环境则造就了与之相应的文化形态及其发展线索的差别。世界上存在多种生态环境，由此形成了世界上多种文化形态及其进化道路。① 文化生态理论不仅深究文化与地域环境的关系，而且延展到探究在文化场域内各文化样态之间的互动关系。如著名文化人类学者方李莉指出："人类所创造的每一种文化都是一个动态的生命体，它们互相关联成一张动态的生命之网，其作为人类文化整体的有机组成部分，都具有自身的价值，为维护整个人类文化的完整性而发挥着自己的作用。"② 吴圣刚对此论点进一步阐释道："这些不同特质、不同品种的文化并不是孤立的，它们和其他文化相互比较而存在，相互吸收而发展，每一种文化都是一个动态的生命体，各种文化聚合在一起形成各种不同的文化群落、文化圈、甚至类似生物链的文化链，并共同构成了人类文化的有机整体，这就是我们理解的文化生态。"③

综上，文化生态理论为西南少数民族传统村落建档式保护实践带来的指导性意义和启示在于：我国西南少数民族璀璨夺目的民族文化产生于扎根于传承于传统村寨，村寨及其周边自然环境对少数民族文化的风格、样式、审美情趣等影响深远，对少数民族文化的深入体悟、欣赏、尊重、保护不可能抽离它的地理场域，对传统村落的保护就是在护持少数民族传统文化的根系。以传统村寨为根基的少数民族文化是中华多元文化的重要一支，它需要与汉文化、城市文明、工业文明保持动态联系，相互促进。在少数民族传统村落建档式保护中对其文化进行的全面钩沉和传播推广，一是帮助世居于传统村落的少数民族厘清文化根系，延续文化传统，使其民族性在世系传递中更为稳定、深沉；二是在更大的文化生态圈中发出自己的声音，彰显自己独特的美质并在与多

---

① 徐建：《国内外文化生态理论研究综述》，《山东省青年干部管理学院学报》2010年第5期。
② 方李莉：《文化生态失衡问题的提出》，《北京大学学报》（哲学社会科学版）2001年第3期。
③ 吴圣刚：《文化的生态学阐释和保护》，《理论界》2005年第5期。

元文化相融共通中促进本民族文化的发扬光大，为悠远质朴的民族文化注入现代活力，积贮蓬勃的发展力量。

（四）文化自觉理论

1997年费孝通先生提出："文化自觉是指生活在一定文化中的人对其文化的'自知之明'，明白它的来历、形成过程、在生活各方面所起的作用，也就是它的意义和所受其他文化的影响及发展的方向。自知之明是为了加强对文化发展的自主能力，取得决定适应新环境时文化选择的自主地位。文化自觉是一个艰巨的过程：首先要认识自己的文化，根据其对新环境的适应力决定取舍；其次是理解所接触的文化，取其精华，去其糟粕，加以吸收。各种文化都自觉后，这个文化多元的世界才能在相互融合中出现一个具有共同认可的基本秩序和形成一套各种文化和平共处、各抒所长、联手发展的共同守则。"[①]

当下，部分少数民族族群对自文化的自识、自觉、自珍、自爱远未被唤起，主要原因是缺乏对村落文化的系统讲述，使传统村落村民（特别是青年一代）对其文化的缘起、形成、演变过程等缺乏了解。故此，通过对少数民族传统村落的建档式保护，系统梳理其历史发展脉络，厘清其文化渊源，特别是在建档式保护过程中充分吸纳村民，助其进一步加深对自文化的理解和接纳，从而唤醒文化自觉，激发文化自尊和自豪，对承载原生文化的村寨产生广泛认同，激发其自觉守护家园的精神力量。

二 实践层面

（一）政策层面

1. 国家政策

当下对传统村落文化的抢救保护已上升到国家战略层面。政府陆续出台了一系列传统村落文化保护政策和纲领性文件，大力在全社会营造留住乡愁氛围。如前文所述，对我国传统村落文化的保护初始于对村落文化中的物质文化和非物质文化的分割式保护，而后才拓展到

---

① 费孝通：《文化与文化自觉》，群言出版社2016年版，第182页。

第一章 少数民族传统村落建档式保护的必要性与可行性

对传统村落文化整体层面的全面保护。因此对国家层面的政策也循此分别梳理如下。

（1）针对村落物质文化遗产的保护

表1-1　　　　国家层面的村落物质文化遗产保护相关政策

发布时间	法律法规和相关政策	与档案工作有关的内容
2003年	《文物保护工程管理办法》	第十九条第三项：按文物保护工程的要求作好施工记录和施工统计文件，收集有关文物资料 第二十五条：文物保护工程的业主单位、勘察设计单位、施工单位、申报机关和审批机关应当建立有关工程行政、技术和财务文件的档案管理制度，所有工程资料应当立卷存档并归入文物保护单位记录档案
2008年	《历史文化名城名镇名村保护条例》	第四章第三十二条：城市、县人民政府应当对历史建筑设置保护标志，建立历史建筑档案。历史建筑档案应当包括下列内容：（一）建筑艺术特征、历史特征、建设年代及稀有程度；（二）建筑的有关技术资料；（三）建筑的使用现状和权属变化情况；（四）建筑的修缮、装饰装修过程中形成的文字、图纸、图片、影像等资料；（五）建筑的测绘信息记录和相关资料

（2）针对村落非物质文化遗产的保护

表1-2　　　　国家层面的村落非物质文化遗产保护相关政策

发布时间	法律法规和相关政策	与档案工作有关的内容
2005年	《关于加强文化遗产保护的通知》	第四条第三项：（三）抢救珍贵非物质文化遗产。采取有效措施，抓紧征集具有历史、文化和科学价值的非物质文化遗产实物和资料，完善征集和保管制度。有条件的地方可以建立非物质文化遗产资料库、博物馆或展示中心 第四条第五项：重点扶持少数民族地区非物质文化遗产保护工作。对文化遗产丰富且传统文化生态保持较完整的区域，要有计划地进行动态的整体性保护。对确属濒危的少数民族文化遗产和文化生态区，要尽快列入保护名录，落实保护措施，抓紧进行抢救和保护

续表

发布时间	法律法规和相关政策	与档案工作有关的内容
2005 年	《国家级非遗代表作申报评定暂行办法》	第七条第二项：用文字、录音、录像、数字化多媒体等手段，对保护对象进行真实、全面、系统的记录，并积极搜集有关实物资料，选定有关机构妥善保存并合理利用
2005 年	《关于加强我国非物质文化遗产保护工作的意见》	第三条：要运用文字、录音、录像、数字化多媒体等各种方式，对非物质文化遗产进行真实、系统和全面的记录，建立档案和数据库
2005 年	《关于开展非物质文化遗产普查的通知》	第一条：运用文字、录音、录像、数字化多媒体等方式，对非物质文化遗产进行真实、系统和全面的记录
2006 年	《国家级非物质文化遗产保护与管理暂行办法》	第八条第一项：国家级非物质文化遗产项目保护单位应当全面收集该项目的实物、资料，并登记、整理、建档
2011 年	《中华人民共和国非物质文化遗产法》	第十二条：文化主管部门和其他有关部门进行非物质文化遗产调查，应当对非物质文化遗产予以认定、记录、建档，建立健全调查信息共享机制 第十三条：文化主管部门应当全面了解非物质文化遗产有关情况，建立非物质文化遗产档案及相关数据库。除依法应当保密的外，非物质文化遗产档案及相关数据信息应当公开，便于公众查阅

（3）针对传统村落文化的整体性保护

表 1-3 　　国家层面的传统村落文化整体性保护相关政策

发布时间	法律法规和相关政策	与档案工作有关的内容
2012 年	《关于加强传统村落保护发展工作的指导意见》	第三条：对已登记的传统村落进行补充调查，完善村落信息档案 第九条：各级传统村落应设置保护标志，建立保护档案。建立传统村落动态监测信息系统，收录村落基本情况、保护规划、建设项目等信息
2012 年	《少数民族特色村寨保护与发展规划纲要（2011—2015 年）》	主要任务第四项：积极做好本地区民间文化遗产的普查、搜集、整理、出版和研究，并归类建档、妥善保存 实施和保障第三项：建立健全"一村一档"制度，做好特色村寨项目的检查验收工作

第一章 少数民族传统村落建档式保护的必要性与可行性

续表

发布时间	法律法规和相关政策	与档案工作有关的内容
2013年	《传统村落保护发展规划编制基本要求（试行）》	第三条：对传统村落有保护价值的物质形态和非物质形态资源进行系统而详尽的调查，并建立传统村落档案。调查范围包括村落及其周边与村落有较为紧密的视觉、文化关联的区域。调查内容、调查要求以及档案制作参照《住房城乡建设部 文化部 财政部关于做好2013年中国传统村落保护发展工作的通知》（建村〔2013〕102号）进行 第七条：保护发展规划成果包括规划文本、规划图纸和附件、规划说明书、传统村落档案
2014年	《关于切实加强中国传统村落保护的指导意见》	第二条第四项：建立档案和信息管理系统，实施预警和退出机制 第四条第一项：做好村落文化遗产详细调查，按照"一村一档"要求建立中国传统村落档案 第五条第二项：建立中国传统村落保护管理信息系统，登记村落各类文化遗产的数量、分布、现状等情况，记录文化遗产保护利用、村内基础设施整治等项目的实施情况。推动建立健全项目库
2017年	《住房城乡建设部办公厅关于做好中国传统村落数字博物馆优秀村落建馆工作的通知》	推荐建馆村落应填报中国传统村落数字博物馆建馆村推荐表，并按照推荐表各栏目要求提供村落概况、自然地理、选址格局、传统建筑、历史环境要素、生产生活、民俗文化、村志族谱、交通导览9部分内容的文本、图片、照片、空—地组合360度全景漫游、视频、音频等文件，提交的各类文件应按规则进行编号和分类整理

2. 地方政策

总体来看，西南地区5个省（自治区、直辖市）由于所辖传统村落数量及保护规格不一，政府重视程度不同，出台政策和支持力度也很不均衡。例如，西南地区的西藏入选传统村落名录的数量较少，其地方政府出台的传统村落保护政策文件数量也较少。重庆入选村落虽有110个，但重庆作为直辖市，辖区内的传统村落不是其工作重点。四川入选传统村落名录的数量为333个，对传统村落保护的重视程度相对高一些。四川省2018年2月由文化厅、住房与城乡建设厅起草了《关于加强全省少数民族历史文化名城、名镇、名村和传统村落保护利用的意见（征求意见稿）》，要求加强少数民族历史文化名城、名镇、名村、传统村落资源普查，进一步摸清家底，建立健全文物"四有"档案，完善传统村落"一村一档"工作。阿坝藏族羌族自治州拥有的国家级传统村落数量为全省第一，制定了《阿坝州传统村落保护与发展设施意见》等地方性法规和政策性文件，设立阿坝州传统村落保护与发展专项资金，对进入国家和省级名录的传统村落落实财政资金补助。出台《阿坝州非物质文化遗产条例》，健全非物质文化遗产项目名录体系和代表性传承人体系，推行"一村一档、动态普查、分类保护"工作机制，建立"非遗"保护数据库、传统村落数字博物馆，对濒危文化遗产通过收集实物、整理分类、建立档案、展示载体、开发利用等方式，实施抢救性、扶持性、生产性和综合性保护。

西南地区的贵州、云南是传统村落大户，拥有的国家级传统村落数量分列全国第一、第二位，其中绝大部分是少数民族传统村落。

贵州省：贵州省人民政府高度重视传统村落保护工作，将其打造成贵州名片。1998年，贵州省公布了20个省级民族文化生态保护村寨，建设了4个民族文化生态博物馆。2003年颁布《贵州省民族民间文化保护条例》。2012年颁布《贵州省非物质文化遗产保护条例》，对本省民族民间非物质文化遗产形成了有效保护。2015年习近平总书记在贵州省视察时明确指出："要突出地方和民族特色，增强人文感召力，善作山水文章，保护好民族村寨、传统村落等文化元素，传承好传统文化、耕读文明、田园生活。"① 2015年2月，贵州省正式成立传统村落保护发展工作领导小组，编制完成了《贵州省传统村落保护技术指南》。2015年5月，贵州省人民政府出台《关于

---

① 《非物质文化视野下的中国传统村落保护研究——以贵州省为例》，2017年6月8日，贵州省非物质文化遗产保护中心网站，http://www.gzfwz.org.cn/xslt/201804/t20180416_21604019.html。

加强传统村落保护发展的指导意见》，要求对少数民族语言文字、民风民俗等进行抢救；加强对历史典故、民间传说等故事，吹、拉、弹、唱等技艺，歌舞、节庆、婚丧、饮食等习俗的收集整理，创编成文字、视频资料，分类归档建立数据库。在全省范围内深入开展传统村落详查，摸清底数，进行甄别、分类、评级，按照"一村一档"建立档案。[①] 2017年8月，《贵州省传统村落保护和发展条例》作为地方性法规，由贵州省人大通过。条例第二十二条规定，县级人民政府住房和城乡建设行政主管部门应当会同文化（文物）、档案等部门按照"一村一档"要求建立传统村落档案信息管理系统。

作为全国地级行政区域内拥有国家级传统村落最多的贵州省黔东南州，对传统村落保护尤其重视，先后出台《黔东南苗族侗族自治州民族文化村寨保护条例》《黔东南苗族侗族自治州民族文化保护办法》《黔东南苗族侗族自治州传统村落保护实施办法（试行）》等一系列地方性政策法规，使民族文化保护有法可依、有章可循。黔东南州档案局更率先出台《黔东南州传统村落档案管理办法（试行）》，明确了传统村落档案工作责任主体为全州各级传统村落办公室及传统村落保护成员单位，要求各有关单位应充分认识传统村落档案工作的重要性，切实加强组织领导，统筹规划，将传统村落档案工作同时纳入传统村落工作规划和传统村落保护年度工作计划，同步部署、同步检查、同步验收，加强对传统村落档案的管理工作，由档案行政管理部门加强监督指导。

可见，从目前西南地区传统村落保护政策力度来看，贵州省的力度最大。贵州省不仅颁布了法律效力层级较高的地方性法规，而且在顶层设计中，明确档案行政管理部门在传统村落保护中的职能责任和角色定位。另外，在少数民族传统村落最集中的贵州省黔东南自治州下辖的黎平县，县委、县政府对传统村落保护中的档案工作高度重视，也纷纷出台相关制度切实加强档案工作。例如，2015

[①] 《贵州省人民政府关于加强传统村落保护发展的指导意见》，2015年4月29日，贵州省人民政府网站，http://www.guizhou.gov.cn/xwzx/gzxw/201507/t20150701_276922.html。

年黎平县综合目标绩效考核中，档案工作分值分为乡镇和机关单位两块，乡镇分值为100分中占1分，机关单位分值为100分中占2分；而2016年黎平县综合目标绩效考核中档案工作分值分别提高了1分，乡镇分值为100分中占2分，机关单位分值为100分中占3分。①

云南省：云南省是拥有国家级传统村落数量全国第二的少数民族风情大省。2016年9月，云南省住房和城乡建设厅下发开展传统村落传统建筑挂牌保护工作的通知。2016年11月1日，来自首届"世界的香格里拉"乡村旅游发展论坛及"世界乡村在云南"论坛的专家学者来到香巴拉时轮坛城，共同签署了《2016云南传统古村落保护与发展·香格里拉倡议书》。《云南省传统村落保护发展规划编制细则（试行）》要求对传统村落有保护价值的物质形态和非物质形态资源进行系统而详尽的调查，具体调查内容包括村域环境、传统村落选址与格局、传统建筑、历史环境要素、非物质文化、文献资料、保护发展基础资料等方面；调查范围包括村落及其周边与村落有较为紧密的历史、视觉、文化、产业关联的区域，并建立传统村落档案。调查内容、调查要求以及档案制作参照《关于做好2013年中国传统村落保护发展工作的通知》（建村〔2013〕102号）执行。有一定历史文化的村落，还应建立历史建筑档案。主要内容包括：（1）建筑艺术特征、历史特征、建设年代、稀有程度等的描述与评价；（2）建筑的有关技术资料；（3）建筑的使用现状和权属变化情况。其保护发展规划成果至少包括规划文本、规划图纸和附件、规划说明书、传统村落档案四个部分。

（二）资金层面

随着乡村文化振兴成为国家重大文化战略，自上而下依靠行政力量强力推动的传统村落保护活动得到了国家和地方政府层面划拨的资

---

① 《黎平县委县政府高度重视档案工作提高档案工作在综合目标绩效考核中所占分值》，2018年7月20日，侗乡网，http://www.dongxiangwang.cn/index.php/cms/item-view-id-21578?verified=1。

金支持，政府之外的社会力量也对传统村落保护给予高度关注，积极多方筹资助推文化抢救和保护。目前传统村落建档资金主要有以下几方面的来源。

一是住建部为传统村落名录申报下拨专项资金，用于前期普查建档工作。申报成功被纳入国家级传统村落名录的村落，每村下拨300万建设资金，用于后期修缮维护。传统村落进入中央财政支持名单以后，所取得的农村环境综合整治、"一事一议"财政奖励补助、国家重点文物保护、中央补助地方体育与传媒事业发展、非物质文化遗产保护等专项资金都将陆续拨付到位。① 在保护过程中陆续形成的各项档案建设也于其中统筹使用。

二是传统村落所在县的档案局通过向省档案局申报省级传统村落档案工作项目资金，以及通过县人民政府协调县新农办从传统村落保护工作经费中拿出一定资金用于传统村落档案工作。目前贵州省有部分少数民族传统村落档案工作采用该办法筹资，如贵州省铜仁市松桃苗族自治县大湾苗寨建设的"传统村落活态档案馆"由省、市、县三级档案局共建，第一期建设资金10万元即由贵州省档案局下拨。

三是政府机构以出资购买形式委托学术团体开展传统村落普查建档工作，例如，中国传统村落保护中心即与住建部以该形式合作，开展传统村落建档工作。

四是各级财政加大扶持力度，将少数民族历史文化名城、名镇、名村、传统村落保护专项经费纳入财政预算，统筹利用现有资金渠道，按照规划目标集中调配资源，确保资金使用绩效，同时吸收社会力量捐助资金参与少数民族历史文化名城、名镇、名村、传统村落保护利用和传承发展。

五是社会公益组织采用接受资助或以众筹方式筹资支持传统村落建档工作。例如，北京文化遗产保护中心接受联合国教科文组织和其

---

① 尹文君：《传统村落保护与发展存在的问题及对策——以贵州省安顺市为例》，《商》2016年第4期。

他国外机构资助，主要面向少数民族传统村落，以有限辅导和资助的形式帮助当地村民开展建档工作。其先后在云南省孟连县勐马寨（傣族）、贵州省从江县（苗族）、四川省甘孜阿坝州阿尔村（羌族）开展的村民自治文化项目均采取了这一模式。古村之友是我国目前影响力最大的村落保护志愿者组织。该组织定位为"乡土文化复兴一站式全要素服务平台"，通过互联网公益PNPP（Public-NGO-Private-Partnership）模式，先后为古村落家谱编修、祠堂精神复兴、人物传记编写、新乡贤工程等一系列文化建档式保护活动筹资。

（三）技术层面

西南少数民族传统村落建档式保护的本质是对西南少数民族传统村落文化信息的提取、存储（编码）、解码、呈现。需要说明的是，与传统村级档案以纸质文本为主的情形不同，现已建成的传统村落档案主要是信息文本，为传统村落档案从收集、管理到利用全程提供技术支持的主要是数字技术和网络技术。

1. 数字技术

档案数据采集阶段：随着传统村落名录项目的推进，各地在申报过程中对村落各项文化元素的采集，主要运用了以图形图像、空间数据采集为核心的数据采集技术。例如，村落全貌的俯角拍摄、建筑物的测绘、各构件的细部照片等采用高清摄影成像技术；对村落老人的口述记录、对村落民间工艺、民俗活动、宗教仪式等的过程和演示均采用数码录音、数字摄影、摄像技术；对村民私有的族谱、宗谱等历史文书采用扫描或翻拍技术；对村里的古董藏品采用3D扫描技术，全方面复原藏品全貌。① 此外，传统村落网络大数据日益成为传统村落档案资源体系不可或缺的来源。包括村落主页与网络词条、村落数字地图、村落网络新闻、村落游记与评论、村落电子文献等反映传统村落基本信息以及网络空间中反映传统村落文化遗产的信息资源。例如，传统村落游客的游记、记者的报道等是他们对村落的描述、见解和真实感想，传统村落网络大数据可通过信息检索技术进行二手资料

---

① 王萍：《传统村落文化数字资源建设研究》，《图书馆建设》2018年第7期。

的数据采集,将所获取的各类数据进行整理与归档。①

档案数据处理阶段:传统村落文化数据来源丰富、种类多样、专业性强,对数据管理、分析和共享提出了很高的要求,数据管理分析与聚合技术的日益丰富和成熟,为传统村落档案数据处理提供了应用性强的技术工具。例如,可运用主题图技术组织传统村落文化数字资源,构建知识图谱、文化地图;可借助关键事件技术分析村落文化遗产的形成及演化;融合关联数据和分众分类技术可对传统村落文化数字资源进行多维度聚合,这将有利于对传统村落物质文化文本与非物质文化文本之间的关联性进行深度诠释;② 采用数字化处理模式可对传统村落文化大数据进行挖掘整理、分析聚合,实现其知识内容的结构化、系统化、多粒度、多维度的服务方式。

档案数据利用阶段:以虚拟现实和"互联网+"为核心的信息呈现和传播技术为传统村落档案数据的呈现提供了工具性可能。例如,3D建模、虚拟现实和增强现实技术、演变模拟与仿真等技术的运用,可使传统村落文化在互联网平台上具有前所未有的展示效果:互动、穿越、沉浸、仿真,增强文化传播的感染力和交互能力。尤其是虚拟现实技术的运用,可使部分在现实生活中失去生存环境的村落非遗"重生"。例如,浙江省国家级非遗项目"嘉兴灶头画"因农村灶头日渐被煤气灶取代,陕北剪纸窗花因窑洞窗户的改变而逐渐失去依托载体,而运用 VR 技术可复原现实环境中已不复存在的生活场景,将灶头画、剪纸窗花等非遗文化复活于当下,呈现在受众面前并为整个文化生态保存一份文化基因。③ 特别是运用数字化故事编制与讲述技术,可以用说故事的方法来表达、阐释与传播传统村落遗产的文化意义,真正讲好中国乡村故事。④ 另外,借助数字技术,原本看似相互独立的传统村落文化形态可形成新的跨界联结并生成新兴文化样态,

---

① 郭崇慧:《大数据与中国古村落保护》,华南理工大学出版社 2017 年版,第 10 页。
② 王萍:《传统村落文化数字资源建设研究》,《图书馆建设》2018 年第 7 期。
③ 王萍:《传统村落文化数字资源建设研究》,《图书馆建设》2018 年第 7 期。
④ [澳]哈特利:《数字时代的文化》,李士林、黄晓波译,浙江大学出版社 2014 年版,第 122 页。

这为传统村落文化找到了新的传承发展思路，"对数据关联性的有效利用将成为当代人文需求与历史文化传统对接的突破口"。①

传统村落档案的采集、处理和利用的对象是传统村落数据，其涵盖了大量历史、人文、社会经济信息，大容量、多来源、多格式、多类型是大数据的典型特征。将大数据技术运用于传统村落建档，档案信息的深度挖掘、关联应用及档案信息的充分共享是今后传统村落档案工作的重点方向。目前，由国内系统工程学科创造人之一、中国工程学院院士王众托教授领衔指导，华南理工大学、广东省民间文艺家协会等进行的"基于大数据架构的中国古村落文化保护与传承云服务平台建设"通过大众化知识生产模式的思想和相关技术，探索性地构建以广东古村落为主要案例的古村落历史文化保护与传承大数据应用示例，用于海量历史文字资料、图片资料、音频资料和视频资料的数字化挖掘、整理、标注、分类，并基于开放性平台提供诸如专业数据深度挖掘、内容标引、专题知识检索及按需出版等多方面的知识服务。该平台的建构运用了以下技术："第一，网络众包模式开展古村落数据采集工作。第二，在数据预处理阶段使用 g 指数和互信息概念，在聚类分析阶段运用基于 AP（Affinity Propagation）聚类的 GMAP 共词分析法，从知识图谱和主题发现两个方面得出古村落知识图谱领域主题。第三，采用文本挖掘方法，用 Textrank 算法从大量网络村落信息资源中抽取关键特征，依据有用信息生成标签，完成对古村落的画像。第四，将增量式 AP 算法用于古村落视频数据聚类，生成的视频摘要用于帮助历史学家和民俗学家短期内把握大量视频的内容概要，把握古村落的整体特征以及古村落之间的区别和联系；将基于 AP 聚类的任意形状簇聚类应用于聚类古村落图像数据，通过图像分割方法，描绘图像的大致轮廓，便于民俗专家研究工艺品的艺术风格。"②当下，该平台建设已初见成果，它可提供发布和浏览古村落

---

① 潘鲁生：《非物质文化遗产资源转化的亚洲经验与范式建构》，《民俗研究》2014年第2期。

② 郭崇慧：《大数据与中国古村落保护》，华南理工大学出版社2017年版，第5—8页。

信息、提供广东古村落信息采集专用平台以实现档案采集众包功能，正在陆续融入古村落数据分析和挖掘模块，提供数据挖掘和分析功能，有望成为运用大数据技术助力传统村落档案工作的标本式范例。

2. 移动互联技术

据2019年中国互联网络信息中心（CNNIC）发布的《中国互联网络发展状况统计报告》，截至2018年12月，我国网民规模达8.29亿人，普及率为59.6%。其中，手机网民规模已达8.17亿人，网民通过手机接入互联网的比例高达98.6%。社交媒体的普及为传统村落档案资源的传播奠定了坚实的技术基础，积聚了活跃的网络受众，特别是网络媒体多元、交互、即时的传播性，使传统村落文化的影响深度和广度得到前所未有的提升。而互动性移动终端（主要是手机）的大面积普及更为传统村落档案资源建设和传播提供了革命性的工具。具体而言主要有以下两点：一是作为伴随性媒介，手机为记录、上传、共享村落文化资源提供了极为方便的内容生产工具。特别是对数字素养普遍不高的村落原住民而言，手机设备便宜、上手快、可随时随地拍照、录音、录像，可随时将村落日常生活的各种细节、原汁原味的民间文化事象记录、固化，利用微信公众号平台将与传统村落文化有关的大量文字、图片、声音、影像等多媒体资料发布出去，有效弥补当下文保项目自上而下推进，底层视角不足的缺陷。二是移动互联的技术普及使传统村落文化数字资源的呈现方式、展现的时间空间都有了前所未有的创新可能。比如，传统村落数字博物馆在手机上的展示，可使漂泊在外的游子随时沉浸于村落故园的乡音乡貌、乡土乡情，这一"移动的家园"使乡愁有所寄托。而传统村落的微信公众号、微信群的关注和加入能让异乡游子以同乡同宗的感情为纽带，以社会学家安东尼·吉登斯所谓的"缺席的在场"形式沉浸于根脉所系的村落文化氛围中。长远来看，数字化的传统村落文化在手机上的移动式、伴随式传播还有更广阔的技术空间。

第二章　西南少数民族传统村落建档与档案管理的现状与问题

如前文所述，由于建档式保护成为西南少数民族传统村落保护的首选方式，故随着保护项目的推进，越来越多的传统村落档案或档案材料持续生成，随之而来的是对其科学管理和有效利用的问题。需要说明的是，本书的研究对象——西南少数民族传统村落档案管理，既包括传统意义上的档案管理，也包括非传统的档案化管理。传统意义上的档案管理指围绕以归档立卷为标志形成的传统村落档案所开展的一系列管理活动；档案化管理则指参与传统村落保护工作的主体运用档案管理方法，对其在保护过程中收集或形成的材料实施管理，使其具备档案属性从而长久留存。以下为论述需要，将上述两者统称为传统村落档案管理，不再一一作出区分。

由于传统村落档案工作开展时间不长，目前主要集中在普查、记录和建档，对建档成果的保管和利用尚处于探索阶段。学界对传统村落档案管理，尤其是对既具备传统村落档案工作共性又兼具民族和地域特性的少数民族传统村落档案工作的研究成果相对稀缺，可用于指导档案工作的理念、操作模式、工作方案等远未成熟，加之实践层面积累的经验和范例也不充分，故此，近年来少数民族传统村落档案管理工作虽然进行了建档及管理模式的探索，建构了一些系统化的传统村落档案资源，积累了建档经验，培育了档案意识，但是随着建档式保护工作的全面、深入推进，也相继暴露出理论支撑不足、政策支持不力、认知水平不深、技术能力不强等一系列问题，亟待学理层面的探索。

第二章　西南少数民族传统村落建档与档案管理的现状与问题　　73

第一节　西南少数民族传统村落建档与档案管理的现状

一　西南少数民族传统村落建档

（一）西南少数民族传统村落建档历史发展

由于西南少数民族传统文化的独特性，从 20 世纪三四十年代起，它就吸引了社会学、文化人类学、民俗学、音乐学等领域的中外专家学者前去进行学术考察调研，他们在一定载体上用一定符号形成了有关西南地区政治、经济、文化民俗等社会发展情况的历史记录及有关西南地区研究的历史记录，学者杨毅将此类历史记录称为"档案型记录"。① 例如，英国人埃德温·丁格尔在清末由上海到缅甸途中经过西南地区，对西南地区汉族、苗族、彝族、白族等民族的婚姻、服饰、丧葬等都亲自观察，并将这段经历写成了《丁格尔步行中国记》。英国印度殖民区官员戴维斯（H. R. Davis）在 1894—1900 年多次赴云南调查彝族、苗族、藏族等民族的地理环境、语言习俗等，撰写了《云南：印度和扬子江流域间的链环》。抗战爆发后，部分民俗学、民族学学者深入云贵川少数民族地区，记录描述了民族村寨里的器物、风俗、语言、建筑等文化元素，其成果散见于相关学术著作、日记，还有部分实物档案被收购或以其他形式获取后被带往海外。例如，庄学本 1934 年孤身进入西康地区访问藏族、普米族、羌族、纳西族等民族，拍摄了大量当地人物，并对当地的婚丧嫁娶、生活形态、税收制度等以自然、直接、朴素的方式记录下来，为后世准确构建少数民族形象和边疆形象做出了贡献，为西南边区少数民族研究提供了依据。② "庄学本的照片让我们第一次看见那个年代少数民族的精神风貌，看到了人的丰富，看到了优雅、美丽和尊严，无论贫与富。应该说，庄学本为中国少数民族史留下了可信度高的视觉档案和

---

①　杨毅：《中国西南民族档案资源集成管理研究》，中国社会科学出版社 2018 年版，第 40 页。

②　高力等：《羌村镜像——羌族影像文化概览》，西南交通大学出版社 2012 年版，第 68—71 页。

调查报告。"① 除照片外，庄学本的旅行日记还记录了每到一处的地名、日期、气压、方向、距离、当地地理环境、服饰、生活习惯、生活用品器物、风俗、商业惯例、节庆等信息，并于 1937 年集结成《羌戎考察记》出版。

中华人民共和国成立后，我国高度重视民族团结和民族文化繁荣，对少数民族民间文化的挖掘整理一直没有中断，使得民族村寨里所蕴含的一些文化文本得以绵延留传。应该说，对西南少数民族民间文化的高度关注和大规模普查整理始于非物质文化遗产保护运动。2005 年国务院办公厅发布《关于加强我国非物质文化遗产保护工作的意见》（国办发〔2005〕18 号），文件指出应建立名录体系，逐步形成有中国特色的非物质文化遗产保护制度。2011 年 6 月 1 日，《中华人民共和国非物质文化遗产法》正式实施，将非遗建档的保护方式明确写入法律，为非遗建档工作的开展提供了法律保障与支持。由于我国少数民族非物质文化遗产全部都在村寨里，因此西南少数民族村寨里的非物质文化遗产被较好地进行了系统建档，现存于各级文化部门非遗中心。特别是少数民族文化中那些独特性强、民族特性鲜明、传承历史久远、在世界范围内都有较大影响的非遗文化，如我国西南地区贵州省的侗族大歌、傩戏等，无论是所建档案的完整性、规范性，还是档案利用的深度和开放性，都较好地完成了非遗文化保护和传承传播的任务。另外，少数民族村寨里一些达到文物标准的物质文化遗产，则受《中华人民共和国文物法》保护，由文物部门对其开展普查记录和建档，相关成果存于文物部门和博物馆，但这部分档案相对而言数量不多。

以村落整体为建档式保护对象的文化活动则肇始于历史文化名镇名村项目。在目前已公布的中国历史文化名镇名村中，西南少数民族历史文化名村共入选 34 个，分别为贵州 15 个、云南 9 个、四川 6 个、西藏 3 个、重庆 1 个。虽然历史文化名村项目是以村为建制开展整体性保护，但就建档工作而言，主要还是对入选村落的历史建筑等

---

① 吴文：《重现庄学本：摄影大师和民族调查先驱》，《中国摄影家》2007 年第 8 期。

第二章　西南少数民族传统村落建档与档案管理的现状与问题

物质文化遗产进行建档，对非物质文化遗产的覆盖力度明显不足。一些乡村的特殊文化形态，如宗族关系等既非物质文化，也不属于非物质文化范畴，因此被有意无意地忽略。尽管如此，该活动为传统村落建档奠定了基础，开拓了道路。

在随后开展的传统村落名录项目中，西南地区传统村落共入选1912个。如表2-1所示，在已公布的五批传统村落名录中，重庆传统村落总数为110个，少数民族传统村落数量为74个，占67.27%；四川传统村落总数为333个，少数民族传统村落数量为145个，占43.54%；贵州传统村落总数为725个，少数民族传统村落数量为620个，占85.52%；云南传统村落总数为709个，少数民族传统村落数量为422个，占59.52%；西藏传统村落总数为35个，少数民族传统村落数量为35个，占100%。总体上看，西南地区传统村落总数为1912个，其中少数民族传统村落数量为1296个，占67.78%，超过总数的一半。以少数民族传统村落数量为标准，从多到少对西南地区省份进行排序，依次是贵州、云南、四川、重庆、西藏。其中，贵州、云南、四川是西南地区少数民族传统村落分布最集中的省份，尤其是贵州和云南。由此可见，西南地区少数民族传统村落整体呈现数量众多、分布集中的特点。

除了政府行政部门推动的传统村落名录项目之外，一些学术精英如冯骥才先生和中南大学的胡彬彬教授等也召集民间文艺家协会、摄影家协会、文联等成员深入全国各地，通过文字和图片记录中国传统村落的风采，为摸清传统村落的家底并为村落建立文化档案做出了杰出贡献。已建立的村落文化档案中亦包括一部分西南少数民族传统村落档案，但为数不多。胡彬彬教授领衔的中南大学中国村落文化研究中心近30年来，深入我国4300多个传统村落进行田野调查，收集实物文献并进行图文信息记录，在中国传统村落文化研究方面取得了突出成果。[①] 集藏实物资料1万多件、文献资料1万多件、第一手动态和静态图像与数据资料5万千兆字节、胶片2000多卷。除上述学者

[①] 龙军等：《中国村落文化智库揭牌》，《光明日报》2016年4月21日第9版。

表 2-1　西南少数民族传统村落分布情况

(单位:个,%)

	第一批		第二批		第三批		第四批		第五批		总计		
	总数	少数民族村落	总数	少数民族村落	总数	少数民族村落	总数	少数民族村落	总数	少数民族村落	总数	少数民族村落	少数民族村落所占比例
重庆	14	7	2	1	47	29	11	5	36	32	110	74	67.27
四川	20	13	42	20	22	6	141	52	108	54	333	145	43.54
贵州	90	84	202	192	134	97	119	86	180	161	725	620	85.52
云南	62	39	232	142	208	133	113	63	94	45	709	422	59.52
西藏	5	5	1	1	5	5	8	8	16	16	35	35	100.00
总计	191	148	479	356	416	270	392	214	434	308	1912	1296	67.78

注:少数民族传统村落是指少数民族人口达到总人口30%以上的传统村落。《江西省少数民族权益保障条例》《北京市少数民族权益保障条例》《天津市少数民族权益保障规定》《浙江省少数民族权益保障条例》规定少数民族人口占全村总人口50%以上的村落为少数民族村;而《湖北省散居少数民族工作条例》规定少数民族人口占全村总人口30%以上的村可申报民族村。本书依据多数地方性法规的规定,将少数民族人口全村总人口30%以上的村判断并统计为少数民族传统村落。笔者根据住建部、云南、贵州、四川、重庆、西藏地方政府相关部门公布的传统村落入选情况及少数民族传统村落分布情况统计汇总。

资料来源:笔者根据住建部、云南、贵州、四川、重庆、西藏地方政府相关部门公布的传统村落入选情况及少数民族传统村落分布情况统计汇总。

外，一些以西南少数民族传统村落为研究对象的课题组在学术考察研究过程中，也陆续形成传统村落档案，如2015年国家社科基金重大项目"中国西南少数民族传统村落的保护与利用研究"课题组调查50多个传统村落，根据所获得的调研资料，已初步建立了西南少数民族传统村落的档案库，包含5个省份的十多个不同民族（苗族、壮族、藏族、哈尼族、侗族、白族、纳西族、羌族、彝族等）的传统村落，重点关注传统村落在地区、民族上的联系和差异。传统村落档案库涉及村落的图片库（民居建筑、村落环境等）、村落基础信息调查表、人口统计数据、村落手绘地图、传统文化仪式的录制视频以及对部分访谈对象的访谈录音材料。对案例地基础资料文本的收集，包括县志、村族谱、地戏戏谱、侗族大歌歌谱等地方非遗文化传承资料，并整理归类，形成基础报告亦纳入档案库。目前，首席专家团队调研的近40个西南少数民族传统村落都已形成基础调研报告，报告中详细介绍了村落的人口、经济（生计方式）、环境、文化、治理制度等方面，重点关注物质文化保存与非物质文化传承情况。[①] 上述成果虽然在数量上并不占优，但胜在项目层次高（国家社科基金重大项目）、研究团队学术力量雄厚、经费支持充足、调研细致、建档方法科学，所形成的西南少数民族传统村落档案在质量上高出其他建档主体形成的相应成果。

（二）西南少数民族传统村落建档模式比较

1. 行政机关主导

（1）以住建部门为主导。自2012年住建部、文化部、财政部等部委联合启动中国传统村落名录工程以来，按照住建部"一村一档"的传统村落名录申报要求，在申报阶段，住建部负责对传统村落建档的范围、分类、标准作出政策性规定，各省、市、地区住建部门负责督促推动，由各县级住建部门具体实施，具体为指派专业人员下乡采

---

① 《2015年国家社科基金重大项目"中国西南少数民族传统村落的保护与利用研究"中期检查报告》，2017年12月11日，全国哲学社会科学规划办公室，http://www.npopss-cn.gov.cn/n1/2017/1211/c401253-29698591.html。

集或由各申报村寨按标准要求自行采集、整理上报以备专家审查评估。从最后五批共入围将近 7000 个传统村落数量来看，由各级住建部门建立起来的传统村落申报档案至少数以万计（按申报与入围 3∶1 的比例保守估算）。其中，西南少数民族地区入选国家级传统村落名录的 1571 个村寨都由当地住建部门建立了申报档案。可以说，这是中国历史上第一次以行政力量驱动的形式，为数量如此庞大的传统村落遗产初步盘清了家底，建立起传统村落底账，为传统村落整体保护奠定了资源基础，而且在传统村落保护项目实施阶段还将陆续形成档案材料。例如，将村落建筑修缮通过招标委托给专业公司，会陆续形成项目建设档案；住建部拨付的首批传统村落保护专项资金按规定由各地区及县级财政部门和环保部门专款专用，在保护资金拨付利用过程中，也将陆续形成关于传统村落保护的若干档案材料。此外，还将根据后续勘查陆续将申报档案中缺失的村落档案材料予以增补。可以说，通过对传统村落保护动态的持续记录，再加上申报阶段形成的档案文本，初步为传统村落勾勒出了全景图貌。

（2）以文化部门为主导。"2003 年，建设部、国家文物局共同组织评选中国历史文化名村（所有历史文化名村现已全部入选中国传统村落名录）。在前后共六批申报过程中，参评村落通过对村落历史文化遗产的全面调查摸底形成完整描述村落建筑遗产、文物古迹和传统文化的村落档案，并在后续保护过程中陆续形成历史文化遗产保护档案等，此举首开以村落为整体单位对物质文化、非物质文化集合建档保护的先河。其后，随着'非遗热'的兴起，传统村落中的非物质文化遗产档案材料大量被挖掘、整理散存于文化部门非遗管理处、非遗研究机构及档案部门（少数）手里；与村落中属于物质文化遗产又具有文物价值的古民宅、祠堂、宗庙等有关的档案材料则大量集中于文物部门。"① 除此以外，在文化部门主导下，多省陆续开展了"乡村记忆工程"，结合本省自身条件，制定评价标准与评价体系，对符合要求的村落进行保护。这些村落虽未入选中国传统村落名录，

---

① 王萍、满艺：《传统村落档案建构模式比较研究》，《档案学研究》2017 年第 6 期。

第二章　西南少数民族传统村落建档与档案管理的现状与问题

但其历史悠久、文化丰厚，亦以建构乡村记忆的方式进入传统村落文化保护大视野。

（3）以档案部门为主导。应该说，在经济实力比较雄厚、村民文化自觉意识较浓的江浙等东部地区，档案部门开展乡村档案文化工作比较积极主动，如浙江省陆续推进的"乡音建档""千村档案"项目等都为省域范围内的村落建构了文化档案。反观西南少数民族地区，档案部门介入传统村落建档的积极性、主动性总体不足。当然，也有部分少数民族地区档案部门抓住机遇，适时跟进，主动作为。例如，贵州省黔东南苗族侗族自治州因拥有传统村落总数和文化资源上的领先优势，积极为已纳入传统村落名录的少数民族传统村落打造以村为立档单位的村落档案。2016年以来，贵州省黔东南苗族侗族自治州档案局要求各县市档案部门在全州范围内深入开展传统村落详查，摸清底数，进行甄别、分类、评级，按照"一村一档"建立村史档案，以纸质和电子文件形式制作，不仅包括文字内容，也包括照片、录音、录像、图纸等形式的资料。截至2018年上半年，全州已整理传统村落文书档案2468卷（册）、6436件，照片光盘档案3740张，另有印章、证书、牌匾等各类实物档案1166件。共有170个中国传统村落开展了传统村落档案征集整理及档案室建设工作，其中52个村落开展了生态档案馆建设工作。通过广泛收集传统村落历史发展、民族文化各类档案，率先建成中国传统村落"锦屏隆里所村生态档案馆""黎平肇兴村生态档案馆""雷山上郎德村生态档案馆"等一批生态档案馆，集中展示了黔东南州中国传统村落之美，留下了传统村落文化基因，保住了乡貌，记住了乡愁，留住了乡音，传承了乡风，保护了农耕文化，保护了文化遗产，开辟了档案文化建设新领域。[①]但除此之外，西南少数民族聚居的云南、四川、西藏等地对该工作的推进力度明显不足。

---

① 《坚持档案工作服务"大生态"战略努力用档案的力量守护中国传统村落乡愁记忆》，2018年9月14日，贵州档案方志信息网，http://www.gzdaxx.gov.cn/dagz/ncsqdagz/201809/t20180914_3552715.html。

总体而言，行政部门主导推进的传统村落建档，从目前来看建档力量最雄厚，覆盖范围最广，建档成果从数量上来看最丰硕。该模式最大的优势在于拥有政策优势、强大的行政推动力和执行力。例如，住建部门从 2012 年开始执行"留住乡愁"的国家战略，以陆续下发政策性文件为手段，在住建系统自上而下纵向推进传统村落名录申报工作。由于先期制定了传统村落调查文档格式并以通知形式下发，各地均以此为蓝本，对各自辖区内符合传统村落名录要求的村寨开展普查、记录和建档，申报档案的内容基本涵盖了村寨的整体情况、物质及非物质文化遗产且格式相对统一。由于住建部门的职能属性，其对村寨自然环境面貌的拍摄、制图，对村寨物质文化遗存特别是古建筑的布局、结构、细部构件及装饰等的测绘、描图较为细致，具有较高的专业水准。

尽管政府主推的传统村落建档在覆盖面上最为可观，但其目前已形成的传统村落档案，特别是住建部门的部分申报档案质量堪忧。问题主要集中在申报档案的真实性、完整性、规范性三个方面。

一是真实性方面。传统村落申报档案文本的真实性不足是影响建档质量的一个重要原因。例如，据多次作为评审专家参评传统村落的学者梁洪生披露，一些为了迎合旅游热而人工制造的伪民俗堂而皇之地被写进申报文本，个别传统村落简介中的文字说明来自导游词，成为村庄历史的解释定本。村、镇的"小历史"失语日渐严重，空白点越来越多。① 特别是少数民族村寨命名的话语体系与汉文不同，如果望文生义或道听途说，将会以讹传讹，曲解原意。例如，四川省阿尔村巴夺寨山清水秀，丛林环绕，是该村最大的寨子，"巴夺"之名长期被误读为"猪多的地方"。其真实情形是，其羌语发音为"bia-do"，"bia"就是当地说的"a bia"，是汉语"躲起来"的意思。由于以前该寨子周围森林茂密，外面的人只看得见森林里青烟袅袅，却看不见住家户，实际是大家在生火做饭，所以被认为是"躲起来

---

① 梁洪生：《"中国传统村落"的评选与保护及江西现态初步考察》，《农业考古》2015 年第 6 期。

了"。本来一个意趣盎然并使人对村寨生态环境浮想联翩的命名,由于语系差异产生曲解,其深意和文化价值大打折扣,失去了做旅游文章的好机会。笔者在调研期间甚至发现某州在建设传统村落名录示范村寨期间,为了凸显其"示范"性,不惜造假档案材料。

二是完整性方面。主要表现在以下三点。

第一,乡土建筑是传统村落物质文化遗产的重头戏,而围绕其所形成的传统村落档案仍有较大的缺失。1999年的《乡土建筑宪章》强调传统建筑工艺的重要性:"与乡土性有关的传统建筑体系和工艺技术对乡土性的表现至关重要,也是修复和复原这些建筑物的关键。这些技术应该被保留、记录,并在教育和训练中传授给下一代的工匠和建造者。""对于一栋不具备纪念意义的乡土建筑,它本身的重要性或许比不上建筑它的技术。"更进一步的要求则见于《国际乡土建筑遗产宪章》维护准则第五条:"乡土遗产包含的不只是物质形式以及建筑物、结构和空间的组合,也包括对它们使用和理解的方式,以及依附于它们的传统和无形因素。其强调的是建筑物营造工艺背后的文化理念、审美情怀。"[1] 由此观之,现有的传统村落档案对建筑物的记录描述虽留其形却失其神,无力承担完整保留和呈现传统建筑风貌的重任。例如,在西南地区,复杂精巧、美轮美奂的鼓楼是侗寨的标志性建筑,集中展现了侗族独特的民族气质,而其营造工艺以及其中所包含的文化意蕴、象征意义则相当程度上存于"掌墨师"一心,未能形成清晰翔实的固化记录。作为鼓楼的建造者,"掌墨师"通过先辈的言传身教和长期的实践经验对鼓楼的结构了然于心,在建造过程中不使用一张图纸,仅以世代传承于匠师之间、由26个符号组成的"墨师文"为设计语言,对建筑构件做简单标注,因而鼓楼营建完成后往往不会留下"只言片图",更遑论完整的建造档案。这种师徒相继、口耳相传的承袭方式是极不稳定的,一旦后继无人,整套工艺都将面临失传的危险。在缺乏充足的原生档案的情况下,下大力气梳理和确认传统村落档案的记录内容,使之更加丰满和充实从而最大

---

[1] 王萍、满艺:《传统村落档案建构模式比较研究》,《档案学研究》2017年第6期。

限度地揭示建筑物的全貌，对于保证村落文化遗产的完整性和真实性具有重要意义。

第二，传统村落建档式保护的对象偏重于物质文化遗产，对非物质文化遗产有所轻忽，覆盖面不足。早期，以文化部门为主导的中国历史文化名村建档式保护实践重在收集、整理、构筑各村落的历史建筑档案，以此实现对历史文化名村传统格局、历史风貌及空间尺度的保持、留存。该实践虽首开以村落为整体单位对物质文化、非物质文化集合建档保护的先河，但总体上更加突出物质载体在村落承续中的作用，物质文化遗产仍是建档保护的主体。之后，由住建部门主导建立的传统村落档案仍未达到物质形态与非物质内涵间的平衡，对于两者重视程度的不同导致关于前者的档案材料远多于、精于后者。例如，肇兴侗寨是贵州省黔东南州规模最大、最具知名度的典型侗族村寨，笔者仔细研读该村传统村落申报档案后发现，对于侗寨的标志性建筑——鼓楼，"传统建筑"部分以文字描述的形式重点介绍了其历史功能、主要材料、基本形制及建筑工艺，字里行间对其所代表的象征意义及所彰显的族群审美偏好稍有提及，但几乎未涉及对这一特殊建筑式样文化内涵的深层解读；"非物质文化遗产"部分将侗族鼓楼花桥建造技艺单独剥离出来，但其文字介绍几乎是对传统建筑内容的照搬。事实上，作为一种多图像隐喻式建筑，鼓楼蕴含着深层的文化内涵。侗族民间传说表明，鼓楼的形象脱胎于高大的杉树。这种对杉树的摹仿将鼓楼与巨树大柱联系起来，使之与本民族最古老的宗教信仰产生渊源并建立起传承关系，从而获得了文化上的神圣身份，这也是后来鼓楼能够作为宗族权威象征的最深层的文化合法性基础。此外，杉树倒后，新苗将从其根部源源不断地萌发，最终成片成林。鼓楼是侗家的宗族标志，取象于杉树也寄托着侗家人对宗族旺盛生命力的希冀。[1] 以上传统村落档案在非遗记录上的缺失表明，建档部门对于如何呈现非遗的文化肌理尚未作出认真的思考和安排，没有领会到

---

[1] 王良范：《文化境域中的诗性象征——侗族鼓楼的美学人类学解读》，《贵州大学学报》（艺术版）2002 年第 4 期。

第二章 西南少数民族传统村落建档与档案管理的现状与问题

"非遗与物质遗产你中有我，我中有你，不可割裂的文本间性"。①

第三，记录村落历史沿革及现状的文献资料普遍受到忽视，致使传统村落档案体系不够完整。根据住建部发布的《中国传统村落档案制作要求》，"文献资料"应当成为立档调查的重要内容之一。凡是与村落直接相关的古书籍、当代正式出版物、论文、复印、翻拍件、拓本、摹本及其他材料均应尽可能地以拍摄、扫描或注明出处、藏处等方式将之纳入传统村落档案体系之中。据笔者调查，在四川省阿坝州理县桃坪羌寨的村落档案中，"文献资料"类为空白。实际上，描述记载桃坪历史风物的文献材料有《理番厅志》《保县志》《川西边事辑览》《羌戎考察记》等。又如，知名度比桃坪羌寨高出一筹的贵州省黔东南州肇兴侗寨的村落档案中，材料仅有《肇兴村志》一种，而实际上，仅黎平县（其管辖县）档案馆就收藏有《黎阳府志》（黎平旧称）《靖州乡土志》《黎阳地名考》《黔南职方纪略》以及现当代的《黎平县民族志》《黎平县志》《于细微处看侗寨》《肇兴体验（Experience Zhaoxing）》《乡土黎平百里侗寨》《乡村地理》《走进肇兴——南侗社区文化考察笔记》等。除肇兴侗寨外，笔者另查阅了贵州省多个国家级传统村落的档案，如贵州省黔东南州榕江县栽麻乡大利村、贵州省黎平县双江乡四寨村等，其"文献资料"类均为空白。此外，从笔者对四川、云南等省份数个少数民族传统村落档案的查阅情况看，文献资料缺失的问题同样普遍。由此可见，至少在少数民族传统村落密集的西南地区，住建部门组织建立的传统村落档案在文献资料收集方面存在较大的疏漏。

三是规范性方面。其一是表现在对村落整体、传统建筑和非遗资料的调查、收集和整理不够规范。其二是建档内容的著录不规范，如在传统村落档案中的非物质文化遗产部分，有的申报档案对非遗概念模糊不清，等级判断错误；有的在建档形式、编号等方面出现了诸多问题。朱天梅博士谈到，云南省住建部门在传统村落建档中，出现了

---

① 安学斌等：《云南国家级非物质文化遗产保护的理论与方法》，中国社会科学出版社2012年版，第112页。

序号重复，两次录入内容一样和同一村落多个编号的重复建档情况。怒江傈僳族自治州泸水县上报了 14 个村落（9 个自然村、5 个行政村），不少传统村落档案中照片缺少拍摄时间，照片内容说明过于简单。就是因为建档内容不规范，该县 22 个非物质文化遗产中只有 1 个村被列入国家名录中。① 另外，在技术性规范上，传统村落的认定标准是 2012 年制定的，只作为普查性质，没有制定数据入库标准。因此，很多数据的录入包括图片记录都缺少规范标准，同时因其缺乏专业技术人员对传统村落文化进行收集、整理、挖掘和修复，传统村落在申报编制规划上难以按要求完成，并最终造成传统村落文化的散失、缺失和消失。

2. 知识精英主导

具有代表性的有天津大学冯骥才文学艺术研究院组建的中国传统村落保护与发展研究中心（国家级传统村落保护与研究机构）。该中心依托中国民间文艺家协会、中国摄影家协会、中国文学艺术基金会等社会组织，主要从已评选出的传统村落国家名录中精选具有地域代表性和民族文化特色的传统村落，进行科学普查并建档。地方层面主要由各地文联、民间文艺家协会、摄影家协会具体承担建档工作，并积极吸纳民间文艺爱好者、摄影爱好者、志愿者参与。在西南地区，如 2014 年四川省正式启动川内中国传统村落立档调查工作。该调查由四川省民间艺术家协会牵头，联合来自四川大学等高校的学术精英，共同对入选前三批中国传统村落名录的四川省域内的传统村落开展翔实立档调查，其中包括理县桃坪羌寨、马尔康市卓克基镇西索村（嘉绒藏族）、泸州市叙永县分水镇木格倒村（苗族）等少数民族传统村落。专家的田野调查态度严谨，调查项目涵盖村落历史和鲜活生活的方方面面。例如，在木格倒村的调查中，专家对村里现存的国家一级保护植物红豆杉的数量和树径、村庄现存古代营盘的石砌墙厚度、数十份木格倒陶姓家谱手稿内容、古墓古碑上的文字、酒坊场景以及整个酿酒流程都进行了详细的图文记录，就此整理出村落历史、

---

① 朱天梅：《云南少数民族传统村落建档保护研究》，《档案学研究》2018 年第 3 期。

现状并提出保护和发展建议。①

优点：

（1）秉持严谨的文化保护态度，档案文本规范统一

冯骥才先生指出："每一个村落必须有自己的档案，严格的学术的档案，这才是对中华民族文化家底的负责。"② 为建立起严格的、学术的传统村落基础档案，本着对文化家底尊重负责的态度，中国传统村落保护与发展研究中心先后制作发行了《中国传统村落立档调查田野手册》和《中国传统村落立档调查范本》。其中，前者统一了立档调查的标准、规范和要求，为调查工作的科学有序开展提供了必要的工具和指南；后者则是在全国性的村落立档调查无成例可循的现实情境下，以第一批入选《中国传统村落名录》的两个典型村落为原本，严格按照调查手册的要求制作而成的图文样板是对前者抽象的文字描述的具体化，既可用作调查和登记的模板范例，也可用于对调查成果进行检查和对照。

（2）怀抱强烈的文化传承使命感，档案品质精益求精

中国传统村落保护与发展研究中心从成立之初就以进一步科学推动与实施传统村落保护和发展工作，守护中华民族的"根性文化"为宗旨，其工作人员多来自天津大学冯骥才文学艺术研究院，文化功底深厚；中国民间文艺家协会、中国摄影家协会等社会组织同样以高度的文化自觉承担起盘清传统村落家底的历史责任，积极主动参与传统村落建档保护工作，不仅为调查立档工作增添了新的学术视角，也为建档队伍补充了丰富的专业人才。知识精英主导模式下，文化的传承与守护是建档的核心，由此，所建立的档案往往精雕细琢、图片精美、文字流畅、内容深入细致，兼顾物质与非物质文化遗产并注重关照两者间的内在关联，力求解读出物质形态背后的文化意蕴。例如，海南省东方市江边乡白查村的村落档案简介部分介绍了当地富有黎族

---

① 《四川传统村落立档调查成果初现 22个传统村落有了"身份证"》，2017年5月25日，四川在线，https://sichuan.scol.com.cn/dwzw/201705/55920241.html。

② 冯骥才：《保护传统村落是"惊天"行动》，《新城乡》2014年第9期。

特色的民居"船形屋",关于其建筑形制,简介中不仅对其"防风防雨"的实用功能作了阐释,更进一步描述了屋内的营造特色:以三根高大的柱子立于茅屋中央,黎语称之为"戈额",象征男人;以六根矮柱立于两边,黎语称之为"戈定",象征女人,寓意家需由男人和女人共同组成。①

(3) 饱含淳朴温厚的人文关怀,档案叙事感情丰满

相较住建部门,知识精英更注重发掘和呈现村落的人文肌理,对世俗生活的刻画构成了村落档案的重要内容,大量关于村民习俗信仰、生产技艺、生活方式的素材为档案注入了生动的生活气息。例如,中国传统村落保护与发展研究中心制定的立档调查登记表专门开辟了民俗生活、生产方式、人物等项目用以记录普通村民的日常生活。在档案中,有展露村民家居信仰的天地神龛、土地爷神像、辟邪龛、风水楼子、镇宅符,有记载村民家族世系更迭的祖宗轴、宗谱,有反映村民风俗禁忌的民间传说,更有直接展现村落生活面貌的人物肖像和生产生活场景(诸如孩子在村巷中嬉笑打闹、老人聚在村中大树下闲话家常、村民在手工作坊中辛勤劳作、小狗在石板路上安闲地挠痒痒等),均描绘出畏天敬祖、日出而作、日落而息的古老农耕生活样态,洋溢着传统农耕社会平和质朴的从容与温情。

(4) 突出村落独特的文化气质,档案内容特色鲜明

在档案内容的编制上,知识精英强调村落文化气质和价值倾向的独特性,力图呈现村落独一无二的个性,村落的鲜明特色跃然纸上。例如,西索村的简介中描述了该村的建筑特色,以青石板和黄泥砌成的墙体、酷似八宝图案中"花衣"图案的村落形状令人印象深刻。又如,在村落同质化严重的大环境下,村名仍保持一定的稳定性。②究其原因,很多时候村名往往超越了地理坐标这一实用功能而兼具文化价值,概因无论其缘起还是流变都深蕴着村落的历史和故事。鉴于

---

① 冯骥才主编:《20 个古村落的家底:中国传统村落档案优选》,文化艺术出版社 2016 年版,第 353 页。

② 《四川传统村落立档调查成果初现 22 个传统村落有了"身份证"》,2017 年 5 月 25 日,四川在线,https://sichuan.scol.com.cn/dwzw/201705/55920241.html。

地名也是地方传统文化的有机组成部分,联合国已于 2007 年将之正式确立为非物质文化遗产。冯骥才先生曾言:"城市是有生命的,地名便是这历史命运的容器。"乡村也当是如此。纵观中国民协辑录的 20 个传统村落优秀档案,凡有据可考的村名,均有对其名称由来、内涵意蕴及演化情况的记叙。例如,关于木格倒村的村名来源,档案中记载了两个截然不同却都意趣盎然的说法:其一认为"倒"字当作"岛"字,鱼洞河从寨子西侧山谷绕行而过,苗寨被四周的溪流和高山深谷围绕其中,四面环水形如岛屿,因而得名木格岛;其二有传说,早在明清,一盲人秀才路过此地时马突然停止不前,秀才下马查看时不小心把摸到的木棍弄倒了,此后村寨便被称作木格倒。①

(5)发挥学界精英的文化能量,建档保护影响日益扩大

学界精英以其文化场域"意见领袖"的身份在传统村落建档保护中发挥了重要作用,以其中最为突出的冯骥才先生为例。面对传统村落快速消失的严峻局面,冯先生振臂高呼,多次以演讲、发文、提交提案的方式为传统村落保护发声建言,正是在他的倡议下,住建部等四部门联合启动了中国传统村落的调查与认定工作,"留住乡愁"正式上升到国家战略层面。冯先生并未止步于此,他先后出任中国传统村落保护专家委员会主任、中国传统村落保护与发展研究中心主任,以个人魅力和感召力凝聚众多知识界人士加入传统村落建档保护队伍。他率研究团队奔赴全国各地,为越来越多的传统村落建立了"身份凭证",是当之无愧的"传统村落保护第一人"。在众多知识精英的努力经营下,维系中华文明根脉的舆论环境正在逐渐形成,引发了社会的广泛关注,十分有利于传统村落保护工作的开展。

缺点:

一是缺乏政府行政主管部门自上而下系统的推进机制。虽然学者有见识,有担当,但囿于资源不足,建档规模太小,成果有限。二是学者进行的范例式建档一方面是为了忠实记录村落历史人文;另一方

---

① 冯骥才主编:《20 个古村落的家底:中国传统村落档案优选》,文化艺术出版社 2016 年版,第 439 页。

面由于学术研究的需要，"文化学者从传统村落中收集民间信息会按照自己的知识结构体系来进行凭证信息资源的选择与组织，而直接进行传统村落资源调查与建档也会根据已知的知识结构预设起所要建立档案的基本框架"，① 村落档案的内容建构不可避免地会被要求服从于学术目的。三是在档案材料的价值鉴定方面，难免精英视角。精英模式主导下构建的传统村落档案记忆实为"精英记忆"，依据国家机器、行政手段和知识信仰体系，利用所掌控的立法、文字、宗教和传媒的权利，进行"强制性记忆"的推行和"主导性话语"的贯彻；而民众记忆是草根社会、草根力量通过自己的记忆系统，如神话传说、民间歌谣、口头传承、民间风俗仪式、文字记载等来突显自身价值。② 与权力主导模式一样，这一模式也缺乏底层视角。

3. 村民文化自治

村民对村落文化建档式保护的自觉意识久已有之。有的村寨完全没有外界资助，凭一己之力完成了村史编修、乡村文化博物馆的建设（如山东泰安乡村文化博物馆），而有的村寨特别是少数民族村寨，由于浓郁的异文化风情吸引了文化机构的目光，由文化机构资助和有限辅导下建设的传统村落档案不仅内容广泛、连续性强，而且因其建档模式的独特性备受关注。此类模式较有代表性的例子如下。

一是地扪侗族人文生态博物馆。2005 年贵州省黎平县地扪侗寨受中国香港明德集团资助，建立贵州省黎平县地扪侗族人文生态博物馆。从 2005 年起，摸底调查了 15 个村寨的物质文化遗产（包括鼓楼群、花桥群、禾仓群、古井、古道、古民居建筑以及珍稀植物红豆杉群等）和非物质文化遗产资源（包括侗戏、侗歌、原始造纸技术、传统纺织印染技术、刺绣技术、传统特色饮食等）的种类、数量、分布状况、生存环境、保护现状及存在问题；以文字、图片、录像形式记录了当地的民俗节日、手工艺制作；对主要建筑进行测绘并以文字

---

① 刘佳慧：《我国传统村落档案实践与双元价值取向探析》，硕士学位论文，山东大学，2017 年，第 54 页。

② 彭兆荣、朱志燕：《族群的社会记忆》，《广西民族研究》2007 年第 3 期。

记录，辅以摄影摄像；建立该寨民间艺人档案，将寨内主要歌师、戏师、手工艺师、"掌墨师"登记在册并为地扪 742 余户人家建立了家庭档案。馆内现存照片近 8000 幅，文字资料 15 万字，录音录像资料十几个小时。该博物馆目前已建成社区文化研究中心、社区资料信息中心、社区接待服务中心、社区文化展示长廊。①

二是北京文化遗产保护中心陆续开展的"勐马档案""从江档案""阿尔档案"系列项目。勐马寨是云南省孟连县一个典型的傣族村寨，由于地处西南边陲，环境相对封闭，该地在生态环境保护和传统文化传承方面都有一定的代表性。北京文化遗产保护中心受联合国教科文组织资金资助，选择勐马寨作为村民文化自治模式的试点，让村民整理和记录自己的文化。村民先用傣文记录在当地自制的手工纸上，辅以照片和图画，再由懂汉文的村民转译成汉文形成的项目成果为《勐马档案》，其内容包括勐马寨概况、勐马傣族文字、历法、村规民约、节庆、习俗、民间文艺、佛事活动、民居、生育、社团组织、商业、自然崇拜、饮食与医药、工艺、纪实共 16 类，生动记录了勐马傣族村民的生产生活习俗，被评价为"有效抢救和保护民族民间非物质文化遗产的典范"。

从江县隶属于贵州省黔东南州，下辖 44 个村落入选中国传统村落名录，具有丰厚的人文底蕴和珍贵的特色遗产。从江档案项目以当地村民为主体，由村民自主决定收集、记载内容，主要采用文化绘图的方式。文化绘图是联合国教科文组织推荐和经常使用的一种文化工具，是表达有关自然资源的知识及其文化重要性的有效媒介。在文化绘图的过程中，村民需要识别并记录本社区的文化资源，最后被识别、反映和记录的文化资源，既可包括物质文化元素，也可包括非物质文化元素，如当地的重要事件、记忆、个人故事、态度与价值观等。此外，村民还以手绘地图和文字表述相结合的方式记录当地的衣着服饰、节庆风俗、建筑风格、手工技艺、文化艺术、口述历史等内

---

① 《生态博物馆只有开始，没有结束》，2018 年 5 月 20 日，http://www.lotour.com/zhengwen/2/lg-mt-25844.shtml。

容,几乎涵盖了当地生活起居的方方面面。最终,11个村寨的资料按文化日历、文化绘图和文化档案三部分被收入《从江档案》中。

阿尔档案项目的缘起,一方面是因为四川省阿坝州阿尔村是羌族古老文化、民风民俗保存最原始、完好的地方之一,被称为羌文化活标本;另一方面则是由于阿尔村距汶川县城仅30千米,在汶川大地震中遭受重创,亟须从文化层面提振士气。与前两个项目理念一致,仍是由阿尔村村民自己动手记录和保护自己的文化。项目成果为记录羌文化的《阿尔档案》(汉文版本和羌语朗读音频资料),内容包括阿尔概况、村规民约、生产活动、饮食、服饰、建筑、工艺、人生礼仪、节日、语言、民间文学、音乐舞蹈、医药、神灵、释比文化、学校教育、人物故事、其他(阿尔村历届村干部名单、阿尔村未来几年的发展思路、阿尔村大事记)共18类;村民自主拍摄的直观反映羌文化的影像资料以及生活场景的照片,由村民志愿者编写的《阿尔羌语会话入门》。

村民文化自治模式下的建档具有以下优点:

(1)以建档形式为少数民族村寨历史文化留存真实的见证

首先,西南少数民族村寨长期以来以正式文字辅以图片等元素系统辑录历史的文化活动非常稀缺。例如,从江档案项目所涉五个少数民族村寨的历史和其他文化习俗等大多没有自己的文字记录,而所有人对"记载历史"的概念都是无须多加解释就能明白的。尤其是上了年纪的寨老,不管能不能看懂,有一本自己村的档案,他们觉得很有用。①

其次,由村民自主建档存史能在一定程度上保证原真性。在村民文化自治式建档活动开展以前,大部分少数民族历史是被外人书写的。例如,在四川省绵阳市平武县锁江羌族乡流传很广的《平武羌族》,书中所述该地羌族族源和迁徙史被不少专家指出充满谬误,但在当地,羌族族人由于缺乏可信的其他文本辨伪,很多人以此书为范本,创建自己的羌族文档,由此建立起来的民族认同是怎样的一种谬

---

① 《从江文化绘图》项目组:《从江档案》,贵州民族出版社2013年版,第36页。

误的重构?① 而在村民自治式的建档活动中，由于所有记录来自村民的记忆和讲述，都有最原始的出处，很多记录是首次被整理成文，正式记录在案。有的记录与过去的记录不一致，但也能提供一种很有依据的说法。

最后，对少数民族传统村落而言，有的少数民族没有文字，文化传承主要凭借口传心授，对其文化的观察判断现场感很强，需要融入。少数民族有些庄重的场合和祭祀仪式传统上排斥外人参与，这与村寨人的信仰有关，关乎仪式是否灵验，非族人没有机会记录仪式举行的全过程。有的少数民族语音语字无法识读，需要通过转译，而转译过程中的文本书写和意义诠释出现曲解，韵味丢失在所难免，此为主流文化要记录、描绘少数民族文化难以克服的文化障碍。例如，"在东巴舞谱的译文中，译音采用了大量汉族舞蹈语汇中的程式化动作套路用语。其与象形文舞谱中的纳西语原文在语意上不能对应。如果按照这类译文去理解东巴舞蹈，就很难捉摸到该舞蹈所特有的风格个性。而舞者凭这样的程式化套语去设计自己的形体动作，也势必设计不出真正应该属于东巴舞蹈的舞姿造型"。② 费孝通先生早在1956年即提出，"我主张在收集少数民族文字作品的原始材料时，必须是用少数民族自己的文字记录下来，没有文字的民族，直接用记录符号记录下来"，"切忌把汉族的东西'走私夹带'进去"。③ 而少数民族自己就是各类宗教仪式、文化习俗展演、传习的主角，他们没有理解交流上的障碍，对文化样本的刻画原汁原味。

（2）真正自我视角的历史书写

村民自治模式最可贵之处在于充分尊重村民的文化主权，将对村落文化价值判断的文化权力交还回去，避免他者以文化优越者的身份对少数民族文化（经常将其异化为、差序化为落后文化）进行

---

① 程瑜等：《锁江记忆：四川平武锁江羌族乡社会调查报告》，知识产权出版社2010年版，第30页。

② 戈阿干·古纳西：《象形文舞谱及其谱源探考》，载郭大烈、杨世光《东西文化论》，云南人民出版社1991年版，第571—573页。

③ 费孝通：《文化与文化自觉》，群言出版社2016年版，第39页。

打量、刻板印象形塑和贴标签行为。由于文化判断和选择权力的回归，在村民传统生活世界中占有重要地位但在主流话语中被视为"迷信""巫术""陋习"的一些民间信仰得以被正式描述记录。例如，《勐马档案》里用很大篇幅记录了勐马寨的自然崇拜，如建寨心、修寨心、拜寨心、拜法、拜丢洼拉很（家神）、赕炸勐（坝心）、赕唐法相、赕唐法双、赕摆法、祭风、拜如法笼法；《阿尔档案》记载了阿尔村的神灵、释比文化（如招魂、送茅人、送血光和送花盘、做法、打鬼等）。这些自然和神灵崇拜的信仰和精神可能是史上第一次被郑重地、系统地回忆、描述、整理记录并借由正式出版的形式汇入社会正统文化体系，可以说是对少数民族精神世界的充分尊重和接纳。

（3）唤起村民的文化觉醒，激发本土文化自信

广阔的乡野酝酿、容纳了人类文化的最初形态，古拙朴实的乡村文化构筑起了中华文化的基石，却因其根植于自然、融于生活而往往为身处其中的村民所忽视。正如当代英国著名人类学家厄内斯特·盖尔纳所言，对于村民，"自己的文化就像他们呼吸的空气一样是天经地义的事情，他们对自己的文化像对空气一样没有明确的意识"。①乡村文化这种自在自为的状态以传统农业社会的长期稳定性为前提，而这一前提最终被快速推进的城乡一体化进程打破。面对城市文明、工业文明的残酷对比，缺乏文化自觉和自信的村民极易被看似更加先进的外来文化同化，而将世代相传的本土文化轻易抛弃。因此，在当下吸引村民深度参与村落建档过程，使之通过对自身文化的梳理、审视，再度沉浸到浓厚的本土文化氛围中，对本土文化的独特价值产生清晰的认知，从而树立起坚定的文化自信至关重要。如 NGO 组织北京文化遗产保护中心受联合国教科文组织资助，在云南省孟连县勐马寨开展《勐马档案》项目。让少数民族村民通过自己的记忆、观察和思考，整理和记录本民族的传统文化和生活方式，包括节庆、习

---

① ［英］厄内斯特·盖尔纳：《民族与民族主义》，韩红译，中央编译出版社 2002 年版，第 81 页。

俗、饮食、生产、民间文学、祭祀活动等,并将初步成果以书籍或音像资料的形式出版。村民通过识别自身的文化资源来保护文化的多样性,以自下而上的视角,通过自身对自己文化的认知、了解,运用文化绘图的手段来提高文化自觉。① 又如,从江文化绘图项目激发了许多有趣的、有启发性的社区交流和互动,这给予当地社区一个机会去集体反思和讨论其独特的传统的重要性:他们应如何阐释和表达他们自己的文化,在文化的影响下将追求怎样的未来,应该怎样培养本地文化意识和认同。②

（4）强化村寨共同体认同

村民对村寨文化档案的制作究其本质是共同完成一次历史叙事。"历史叙事从来不是单纯为了记住过去,也不是自娱自乐的文学创作,而是为了说服某一特定人群对过去形成共同理解,以凝聚起来迎接生活的挑战。历史叙事可以给这个群体一个共同的时空意识,并使历史事件被赋予的信仰或道德内化在每一个成员的心灵深处,从而形成一个生活共同体,即人们所称的族群。"③ 在收集和描述材料的过程中,村民在查询、翻检先祖及他们在同一片天空、同一片土地上共同创造和拥有的文化留存物时,对物质和非物质文化遗产有了自我价值感和荣誉感;他们共同沉浸于村寨历史叙事的意义世界之中,这种充满解释和想象的历史叙事追求的不是事实性,而是现实性。它们不只是被动地反映或记载历史事件,而是通过故事性讲述,使听者和讲者共享同样的社会记忆,共同沉浸于历史叙事的意义世界之中,并最终被形塑为一个有着共同心理意识的伦理共同体。

（5）加强跨代对话和文化传承

少数民族传统文化的绵延不绝和发扬光大最关键的是对年青一代的文化濡化,这也是联合国教科文组织在世界各地推动文化遗产保护时反复强调的关键议题。年青一代如何形成对本民族"在地文化"

---

① 王珍:《勐马档案:一次方法论的尝试》,《中国民族报》2010年3月19日第10版。
② 《从江文化绘图》项目组:《从江档案》,贵州民族出版社2013年版,第2页。
③ 游斌:《圣书与圣民:古代以色列的历史记忆与族群构建》,宗教文化出版社2011年版,第18页。

的尊重和热爱？对本民族文化活动的亲力亲为是行之有效的涵育方式。以北京文化遗产保护中心的三个项目为例：《勐马档案》作为第一个试点项目，其傣文撰稿人员仅14人，其中男13人、女1人。从年龄结构上看，截至2008年项目完成之际，撰稿人年龄最长者刀正昌88岁，最小者波召共相37岁，平均年龄65.36岁。从性别结构及承担工作内容上看，勐马档案项目女性撰稿人仅1人，主要负责典型的女性领域——勐马傣族生育及其习俗的撰写和翻译工作。而2011年《阿尔档案》项目，撰稿人队伍扩大了1倍，扩充到28人，其中男性20人、女性8人。从年龄结构上看，截至2008年项目完成之际，撰稿人年龄最长者朱光亮76岁，最小者余正樱桃13岁，平均年龄46.9岁，比勐马档案撰写组将近低了20岁。而且阿尔档案撰稿组成员中，10—19岁年龄段2人，20—29岁年龄段3人，30—39岁年龄段6人；而勐马档案组40岁以下成员仅1人。明显参与本村民族文化记录整理的主要成员从村寨长者向中青年甚至青少年扩大。特别值得肯定的有两点。一是阿尔档案项目中，对女性参与本村寨文化活动给予更大的赋权。不仅参与人数大大增加，而且女性文化叙事的权力场域从传统的生育（女性专属）扩大到饮食、服饰、结婚礼仪（女性重要生活空间）、羌歌、工艺、医药、谜语、风俗（男女共同参与）甚至阿尔历史、先民生活、羌雕（传统的男权领域）。二是村民自治文化活动中出现了青少年的身影。本案例中的余正樱桃（13岁）主要负责记录整理阿尔村民间故事，何娅（17岁）负责记录整理阿尔村古羌雕的故事。①

（6）实现文化资本向经济资本的转化

村民自治式的建档活动所收集的数据可以进行不同形式的整理，"当国家或地区需要对当地的居民、地理和环境做出精准分析以便制定发展战略时，其所整理的数据将提供宝贵的信息，因为它们是以个人和社区对文化的理解为基础的"。② 另外，少数民族被赋予文化管

---

① 资料来源：笔者根据《从江档案》《阿尔档案》《勐马档案》编撰说明统计获得。
② 《从江文化绘图》项目组：《从江档案》，贵州民族出版社2013年版，第2页。

理的权利并得益于以文化为基础的经济发展。例如，从江县摆鸠村的村长本想让村民表演唱歌、绣花一类的民族文化活动，而通过从江档案项目，他们认识到自身最突出的文化活动其实是斗牛，就不用做别村的文化活动，这就是可以表达自己的意愿。2009年摆鸠村恢复了斗牛这一传统习俗，每场参与村民规模达到1万—3万人（斗牛是贵州苗族、侗族共同喜欢的民间活动，村寨参与积极性很高）。笔者于2017年赴黔东南州地扪侗寨调研时，前去寨老家拜访，老人家刚从邻村斗牛现场观战归来，兴致很高，从他口中得知的规模与这一数字基本一致。据估算，到场人员人均消费30元左右，这样算起来，摆鸠村一年12场斗牛活动，可带来700万元左右的经济收入。①

（7）鲜活的表达与强烈的"日常记忆"倾向

村民自治模式下的建档成果多为当地人的自我表述和日常生活的自我呈现，是与民众日常生活相关的琐碎记忆，是民众日常生活的具象，忠实记录了村民生活世界中的智慧、技能、思维方式、价值观，成为最鲜活生动的村民日常生活的刻写。例如，由云南省孟连县勐马寨人集体编著的《勐马档案》里关于历法十二个月的月象描述如下。

> 三月份：天气变得更冷了，霜也下得多了，山上的叶子都落了，男女老少都说冷。晚上小姑娘在火塘边纺线，小伙子披着毯子去串小姑娘。如果小姑娘喜欢小伙子，小姑娘会给他凳子坐。大家没有什么烦心的事，高高兴兴的。山上的小鸟飞来飞去，还有蜂子也到处飞；黄牛、水牛、猪、猴子到处跳着玩，在山上找东西吃。会做生意的人，开始到处去做生意了。四月份：气候开始变暖，风吹树摇摆，下霜少了，大雾开始下来，盖在树上。小鸟在树上做窝下蛋，到处飞去找食物，吸花蜜，吃果子。坝子里油菜花开了，蜂子也一群群地飞到坝子里采花蜜，鹦鹉飞来唱歌。各种山茅野菜开始长起来，小姑娘背

---

① 《从江文化绘图》项目组：《从江档案》，贵州民族出版社2013年版，第165页。

着篮子上山找野菜,小伙子听着声音跟着到山上,跟姑娘对歌,你形容我,我形容你。四月中旬(十五号左右)开始整寨心,赕佛念经。①

通过村寨民间话语的描绘,大自然的时令变迁、村寨鸟兽虫鱼的生命跃动以及对美与爱情的永恒憧憬跃然纸上,一派原始天真、生动活泼,短短数十字的月象描述涉及一个月内的气候变化、日常劳作、世俗的营生、宗教的礼佛,刻画既具象写实又热闹灵动。

同是月象描述,再看贵州省从江县高增村(苗族)由81岁寨老吴仁和口述,杨通荣记录整理的"高增村各月活动的古规习俗"如下。

七月十四吃牛肉,各家各户少杀猪。鱼肉香味家家有,邻村贵宾盛装服。男女新装服饰美,鼓楼对歌音调熟。人山人海满村寨,待客高朋更高呼。水牛相斗寨里打,看谁打胜谁打输。牛背令旗插雌尾,铜铃响音鼎身出。民思好乐为欢喜,一直流传为古俗。

十月收割谷满仓,禾粮满寨遍地黄。粮好干后收入库,丰收之年喜高昂。耕九余三今大有,鼓腹而歌多集粮。侗族好爱相思味,男女罗汉歌声扬。准备服装访亲友,银饰项圈走他乡。

看那吃三喝四,呼朋唤友;看那银饰叮当,裙裾翻飞;看那丰收场上的遍地金黄;看那斗牛场上雄浑的蛮力冲撞,满眼生命昂扬高歌之气派,不得不赞叹少数民族民间话语鲜活的表现力和生命力。

缺点:

一是影响辐射力有限。目前村民自治建档模式仅在全国极小范围内试点,仅依靠自建或少数公益组织给予注资及智力支持,其"小众化"在所难免。虽然摆脱行政主管部门的控制可充分享受文化自治权力,但客观上没有行政命令的强力推动和资金支持,影响力着实有

---

① 勐马寨人编著:《勐马档案》,文物出版社2008年版,第10—12页。

限。例如,《勐马档案》项目原计划拍摄一部记录项目实施全过程的电视纪录片作为档案史料留存,但由于融资能力不足,未找到合作方而放弃。

二是村民普遍参与度尚有欠缺。毕竟为村寨建档存史对参与人员的策划组织、宣传动员、沟通协调、文化书写能力均有一定要求,加之会占用村民个人的农作和休息时间,因此,有能力且有意愿参与建档写史的村民人数与预期相比有较大的出入。例如,阿尔村现有村民 700 多人,而报名成为志愿者的仅有 185 人,其中尚有一些人并未真正开展记录。① 除《阿尔档案》项目外,另外两个村民自治建档项目的参与者年龄偏大,使文化抢救项目对村寨年青一代的辐射力和影响力减弱,降低了项目在提高居民保护文化遗产意识方面的意义。

三是对当下关注不够。已有的村民自治式建档活动对西南少数民族村寨的历史遗存记录整理得比较充分,但对现实流变的客观记录和反思比较缺乏。如前文提及的云南省孟连县勐马寨由于地处边境,近年来深受吸毒、艾滋病以及不稳定移民问题的困扰,但在勐马档案里对这些当下现实问题采取了回避态度,使村寨在档案里缺失了现在这一基本环节。

四是建档成果的推广利用目前仍处于初级阶段。《从江档案》《阿尔档案》《勐马档案》目前的建档成果包括三本纸质出版物、一张 CD 光盘。档案原手写稿留在本村,纸质出版物除由项目组送国际国内重要文化机构研究收藏外,其余公开发售。由于没有数字资源,纸质出版物印数少且宣传力度较小,市场覆盖面相当有限。目前只有二手书商有少数存量。

(三) 西南少数民族传统村落档案管理现状

如前文所述,由于西南少数民族传统村落建档式保护开展时间较短,目前仍处于探索阶段。对建档成果的保管和利用较简单粗放,远谈不上建档各方成果的共建共享。

---

① 阿尔村人编著:《阿尔档案》,文物出版社 2011 年版,第 248 页。

1. 行政机构主导的建档成果管理

（1）住建部门

按住建部的文件要求，申报过程中形成的传统村落档案仅是采集各村落基础材料，其形成目的有二：第一，客观反映申报村落的物质和非物质文化遗产资源，据此判定其是否具有入选传统村落名录的价值；第二，将保护前的传统村落面貌通过立档固化下来，作为后续保护工作中是否坚持维护村落原貌的对照依据。可见其建档目的主要是为住建部门的行政职能服务，为其掌握村落基本情况、制定保护政策和保护措施实施中的过程管理提供信息基础和材料支撑。就档案管理而言，近年来住建部形成的传统村落档案目前现状是实体分级管理，数字化档案信息自下而上汇聚，统一建库保管。目前各省份住建部门分别存有该地域管理范围内经其申请上报的各传统村落档案申报原本，据笔者走访调研，大多没有进行基本的分类整理，散乱堆放于办公室文件柜内。传统村落申报数字档案则由住建部统一建库管理，目前由清华同衡技术创新中心承建中国传统村落档案管理数据库及管理子系统，传统村落档案数据可在线填报、修改、查询、统计，可为传统村落管理提供精确、科学、及时的数据支撑和合理的决策建议。

（2）档案部门

西南少数民族地区的档案部门通过对传统村落的普查所建立的传统村落档案，其内容比住建部门的申报档案更为翔实，一般是对传统村寨的物质、非物质文化遗产档案材料进行多方采集、汇聚后，再与传统乡村档案中的村级档案整合，形成以村寨为立档单位的相对完整的档案全宗。具体管理方式一般有两种形式：一是在没有保管条件的村寨实行村档乡管，由乡镇档案机构代为保存和提供利用；二是依托村寨的民居建筑，开设乡村记忆馆、村史馆、民俗博物馆、民族风情馆等场所，有的甚至将整个村寨作为档案展演的场所，以绿色档案馆、活态档案馆、生态档案馆等创新方式将档案内容充分呈现，提供在地化利用。

2. 学术团体主导的建档成果管理

此类传统村落建档目的非常明确：一是为中国传统村落的精华

建立全面、科学、系统完整的严格意义上的学术档案,为根系文化的传承建立文化标本;二是为社会学家、人类学家、文化学者等提供本真的村落文化素材,支持学术研究。目前对建档成果的管理主要通过开放该中心数据库接口,将各地民间文艺团体和志愿者采录的传统村落档案数据分批次汇聚,在后台开展进一步数据清洗转换和加工。对建档成果的利用有以下方式:一是综合各类文献档案资料,结合田野调查,将大量村落资料分类、梳理、校正,逐一入档立卷,编入中国传统村落数据库;二是建设中国传统村落网站(中英双语),展示传统村落档案建档成果;三是出版传统村落档案材料汇集,如《中国传统村落名录图典样册》《二十个古村落的家底:中国传统村落档案优选》。

3. 村民自治式建档成果管理

从建档目的及利用情况来看,该模式下的建档成果具有较为鲜明的指向性:一是以建档活动为契机,通过对村寨历史脉络的系统梳理和文化图谱的自主描绘,发现、解释、确认自身文化,重塑和巩固族群认同;二是以文化传承为导向,借助丰富的档案材料就地培育文化传承人,还原、复兴乡土民俗,滋养造就地方原生文化保育、传承和发展的土壤;三是以档案记录为媒介,为中外少数民族文化研究者提供系统、连续、原生态的第一手资料,促进民族文化的深度开发和广泛传播。例如,贵州省黎平县地扪寨生态博物馆的资料信息中心为有志于侗族文化研究的专家学者设立工作室;美国《国家地理》杂志一名专职作家和一名摄影师2006—2007年先后三次到地扪侗寨考察,并在杂志2008年专版对其进行介绍。此外,美国、德国、法国、新加坡等国家的作曲家、戏曲家、音乐评论家等先后前来文化采风和考察,将其研究成果作为博物馆资料积累的一部分。

目前这类建档活动一是开展范围小;二是各地建档活动规模和成果参差不齐,其档案保管现状五花八门。总体而言,从建档材料的分类及著录情况来看,该模式下的建档成果无论档案材料丰富与否,其分类及著录是三种模式中最简单粗糙的。分类基本上按时间形成先后顺序或按材料类型(图片类、文字类)简单划分,各大类下大量内容目前处于无序堆砌状态，各部分内容间的逻辑关系完全没有呈现，更遑论按事由或来源原则整理。

第二节　西南少数民族传统村落建档与档案管理的问题

文化学者经常感叹，保护古村落甚至比保护故宫还难。在对少数民族传统村落开展建档式保护过程中，围绕档案建立和管理存在以下问题。

一　资源层面

目前资源层面面临的主要问题是入档材料量大面广，采集难度大。少数民族传统村落文化厚重绵长，但对少数民族传统村落原生文化的普查、发现和记录整理却非常困难，面临以下困境。

一是西南少数民族村寨所处的地方偏僻，受中原地区儒家思想和正统文化的浸润较少，几乎没有大规模修史编志、系统钩沉本地历史的习惯，故散乱的文献、史料等基本没有经过有序化整理和系统化整合，以碎片化的形式散乱存在。仅就民族地方志而言，云南 25 个地处边境的县（其中 22 个是民族自治县）大多没有自己的县志。这些边境县中，虽然有的县具有文字记载的历史可上溯至西汉时期，但作为全面记载当地历史与现状的志书始终是个空白。[①]

二是西南不少少数民族没有本民族文字，导致大至村寨的重要历史，如村寨名称来历、族源传说；小到村民个人的谱系世替，都依靠寨老或毕摩（宗教角色）口传。例如，哈尼族由于长期与中原文化隔绝，几乎所有人都一辈子从事农业，学习成本很高的文字对他们来说是没有用的。没有文字，何来家谱？由摩匹（巫师）来完成，他来背诵村里几十户人家的祖先谱系。[②] 一些民间的传统工艺，如侗寨

[①] 温益群：《方志文化在民族团结和边疆稳定中的作用——以云南边境少数民族修志为例》，《中国地方志》2015 年第 2 期。

[②] 罗德胤：《传统村落从观念到实践》，清华大学出版社 2017 年版，第 31 页。

鼓楼建造的卯榫技艺等都仅凭口传心授。这些靠人际传播才勉强通过代际传递留传至今的非物质文化遗产，如果不通过档案化的手段，以口述实录的形式将口语传播、人际传播中的话语固化下来，有的少数民族村民族群的世系演替情况将无迹可寻，村落历史的绵延更替将会出现断层，一些独步天下的民间技艺很可能随着老人的离世或没有年轻人愿意接力而永远消失，仿佛从未存在过。但少数民族与宗教、族谱有关的口传或靠仪式传承的记忆私密性很强，很难将这些与宗族生存繁衍有密切联系的东西交给外人固化保存；民间传统工艺大多通过父子或师徒传承，往往涉及在市场上与同类产品相比的竞争优势以及知识产权问题，对这些非遗技艺的记录保护从来都面临着国家主体、市场主体和所有者的三方博弈，难度可想而知。

　　三是在档案收集过程中，必然要面临不同的文化立场以及对不同语言承载文化的转译问题，文化冲突难以避免。例如，著名文化人类学者方李莉在贵州省六枝特区梭戛苗寨考察时，在当地长角苗老年妇女绣的衣服纹样里发现了丰富的抽象性象征符号。因为苗族没有本民族文字，其历史一大部分靠妇女在衣服上的绣纹记录传递，但用摄影方式记录纹样远远不够，其中深藏的文化密码学者无法破译。苗族老年妇女从长辈处得知这些抽象纹饰的意义，但她们在描述这些意义时用的是老辈子教她们绣花时用的古苗语。即使学者请她们的家人来翻译，年轻一辈也因为听不懂古苗语而无法获悉并转译这些纹饰符号的象征意义。由于没有其他文献材料记录上述内容，这些暗藏深意的服饰文化很可能随着年事渐长的老年苗族妇女的离世而成为永远的秘密。①

　　四是少数民族档案载体丰富多元，除传统的纸张、碑刻、图画外，还有崖壁、兽皮、陶器等，而且有的碑刻、崖壁所在地的地势险峻，人迹罕至，现场拓片特别困难和危险。

　　五是由于长期处于自存状态，一些原始档案材料被虫蛀鼠噬或因

---

①　方李莉：《梭戛日记——一个女人类学家在苗寨的考察》，学苑出版社2010年版，第169—179页。

潮湿而霉变，非常脆弱，急需抢救。

二 制度层面

主要问题表现在缺乏有力的建档政策及统一的标准规范，具体如下。

（一）建档政策

传统村落文化保护无论采用何种手段，客观上都需要法律法规的刚性保障和背书。就传统村落整体保护而言，当下在国家层面没有统一的立法，传统村落中达到文物标准的物质文化遗产和非物质文化遗产割裂分别纳入《中华人民共和国文物保护法》（包括《文物认定管理暂行办法》及相关指导意见）、《中华人民共和国非物质文化遗产法》以及《城乡规划法》的保护范畴。名村古镇和古村落保护往往只能在文物保护法所规定文物认定保护制度的狭窄范围内寻求空间，单一的文物认定制度造成了"保护性破坏"的困局，而保护又只能以宽泛文物保护制度为参考，故而加剧这种破坏局面。[①] 所以当前名村古镇和古村落法律保护制度缺乏有关专门立法与地方立法也是造成生存困局的一个原因，况且传统村落的物质文化和非物质文化相互依存，就传统村落文化整体性保护的刚性需求和有效长效机制而言，缺乏一部能完整涵盖和完全适用于传统村落文化保护的法律法规。[②] 地方层面，部分有地方性法规立法权的人大以及规章制定权的省级政府出台了一些有关传统村落保护的条例和规定，但相对于传统村落数量而言，地方层面针对传统村落进行的立法实践探索远远不够。

具体到传统村落建档工作，2014年4月25日，住建部、文化部、文物局和财政部发布了《关于切实加强中国传统村落保护的指导意见》，文件中指出按"一村一档"要求建立中国传统村落档案。这份

[①]《关于我国名村名镇和古村落现状和法律保护的思考》，2018年3月29日，中国江苏网，http://k.sina.com.cn/article_2056346650_7a915c1a0200090w7.html。

[②] 胡彬彬：《中国传统村落保护的立法建议》，《人民论坛》2015年第9期。

文件成为要求及保障传统村落建档的国家级文件，但随着建档工作的长期深入开展，该文件无论是从效力上还是从内容上都不能满足最新工作要求。相比《中华人民共和国非物质文化遗产法》对非遗建档的支持和保障力度，传统村落建档亟须更高效力的保障性政策出台。

（二）标准规范

传统村落档案管理工作涉及档案数据采集、整理、保管、利用等一系列环节，需要建立诸如数据格式、建档范围、档案分类、著录、档案长期存储等标准体系来保证工作质量，但与之前传统意义上由档案部门帮助划定归档范围、确定档案保管期限和档案保护相关规定，各立档单位执行不同的是，当下建档式保护的实施单位众多，有的建档主体不属于档案部门职能管辖范围，理论上讲可以不受约束。更重要的是，根据国家标准GB/T 3935.1—83的定义："标准是对重复性事物和概念所做的统一规定，它以科学、技术和实践经验的综合为基础，经过有关方面协商一致，由主管机构批准，以特定的形式发布，作为共同遵守的准则和依据。"标准的制定需要基于对大量重复性实践活动规律和要求的抽象，而大规模的传统村落档案工作至今仅8年，还来不及为标准订立准备充足的实践材料，也没有留出有关方面协调一致所需的时间，以上客观原因造成传统村落建档式保护活动先探索，后总结；先试错，后纠偏。

数字资源采集阶段：传统村落数字化的数据来源复杂，例如，房屋建筑结构数据主要来自住建部门，非遗数据主要来自文化部门，基础地理数据则主要来自国土和测绘部门；技术手段的选用有录音、拍摄、数字建模等，记录手段不一致；由于所采用的数据采集技术五花八门，数据格式差异较大。

档案整理阶段：对传统村落档案的分类、著录、长期保存、数据库建设、信息利用等都涉及标准规范问题。以档案分类为例，鉴于传统村落档案以村落整体人文生态系统为采集对象，归档范围宽泛，入档材料繁杂，其分类标准较一般的档案更难把握。在当前的传统村落建档活动中，住建部门和中国传统村落保护与发展研究中心分别制定的两套分类体系使用范围最广、通用程度最高，除此之外，个别少数民族地区的档案部门也发布了适用于本区域的分类方案。综观已有的传统村落档案分类体系，在分类的科学性、严密性、可操作性等方面均存在诸多不足。

档案保管阶段：档案数据存储空间分散、存储逻辑模式各异、编码标准相互冲突等现象普遍存在于各建档单位中。

档案利用阶段：由于顶层设计的缺失，传统村落建档工作既缺少统一的规划，也未能建立跨地区、跨领域、跨部门、跨主体的协调共享机制，致使各建档主体各行其是，数据采集及建库标准各不相同，数据库间的互操作性差，难以便捷有效地开展数字档案资源的共享和利用。

三　主体层面

（一）缺乏多元主体合作机制

由于少数民族传统村落文化资源量大面广，而且是史上首次以村为单位开展大规模建档式保护，所牵涉的地方政府行政管辖部门众多，如物质文化遗产归文物局管，非物质文化遗产归文化局管，建筑、桥梁等归住建局管，农业设施归农业部门管，民族和宗教事务涉及民委和宗教管理局或事务委员会，必然涉及各分管部门的配合，再加上社会团队、志愿者和村民的加入，多元主体的统筹协调工作难度更大，而现有的关于传统村落保护的政策性文件都未对统筹协调问题明确规定，由此造成了责任主体多元、联席单位协调沟通不到位、文化信息重复采集、资源浪费的问题。例如，云南省红河州石屏县异龙镇符家营村于 2013 年被列入传统村落名录，笔者通过致电访问获悉，目前已有若干批队伍分别前往采集数据，包括省级、州级、镇级等，分别对村落老建筑进行丈量、拍摄和抢救性修缮。这一方面证明了建档工作开展的高效，另一方面暴露出多次采集带来的人财物浪费。① 又如在云南省，既入选国家级传统村落名录，又有"中国历史文化名村"头衔的村落，其档案由县（市、区）

---

① 满艺：《我国传统村落档案建设及开发利用研究》，硕士学位论文，四川大学，2018 年。

住建部门主要负责建立,其他传统村落档案则由传统村落保护发展规划编制单位负责建立。云南省文化厅非遗中心对非物质文化遗产项目业务档案建设相对成熟,但在云南省传统村落档案材料的申报中,省文化厅非物质文化遗产中心只负责会签、盖章、联合发文,在规划评审时提供建设性意见。由于部门分割严重,根本无法进行立档前期讨论,制定符合省情的建档保护可行性方案。[①]

(二) 缺乏档案机构深度参与

从2003年中国历史文化名村名镇项目开始,2012年开展的传统村落名录项目和2014年开展的中国少数民族特色村寨等文化抢救保护项目都将普查建档作为村寨保护的基础性工作,将建档成果作为行政管理和后续文化保护的材料支撑和智力支持。虽然建档以及之后的档案整理、保管和利用都涉及档案部门的核心工作职能,但至少在国家政策层面,出台的各项政策性文件里所指定的文化保护项目牵头单位或参与单位或联席单位名单中,均未见档案部门身影。其原因:一是建档主要作为住建、文物、文化等行政管理部门对普查摸底情况的记录手段,形成的档案作为申报材料,服务于当下工作,对建档质量要求并不高,而且理论上还可以先建档,后完善,边建边补;二是上述文化保护工程普遍存在重申报轻培育、重现实轻长远的现象,档案的记忆属性、档案中所蕴含的乡村文化传承传播的巨大价值并未得到充分重视,也未得以充分挖掘,导致对档案的后期需要未凸显出来;三是在中国的文化遗产保护体系中,各文化抢救工程基本上单兵作战,相对独立地开展传统村落文化抢救工作,各主管部门均形成了自己的一套管理机制和技术规范,政出多门问题凸显,而且由于建档标准、技术方法、管理方式的不同,建成的各类档案成果从标准到格式五花八门;四是档案部门"存史资政"的角色地位根深蒂固,其公共文化部门属性客观上并未得到普遍认同,很自然地被各类文化遗产保护项目遗忘。

"从前期成果来看,在档案部门缺席的情况下,官方和民间力量

[①] 朱天梅:《云南少数民族传统村落建档保护研究》,《档案学研究》2018年第3期。

为传统村落建立的档案不同程度地存在物质文化遗产和非物质文化遗产割裂分置，其内在的逻辑关联和互文性没有得到应有关照的问题。特别是在档案收集范围的完整性、对档案原始性、真实性属性的坚持、档案材料的分类及档案保护方面，从档案学专业角度来讲，不科学、不规范的建档成果普遍存在。"① 冯骥才先生曾点评道："家底虽然摸清了，但我们也发现，绝大多数民间文化遗产没有科学、完整、详备的档案。地方报送的申报材料不能算档案。我们需要科学的、严格的档案，这个档案必须由学界主动来做。"笔者认为，要保证传统村落档案更加全面、具象、客观、确凿，没有专业档案机构的深度参与是无法想象的。

（三）缺乏对村民文化主权的应有尊重

在乡村发展中，自上而下的机制长期占据主流，自下而上的通道则被抑制，不但滋长了乡村内卷化，还使发展主体与乡村社会出现了结构性分离。② 当下业已形成的传统村落文化档案存在的一个普遍问题是自上而下推进，疏离于村民生活世界，缺乏沉浸式观察的文化视角以及对拥有村落文化主权的村民的积极吸纳。

村民作为传统村落文化的实践者、持有者，其知情权、文化评价权、文化参与权和文化利用权等文化主权在传统村落保护实践中被有意无意忽视。

1. 知情权

村民作为村落文化拥有者，对国家自上而下推进的各类文化保护项目不知情、不参与，这种情况绝非个案。学者林艺等在云南省红河县乐育乡坝美村开展田野调查时，发现该村已经入选传统村落名录，但90%以上的村民均不知道传统村落名录有什么内涵，对他们的日常生活意味着什么，那么这样的上榜又有多少意义呢？③ 笔者曾选取西南地区贵州省贵阳市花溪区石板镇镇山村（布依族村

---

① 王萍、卢林涛：《档案机构在传统村落档案工作中的角色再探》，《档案学研究》2018年第6期。
② 赵树凯：《乡村治理：组织和冲突》，《河北学刊》2003年第6期。
③ 林艺、王笛：《一份关于云南传统村落的调研报告》，《学术探索》2015年第2期。

寨)、四川省阆中市老观镇老龙村、天宫乡天宫院村三个传统村落作为调研对象,以发放调查问卷和深度访谈相结合的方式,对120名村民展开田野调查。此次调研的三个传统村落均已入选"中国传统村落名录",其中镇山村早在1993年即被批准为"贵州镇山民族文化保护村",1995年被认定为"贵州省级文物保护单位",但笔者访谈了解到,村民对这两个称号普遍不知情。天宫院村还兼具"中国历史文化名村"身份,但村民对此了解程度并不高。只有老龙村村民对"中国传统村落"称号了解率达到69%,镇山村和天宫院分别为48%和32.5%;而对"中国历史文化名村"称号的了解率,镇山村仅为32%。可见在国家投入重金自上而下发起的诸多传统村落及村落文化抢救和保护项目中,世居于此的村民仅仅作为"他者""沉默的大多数"置身事外,知情权尚未具备,更遑论享有文化保护发展的政策红利。自上而下推进的文保项目因缺乏底层视角、缺乏社群参与,所形成的传统档案只是"关于"社群而非"属于"社群的档案。①

2. 文化评价权

长期以来,国内在对文化遗产的保护上过于依赖专家的意见,而忽视了民间的需求。例如,专家制定的传统村落评价指标体系被认为过分强调了建筑而忽略了居住在这些建筑中的文化传承的主体村民、村民的活动及村民赖以生存的土地和产业(农业)。② 尤其在最为核心的价值评估上,倾向于借用自然科学的指标体系从学术研究的角度对其情感价值进行评估。以常见于保护规划中的"3 + 1"评估指标(历史、科学、艺术价值 + 社会价值)为例,分别为前三项指标赋值,三者分值之和即代表着某事物文物价值的高低,此种量化评估显然源于学术视角;对社会价值的评估也更多地指向社会主流价值,缺少对村民价值判断的关注,一些盛行于民间的文化习俗,因为主流价

---

① 王萍、满艺:《以村民为主体的传统村落文化建档策略研究》,《档案学通讯》2018年第5期。

② 孙华:《传统村落保护的学科与方法——中国乡村文化景观保护与利用刍议之二》,《中国文化遗产》2015年第5期。

值所不容，往往会被理所当然地当作迷信或陋习扫落一旁。① 例如，有的行政机关主导建立的传统村落档案有选择地记录保存那些名声响、级别高、影响大的民风民俗，除此之外，仍有大量对于村民而言意义非凡的传统风俗习惯活跃于乡间地头，深刻影响着村民的生活，但因其不够吸睛和吸金而遗落于主流话语体系之外。又如，乡野故事、历史传说等民间话语，祖先、神灵、自然崇拜等民间信仰历来为村民所津津乐道，是村民喜闻乐见的文化事象，但其主要以口耳相传的形式传播，且多无确凿的正史记录加以佐证的特点同样使其被档案系统拒之门外。

3. 文化参与权

村民长期以来作为被文化扶贫所扶、被文化建设所建的对象，其真实文化意图和文化能力没有表达和实践的机会，这导致了大量乡村文化建设项目水土不服，文化越扶越贫的问题。乡村文化建设先驱晏阳初先生曾一针见血地指出，要化农民，首先要农民化。村民作为文化遗产的持有者，其对村落民俗、民间工艺等内部文化活动的禁忌、隐喻和秘密的掌握无人能及。例如，"非遗传承人在传统村落非遗保护中的作用非常关键，因为他们天生与非遗所在地相融并在日常生活中熔铸和传承非遗文化，拥有丰富的地方性知识和技艺。但由于记录技术的先天不足，他们在非遗保护实践中是被边缘化或缺位的。多数时候他们只是拍摄镜头里的技艺表演者，是'被看'的对象。对如何运用技术将非遗技艺里最精髓、最隐秘的部分充分记录或呈现出来，记录者懂技术不懂非遗，传承人懂非遗不懂技术，技术运用与文化主体的矛盾由此突现"。② 又如在阿尔档案项目中，一位参与者说自己并不是一位专业的电影制作人，但他是羌族人，因此他知道记录时应该重点捕捉什么。尽管一位专业的电影制作人掌握了更多拍摄技巧，从而可以达到更好的拍摄效果，但作为一名异乡人，他并不明白

---

① 本书编写组：《古村落信息采集操作手册》，华南理工大学出版社2015年版，第20页。
② 王萍：《传统村落文化数字资源建设策略研究》，《图书馆建设》2018年第7期。

哪些东西是真正值得拍摄的，因此拍出来的片子总是"不正宗"。①的确，"从文化遗产持有者的内部眼界去构思、拍摄、剪辑的电影，会把一些完全靠语言进行交流，特别是只能靠调查者的语言来进行交流而无法观察到或无法分析的深层内容，如编码、认知、价值观等揭示出来"。② 这一点在笔者对贵州省镇山村（布依族）的田野调查中也部分得到了印证。在深度访谈中，村民谈到来自某大学的社会学家为研究当地布依族婚俗，特意前往该村摄录一场婚礼。按当地习俗，新娘出嫁时娘家要现宰一头猪作为嫁妆。被宰的那头猪当时久未气绝，发出了很长时间凄厉的嚎叫和哀鸣。后来在剪辑时，学者认为猪叫的片段太冗长了，应该删除一大部分。经当地村民解释才知，当地人认为，猪叫得越久，越证明女儿不舍得出门嫁人。所以如果人为把猪叫的片段缩短了，外人看到会觉得这家女儿迫不及待地要嫁到婆家，这对嫁女儿的人家来说是很丢脸的事。可见局外人是很难发现这些婚俗的规矩和细节背后的隐喻和禁忌的，文化误读在所难免。

4. 文化成果利用权

随着乡村文化振兴战略的提出，传统村落日益吸引着学界的眼光。一拨又一拨来自各领域的学者深入田间地头，或拍照，或访谈，村民无数次被作为摆拍或谈话的对象，一遍遍地介绍自己所了解的或道听途说的村落情况。考察完毕，专家们起身离开，带着大量的访谈笔记、录音录像，转化为丰硕的课题立项和论文发表成果。村民似乎成为学术生产的原料，一俟使用完毕，后续产出与他们就没有任何关系了，其实这不亚于文化剥削。另外，当下传统村落建档式保护所形成的建档成果除极少数以乡村记忆馆、民俗博物馆、村史馆等档案展演形式在地化利用外，绝大多数被分头汇聚于所在行政部门、文化事业单位、民间机构等地，服务于各自的职能活动，与村民的日常生活相距甚远。

---

① 《探访阿尔村》，2010 年 7 月 30 日，豆辨网，https://www.douban.com/group/topic/13047721/。
② ［美］埃米莉·德·布里加德：《民族志电影史》，载［美］保罗·霍金斯主编《影视人类学原理》，王筑生等译，云南大学出版社2007年版，第30页。

根据笔者对三个西南传统村落的调研结果，在村民对传承村落文化的优选路径方面位列前三的分别是政府资助、鼓励民间艺人多收徒弟，将传统手艺及民俗展演代代相传（63.33%）；组织村民编修村史、村志（54.17%）；新建乡村博物馆，对本村丰富的文化进行呈现和展示（50.00%）。这三项都需要在村落文化原生地开展。另外，当下传统村落建档成果面向公众的主要利用方式有编纂出版书籍、图典、建设专题网站展示档案成果等，从笔者的调研结果来看，在村落文化传播的优选路径方面位列前三的分别是拍成纪录片，在电视台播放（50.83%）；收集整理传统村落资料，建立以村为单位的传统村落文化资源集合（49.17%）；拍摄微电影，在手机和网络上展播（44.17%）。如果充分考虑村落原住民作为建档成果最大和最终利用者的定位，则上述方式显然与村民的触媒习惯和生活方式不相匹配。

第三章 西南少数民族传统村落档案管理体系的建构

如前文所述，少数民族传统村落档案叠加了民族档案和村级档案双重属性，管理内容和管理主体非常复杂，管理内容涉及物质文化遗产和非物质文化遗产以及介于两者之间的生产方式、宗族关系等。管理主体从横向上看，跨地域、跨领域、跨部门、跨系统；从纵向上看，已覆盖国家、省、市、县、乡镇、村六级行政体系，再加上行政体制之外的学术团队、社会公益组织、志愿者和村民个体。从工作现状看，西南少数民族地区除极少数地方政府部门着力规划统筹、组织推进传统村落档案工作外，在绝大多数地区，该工作过分集中于住建部门且大多处于为申报需要而普查建档的初级阶段，远谈不上来自实践的积极探索和经验总结。

笔者认为，要寻求西南少数民族传统村落档案管理的科学之道，至为重要的是厘清传统村落档案工作的终极目标，找准第二章所讨论的现存诸多问题的症结所在，如政策、标准缺失问题、多元主体缺乏合作问题、档案部门和村民的参与度和贡献度不够等问题，大多数可通过建构传统村落档案管理体系和打造因地制宜的档案管理与利用模式加以解决，故而本书力图从两个方面探寻解决之道。一是规划和建构统筹协调、分工合作、共建共享的档案管理体系。所谓体系，是"相互关联或相互作用的一组要素"［《质量管理体系基础和术语》(GB/T19000—2008)］。各要素间要实现科学适宜的关联，达到协同并进的正向作用，必须对档案管理体系的建构原则、体制机制、体系框架及含纳内容等进行先期设计，方能有效整合建设力量，最大限度地减少重复建设带来的人力、财力和物力浪费，并使建设成果为全社会共享，最大化地实现档案信息资源的增值效益。二是根据少数民族传统村落档案管理的特殊需要，开创性地探索与传统档案管理求同存异的传统村落档案资源建设、资源组织、资源利用的工作方法，力求打造既有学理性又有较强应用性的传统村落档案管理和利用模式。本章主要探讨传统村落档案管理体系的建构。

第一节　西南少数民族传统村落档案管理体系建构的目标

提出西南少数民族传统村落档案管理体系构建的设想，是鉴于传统村落档案多元建构、多头管理、信息重复采集且碎片化利用的现状，因此体系建设的总体目标就设定为：通过设计体系总体框架，理顺各组成部分间的相互关系。一是合理配置建设资源，充分发挥各建档主体的资源和技术优势，以协同态势共同夯实传统村落档案资源基础；二是以科学合理的制度设计和标准建设实现传统村落实体档案的分布式管理和传统村落档案信息的集成化管理，降低管理成本，提高管理效能；三是基于丰富且关联有序的资源基础面向各建档主体和全社会提供全面的、有深度的、有延展性的资源利用。就其实质而言，即以体系联结、整合之力将现有割裂的、分散运作的、互不协同的传统村落建档主体"黏合"起来，促使局部之间相互协调、相互促进、相互补充、相互强化，产生整体大于局部的管理效果。其终极目标是建构以政府为主导、民众为主体、学者为主脑、事业单位和非政府组织为辅助的"三主两辅"体系。

第二节　西南少数民族传统村落档案管理体系建构的原则

一　整体原则

西南少数民族传统村落档案管理体系并非是简单的松散联合体，其各组成要素内部与要素之间应通过建立强关联，共同构成系统的、整体的档案管理体系。具体而言：第一，从主体来看，西南少数民族传统村落档案管理主体虽分属不同系统、不同领域，但其工作大目标相同，都是通过建档及后期利用来保护和传承西南少数民族传统村落文化。从这个意义上讲，他们同属于更宽广视角下乡村记忆建构系统和乡土文化保护体系的一部分，同处于一个整体性的大文化圈层。第二，从对象来看，在传统村落档案资源体系中，纵向上，历史上形成的传统村落原生档案与当下在各类传统村落文保项目过程中形成的一系列文件在内容上相互联系，在时间上前后承继，形成传统村落演化发展轨迹的完整勾勒；横向上，传统村落作为一个整体，对每一项村落文化内容的采集都围绕着传统村落这一实体展开。最终，无论是一段节庆视频，还是一处民居照片，都是传统村落实体的真实写照，都共同描绘着传统村落的全貌。第三，不仅传统村落与产生于其上、传承传播于其间的村落文化遗产密不可分，而且村落非物质文化遗产与物质文化遗产互为表里，相互阐释和关照的依存关系使对村落文化遗产的建档式保护必须走在地化的贯通物质文化遗产和非物质文化遗产的整体保护之路。

二　协同原则

如果说整体性原则强调档案管理体系各组成要素的大局观，协同性原则则重在强调组成要素之间的相互关系。所谓协同，指协调两个或以上的不同资源或个体，协同一致地完成某一目标的过程或能力。各自为政的档案资源建设和开发利用，不仅无法应对海量传统村落的保护需求，而且资源配置低效，资源浪费严重，档案资源建设成果亦很难得到充分利用。故传统村落档案管理体系在建构时强调协同，强调资源协同、平台协同、人才协同、技术协同，以协同的力量应对少数民族传统村落岌岌可危的生存态势。

三　共享原则

共享原则是西南少数民族传统村落档案管理体系建构的重要圭臬，也是共同追求的目标。建构西南少数民族传统村落档案管理体系，其归宿点和价值目标是实现西南少数民族传统村落档案资源的共享和集成利用的普遍受益。每个参与主体对档案资源的基本需求应当持续地得以满足，共享应该成为西南少数民族传统村落档案管理体系建构的永恒性价值理念和基本行为准则。如果没有树立各参与主体共享体系化建设的档案成果的基本理念，整个体系建构就会失去持续动力，参与主体间的利益博弈就会大于利益均沾。[①]

四 动态原则

传统村落档案管理体系应既保持相对稳定又保持一定的弹性，以动态性适应传统村落保护工作的变化性。第一，传统村落保护主体不断扩大，陆续有社会力量加入其中，因此传统村落档案工作主体亦相应地会不断扩充。第二，传统村落是富有生命力的有机体，持续发生着变化，记录其嬗变过程的传统村落档案相应地亦应时而变，档案形式、档案内容、功能特征等都有不同程度的变化。从档案形式上讲，久远历史时期的兽皮档案、岩画档案渐行渐远，而数字档案成为当下传统村落档案管理工作的主要对象。从内容上讲，传统村落档案不仅包括传统村落的基本资料、物质文化遗产及非物质文化遗产，还包括申报"中国传统村落"及后续管理、保护过程中形成的一系列档案材料。从功能特征上讲，如家族妇女地位的变化无疑是反映族谱档案动态适应村落文化的最有力证明，传统家谱族谱规定女性不得入谱，但随着社会的进步，很多族谱逐渐修正了这一规定。[②] 第三，传统村落档案管理体系所处的政治、经济、文化、技术等语境，均处于与时俱进的发展与变革之中，故而传统村落档案管理的制度、资源投入、文化观念、技术运用必然需要动态调整以因应管理环境的变化需求，动态管理将贯穿传统村落档案工作始终。

---

① 杨毅：《中国西南民族档案资源集成管理研究》，中国社会科学出版社2018年版，第133—134页。

② 李健、王运彬：《传统村落档案管理路径转型——从人文引导管理到文化生态复兴》，《浙江档案》2018年第10期。

第三节 西南少数民族传统村落档案管理体系构建的思路

传统村落档案工作参与主体众多的好处：一是在全社会营造珍视、保护传统村落文化的社会氛围；二是各主体在建档工作上基于各自的专业特长，能掌握或调动的行政或社会资源将传统村落文化信息系统化收集、整理，为今后融汇互通打下资源基础；三是众人拾柴，在与传统村落日益濒危的时间赛跑中赢得先机。但是，与之前众多文保项目多主体共同参与有相同的弊端。一是信息重复采集，浪费资源。二是缺乏充分的顶层设计和统筹协调，各主体各自为政，协同效力并未充分发挥。在各地开展的建档式保护实践中，碎片化建档情况比较普遍。传统村落档案资源因体制原因被割裂于各职能部门，缺乏关联。三是因缺乏前期规划和先行标准，建档成果在后期的资源共享面临较大的困难。因此，既然依靠任何单一主体都无法独立完成传统村落文化抢救保护的艰巨任务且工作开展必须依靠各方支持配合，所以要构建科学合理的传统村落档案管理体系，首要任务是理顺建设体制和机制，为此要做好以下工作。

一 做好顶层设计

顶层设计是运用系统论的方法，从全局的角度，对某项任务或者某个项目的各方面、各层次、各要素统筹规划，以集中有效资源，高效快捷地实现目标。顶层设计下核心理念与目标都源自顶层，设计对象内部要素之间应围绕核心理念和顶层目标形成关联、匹配与有机衔接。① 从国际上看，世界文化遗产保护工作成功的一个重要经验就是重视顶层设计。例如，韩国为保护、传承、合理开发本国的非遗，创设"原创文化数码机构"和故事银行，负责草拟有关政策法规，组织、领导和协调，落实标准化问题，培训人才，以保证非遗资源融合的广度、深度和精度，争取企业、商界参与，协调各资源优势和技术

---

① 于施洋等：《电子政务顶层设计：基本概念阐释》，《电子政务》2011年第8期。

力量及各种利益分配，推动该项工作有序化进行。

实践层面，我国业已开展的众多文化保护项目往往进行到中后期，才惊觉因缺乏顶层设计而导致的重复建设、信息孤岛等问题，凭文化保护主体一己之力根本无法克服，又不可能推倒重来，只好勉强向前推进，付出资源浪费和成果无法共享的代价。基于此，作为有后发优势的传统村落建档式保护工作，应有大的文化保护格局和全局眼光、全流程管控意识，要高度重视档案管理体系的顶层设计问题。具体而言，西南少数民族传统村落档案管理体系的顶层设计应从以下几方面入手。第一，全面理解传统村落档案资源的文化属性和记忆价值，从而提升档案管理视野和理念，将更多体现西南少数民族传统村落风貌且亟待档案化管理的资源纳入广义的传统村落档案管理体系。第二，除政府部门外，提升专家、专业研究机构和各类社会公益组织在西南少数民族传统村落档案管理体系中的参与度，特别要加强对村寨原住民参与的引导，吸纳他们参与传统村落档案资源的普查、整理、鉴定、著录及开发利用全流程，实现全面参与。第三，加强对传统村落档案资源从建档、保管到开发利用的全过程管控，打造全周期管理机制。第四，根据体系的功能需要，按照政策导向，结合各地区实际情况，组建新的领导机构或沿用现有领导机构，负责西南少数民族传统村落档案管理工作的政策制度制定、标准规范设计、管理资源配置、档案管理技术培训以及各参与主体的统筹协调工作。

从目前传统村落档案工作实际情况来看，虽然各地还未形成真正意义上的传统村落档案管理体系，但已初具顶层设计意识，大部分开展传统村落保护的地区都明确了牵头部门，主要有以下几类。

一是专门成立传统村落档案工作领导小组。例如，贵州省黔东南州从江县以县人民政府办公室名义印发了《从江县人民政府办公室关于开展岜沙等5个传统村落档案室、生态档案馆建设工作的通知》，成立了以县人民政府分管副县长为组长，县人民政府办公室副主任、县档案局、县新农村办、县文物局主要负责人及各有关乡镇分管领导为成员的传统村落档案工作领导小组，明确了领导小组的工作职责和工作要求，由此将传统村落档案工作纳入政府工作重要议事日程，落实传统村落档案工作经费保障。通过政府领导,形成部门合力,改变了以往由档案部门独自开展传统村落档案工作的艰难局面。①

二是由主管传统村落保护工作的部门牵头。一般由各级传统村落办公室及传统村落保护成员单位作为开展传统村落档案工作的责任主体,负责传统村落档案的收集、整理、归档和移交工作。科学调查和申报传统村落的材料统一移交到传统村落领导小组办公室,按照《中国传统村落档案制作要求》集中整理、归档。例如,《黔东南州传统村落档案管理办法(试行)》第三条明确规定,黔东南州各级传统村落办公室及传统村落保护成员单位是开展传统村落档案工作的责任主体,负责传统村落档案的收集、整理、归档和移交工作,各级档案行政管理部门负责对传统村落档案工作进行监督和指导。

三是由文化部门牵头。根据笔者调研了解的情况,目前在西南至少在西南少数民族地区,尚未出现由文化部门牵头开展传统村落档案工作的模式。在其他地区,确有由当地文化部门牵头成立传统村落建档工作组,负责对传统村落文化建档工作进行布置、安排与具体实施,协调建档工作中出现的问题。例如,广东省梅州市划定文化生态保护区以传统村落为主,由宣传部文广局作为文化生态保护区总负责单位,负责协调各部门的文化遗产保护、申报及文化生态保护区的开发、管理等。客家文化(梅州)生态保护实验区工作管理委员会是其主要成员单位,负责保护区内的文化遗产普查、申报,文化遗产数据库及相关网站的建设,文化遗产保护工作的组织协调及文化遗产宣传。民宗局负责与少数民族、传统宗教事务有关的文化遗产的发掘、申报与保护;科技局负责与科技、传统手工技艺有关的文化遗产的发掘、申报与保护;农业局、林业局、气象局负责与当地传统农业、林业有关的文化遗产的发掘、申报与保护;建设局、规划局负责传统建筑保护以及传统建筑技术发掘、保护与开发工作;妇联、共青团、体育局、工商联负责重点发掘、申报、保护与妇女、儿童、传统体育、

① 《黔东南州从江县突破性开展传统村落档案工作》,2018年12月28日,http://www.chinaarchives.cn/2018/0731/121139.shtml。

传统商业活动有关的文化遗产项目；旅游局负责传统居民生活区以及传统商业一条街等历史村落资源和著名历史文化街区、当地的风景名胜等旅游人文和景观资源的发掘、申报与保护；教育局负责促进乡土教材的编写；档案局负责为梅州客家文化生态保护区的宣传提供照片、文字等历史资料，协助文化局保存文化生态保护区建设过程中所形成的所有有价值的资料。

四是由住建部门牵头。建立农办、文化、环保、财政等共同参与的多部门联动机制和联席会议制度，解决目前存在的统筹不顺、协调不力等问题，共同推进传统村落申报、规划编制、项目实施方案编制、资金申报等工作。云南省目前采用了这一模式。贵州省在省级层面的传统村落保护工作中也运用了这一模式，其在政策文件中明确规定，"一村一档"工作的牵头单位是省住房城乡建设厅、省民宗委，责任单位分别为省文化厅、省旅游局、省档案局、各市（州）人民政府、贵安新区管委会。

五是由档案机构牵头。例如，贵州省安顺市档案局牵头，联合安顺市民政局、住建局、民委下发《安顺市传统村落档案管理办法（试行）》，办法明确规定档案工作实行统一领导、集中保管、安全方便的原则。档案工作接受乡镇政府、市县两级档案行政管理部门、民政局、农委、住建局等相关部门的监督和指导。各级相关部门在组织开展传统村落调查、规划、设计、项目申报过程中形成的相关材料，统一由传统村落领导小组办公室按照国家《中国传统村落档案制作要求》集中整理、统一建档，形成纸质档案（"一村一档"）和电子档案，并按照国家相关规定和要求保管一段时间后，移交同级国家综合档案馆统一保存。

上述五种模式总体而言分属两种类型，各牵头部门的行政权力和推动力并不均衡。一种是由单一政府部门牵头，其他职能部门配合，如由文化部门、住建部门、档案部门牵头的模式。在文化部门、住建部门牵头的模式中，档案部门大多仅负有提供历史资料和协助保管档案资料的责任。由档案部门牵头的模式中，档案部门通常经综合性领导机构授权对建档及管理拥有全面的指挥权、协调权和调度权，但由

第三章　西南少数民族传统村落档案管理体系的建构

于档案部门在政府职能部门序列中的边缘地位，实际的统筹和协调调度能力有限。另一种类型是综合性的领导小组或传统村落办公室，该类型下牵头机构一般行政级别较高或综合协调能力较强，对政策制定、资源配置、统筹协调等方面的行政力量和话语权都较强，理论上更能实现顶层设计的目标。

综合上述分析，在西南少数民族传统村落档案管理体系中，第一、第二种牵头机构都是较为合适的选择，第一种尤佳，理由如下。

第一，要全面理解西南少数民族传统村落档案的文化战略价值，必须跳出相对狭隘的职能部门履职需要，从较高的层面来审视传统村落档案除服务于行政职能外，对全社会所能发挥的记忆价值，唯此方能避免在档案资源建设中，倾向性、选择性地收集或建构与职能部门管理职能密切相关的档案材料而有意无意地忽略其他记录。

第二，西南少数民族传统村落档案管理体系的参与主体非常分散，除政府序列外，至少还有图书馆、文化馆、高校等事业单位、新闻媒体、民间团体和个人。要充分吸纳且统筹上述跨系统、跨行业、跨所有制参与主体的档案工作，单一的政府职能部门明显力有不逮，需要综合性的、有较强话语权的领导小组来统筹协调，平衡各方关系，调度各方资源。

第三，对传统村落档案管理的政策与制度、标准与规范需要实施前端控制，对档案从普查收集、整理保管到开发利用需要进行全过程监控和管理。行政职能部门只有部门范围内的政策规范制定权和系统范围内的行政推进力，其结果只能是政出多门，各行其是。而综合性领导机构可制定面向传统村落档案工作全局的政策、规范，以强大的行政和舆论导向能力保证其在行政系统和社会有关方面落地执行。除此之外，档案部门也可以在综合性领导机构的充分授权下，对各建档主体的档案工作开展专业指导，切实提高档案管理工作的科学性。

还有一点需要强调，必须明确牵头单位和责任单位的权责分工。在已有初步顶层设计意识的部分西南少数民族传统村落档案工作中，虽然政策文本里涉及对牵头单位和责任单位分工的规定，但大多属于原则性表述，未进一步细化各成员单位的具体职责和操作规程，也没有制定明确具体的统筹方式、协调方案、奖惩机制、利益分配等规定，导致政策文本的可操作性和可执行性不强，实践中仍然出现了名义上由牵头单位统筹，实际上责任单位仍局限于各自的工作领域，彼此之间资源共享的动力不足、意愿不强，对整体贡献度不大的问题。对牵头单位出台的较为宏观的政策制度、原则性大于实操性的标准规范，在执行层面也纷纷根据"各自的工作需要和特殊情况"，作了弹性过大的变通性处理，使所谓的"统一"流于形式。因此，要使顶层设计真正发挥统领大局、协调各方的作用，应该从总体目标、制度保障、根本原则和长效机制等方面予以加强。①

二 科学合理分工

传统村落档案管理是一项较为复杂的系统工程，其复杂性体现在管理对象和管理主体的复杂上。管理对象上，传统村落档案内容涉及反映村落传说演绎、风俗民情、仪式节庆等的各类文本信息，这类文本信息还具有显著的异构性，大量非结构化信息与结构化信息并存，为规范化开展传统村落档案管理工作带来了挑战。在管理主体上，传统村落档案管理工作绝非仅是单纯的档案管理实务，大量档案化管理活动客观存在——以建档方式加强对散落于村落自然地理和人文历史中的各类文化资源的集中收集、鉴定、整理、保管和开发利用，而这一建档过程涉及各类建设主体。深刻的文化资源建设特征使得文化部门深度、广泛地参与了各类包括档案管理在内的传统村落保护项目；传统村落档案管理体量庞大，涉及项目较多，自然离不开财政部门的协助和支持；传统村落档案还涉及村落历史建筑资料的管理，这又关系到住建部门；散落的历史文物资料的管理则是文物部门的主要工作；档案部门参与传统村落档案管理更多地侧重业务层面的指导，并未深度参与档案化管理实操；同时，在纷繁的传统村落保护和档案管理实践中还绝不能忽视村民的参与，因为实现和促进村民的文化自觉和价值认同方是传统村落档案管理工作的根本价值取向和基本原则

---

① 王萍：《传统村落档案管理体系建构研究》，《档案学研究》2020年第1期。

立场。

体系是相互影响、相互作用、相互制约的多个要素的集合，科学合理的分工是传统村落档案管理体系良性运作极为重要的基础手段。随着传统村落保护工作的深入，涉及传统村落保护工作的部门越来越多，形成的档案信息各具特色。这些部门之间缺少统一规划与协调，导致档案管理较为混乱，难以开展有效的档案利用服务工作。为了探索跨学科、跨机构和跨文化的多主体共同参与、共同建构档案的多样化合作途径与模式，当务之急是先厘清各参与主体的资源、技术、经验优势，对各参与主体的职责进一步明确和细化，厘清其在传统村落档案管理体系中的定位和角色，以充分发挥其在传统村落档案工作中的能动作用。

（一）政府部门

目前，与传统村落保护工作相关的政府职能部门众多，具体来说，与传统村落档案管理工作有关的职能部门及档案管理内容如下。

第一，住建部门。在全国大部分地区，住建部门都是传统村落保护的责任主体，其与档案相关的主要工作如下。

其一，负责对传统村落普查建档。其二，负责对建档成果的分级上报、汇聚整理并形成中国传统村落数据库和建设中国传统村落数字博物馆。其三，负责编制传统村落发展规划并监督规划实施。其四，负责对传统村落档案的不断完善，包括对后期村落维护修缮等形成的文档及时补充。

第二，测绘、土管部门。应发挥专业优势，主要负责对传统村落内建筑物、村落规划、自然环境等建档信息的采集。

第三，文物部门。应负责对物质文化遗存提出规范的信息采集要素与标准，随时复制与保护濒危文化遗存，并将已采集整理的村落物质文化遗产档案成果纳入共享范围。

第四，文化部门。应负责对非物质文化遗产提出规范的信息采集要素与标准，并将已采集整理的村落非物质文化遗产档案成果纳入共享范围。

第五，民委、宗教部门。应负责指导正确处理少数民族传统村落建档中可能出现的民族和宗教问题，并将其系统内的民族文化类、宗教档案材料纳入共享范围。

第六，旅游、农业、财政、环保等部门。应将其系统内已有的传统村落档案材料以及在开展各自职能活动中陆续形成的传统村落保护和发展档案材料收集汇齐，以目录共享或提交信息文本的形式纳入共享范围。

第七，档案部门。需要说明的是，档案机构包括主要负责档案事业行政管理的档案局和负责档案实体存储管理的档案馆（室）。这里讨论的是前者，即列入政府行政序列的档案局在传统村落档案工作中的角色。

如前文所述，在政府行政序列中，档案部门在传统村落档案工作中的地位是比较尴尬的。当下传统村落档案管理工作参与主体如此众多，谁是主导者、谁是协助者，档案机构的角色定位应当如何加以进一步审视和分析是我们不得不思考的问题。我们坚持认为，传统村落档案管理或档案化管理归根结底仍然是以档案为对象开展的管理活动，其工作流程主要包括收集—鉴定—整理—著录—开发利用。各级各类档案机构是法定的档案行政管理部门和重要的公共文化机构，长期以来通过开展富有成效的档案管理工作，积累了丰富的档案管理经验和专业的档案管理能力。特别是在村级档案领域，《村级档案管理办法》的出台进一步强化了对村级档案科学、长效管理的要求和指导。此外，如果清醒地认识到村落遗产保护工作目前面临保护对象范围如此之宽广、遗产内容如此之复杂、自存状态如此之脆弱、牵涉部门如此之众多且在全世界几乎无成功先例可资借鉴的前所未见的复杂情况，而档案工作必将贯穿传统村落从普查到认定、从保护到监管、从文化抢救到文化濡化播化与播化全过程，档案部门不仅绝不能再缺位，更重要的是对自身在传统村落保护工作中的定位有客观科学的认识。那么，档案机构在传统村落档案管理工作中究竟应该扮演何种角色，发挥何种作用？

总体而言，档案机构应避免陷入两个极端：参与程度极低和"喧宾夺主"成为管理工作的主导者。一方面，档案机构是传统的"弱势部门",相较住建部、文化部等部门所能提供的较为强大的财力、物力支持,档案机构在传统村落档案管理工作中较易陷入"存在感"低的尴尬状态,其他建设主体在档案机构缺席的情况下亦大量开展档案化管理实践;另一方面,档案机构也应避免如其他政府公共部门一般"过分介入",削夺本属于村民的主体地位,越位成为传统村落档案管理工作的主导者。

档案机构的角色应当是参与者性质的推动者和引导者,在传统的档案管理工作中扮演引导者。通过自身工作,引导其他主体在进行档案化管理时向档案工作者确定的规范体系、质量标准看齐,做好具体管理和成果管控的引导。同时,档案机构也应扮演好推动者角色,主动介入其他主体的档案化管理工作,输出专业档案管理技术,推动行政部门、社会文化精英和村落民众传统村落建档三大模式的整合。

(1) 管理规范制定者

扮演规范制定者是档案机构参与传统村落档案管理的基础性前端工作。唯有通过制定相关规范,档案机构才能更为积极主动地介入传统村落档案管理工作中来。

档案机构的规范制定者角色是客观法规实际的要求。传统村落本质仍是一级行政区域,档案机构有《中华人民共和国档案法》赋予的业务指导权,同时在《中华人民共和国非物质文化遗产保护法》《关于切实加强中国传统村落保护的指导意见》等相关法规条例和政策中,部分档案化管理内容均在一定程度上涉及档案机构的管理范围。作为专业的档案管理部门,档案机构应在传统村落档案收集范围、价值鉴定、建档标准、整理要求、开发利用等全流程制定指导性规范标准,通过指导性规范尽可能确立相对统一的组卷、分类、排序、编目等操作性要求的基本原则。

档案机构的规范制定者角色是主观能动意愿的体现。部分地区的档案机构主动出击,与相关部门通力合作,已经开始在规范标准制定上有所作为。例如,黑龙江省档案局在传统村落文化建档项目启动后,负责制定传统村落文化建档的归档范围与建档标准,制定《传统村落档案制作要求》并加以详细解释,明确村落文化遗存采集信息的样式、标准、格式等关键技术要素，由档案机构制定符合一般档案信息采集的标准。① 又如，黔东南州档案局已制定下发《黔东南州传统村落档案管理办法（试行）》，明确各级档案行政管理部门负责对传统村落档案工作进行监督和指导的权利，并对黔东南州传统村落办公室及传统村落保护成员单位的档案材料以及传统村落文件材料的归档范围、整理要求作出详细规定。

档案机构的规范制定者角色重在指导，关注对传统村落档案管理工作的全局性把控，同时结合各参与主体特征有针对性地调整把控的强度和深度。例如，针对住建部、文化部等部门在村落遗产保护过程中形成的建档成果，基于行政层级关系差异和对住建部、文化部等部门行政管理能力的综合考量，档案机构工作规范制定工作开展的重点应是宏观指引，即从归档范围、整理标准等大方向上明确住建部、文化部等部门业务工作的原则理念、工作模式等。而针对民间机构、村民群体等，档案机构没有行政层级的掣肘，同时客观而言，民间机构、村民群体等的档案管理专业能力普遍不强，故而档案机构则可更有作为，可在民间机构、村民群体等开展的建档实践全过程中更为细致地规范指导，如协助制定归档范围和保管期限表、协助制定分类整理方案等。

（2）档案质量控制者

传统村落档案管理是一项专业性较强的实践工作。档案部门对传统村落档案质量的把控主要体现在申报前和申报后。在申报材料形成期，档案机构应协助申报主体确保材料的完整性、规范性和特色性，为后期建档提供质量保障。例如，材料的完整性体现在除基本申报表格外，还应辅之以实态事物的具体技术参数、民俗风情文字描述等，申报材料中"选址特征"可以从村落风水、故事介绍入手阐明祖先选在此地的理由，并放置村落古地图加以补充说明；"结构机理"则要求若有故事，则应放置能表现故事的图纸。在后申报期，由于最初

---

① 任越：《传统村落文化建档问题探究——以黑龙江省少数民族传统村落为例》，《档案学研究》2017年第2期。

申报传统村落和村落全宗建档过程中形成的传统村落档案大都略显"粗糙"——数量不多、内容质量不高，在后期完善过程中需档案机构进一步提供材料支撑，输出档案管理技术，助力传统村落档案内容不断充实，管理质量不断提高。

(3) 协同参与者

档案机构应积极通过考核评估等督导性手段引导其他主体传统村落提升档案管理工作的质量。一是借助已有的评价标准，积极主动参与相关文保项目的验收考核。档案机构应当与住建部、财政部、文化部等部门积极沟通协调，争取在《传统村落名录》遴选标准中强化村落档案管理工作成效的评估考核，以倒逼机制提升社会对传统村落档案管理工作的重视和支持。二是建立专门性的传统村落档案管理工作考核指标。档案机构要积极向上级行政主管部门申请，力争将传统村落档案管理工作纳入相关行政部门工作绩效考核评定中，并逐步提升其占比。档案机构还应积极协调上级部门划拨必要的传统村落档案工作专项经费，建立传统村落档案室，配备必要的设施设备，确保传统村落档案工作与传统村落保护工作同步部署、同步检查、同步验收，保证传统村落的档案安全。

(4) 技术输出者

档案管理是技术属性较为显著的实践活动，技术要求贯穿从收集、鉴定到分类整理、检索利用全过程。传统村落档案更因其种类繁复、内容庞杂且形成年代久远，留存状况较差而给具体管理工作带来极大挑战，对相应管理提出更高要求，而当前住建部、文化部等行政部门、社会文化精英和村民三大传统村落档案建档主体都不具备专业的档案管理能力和技术水平，客观上要求档案机构积极介入，扮演好技术输出者角色，在档案管理"八环节"中，特别是整理、保管、检索和利用等环节输出专业档案管理技术工具，帮助相关主体开展工作。

在整理环节，档案机构积累了丰富而科学的分类、排列方法，如全宗概念、档案分类表、复合分类法和档案排列规则等。档案部门可编制归档工作指南，以指导相关单位科学确定归档范围；可设计相对科学、规范的档案分类方案，结合"年度+保管期限""年度+问题"等档案分类方法，将有力解决当前传统村落档案分类的乱象。在保管环节，档案机构拥有的纸质档案修裱技术、档案库房管理技术、病虫害防治技术、数字化技术等更能有效保护传统村落档案中的老旧历史档案。在检索利用环节，通过深度著录并编制资源目录等检索工具和档案编纂、档案展演、社交媒体传播等利用途径，传统村落档案的价值更能显现，从而在一定程度上突破现今开发利用侧重行政考评的单一价值取向。

档案管理技术输出是档案机构与其他主体的一种双向互动。一方面，档案机构可以通过组织专题培训、现场观摩等活动开展实地教学；另一方面，档案机构也可通过技术合作的方式积极参与其他主体的档案管理工作，行政机构、民间组织、村民都能通过技术合作承接档案机构输出的专业技术从而拥有统一、规范的技术基础，为下一步三种建档模式的融合做好前期准备。[①]

（二）文化事业单位

1. 图书馆

联合国教科文组织与 IFLA 联合颁布的《公共图书馆服务发展指南》指出："公共图书馆应该是地方社区收集、保护和推广各种地方文化的非常重要的机构"；"在那些口述传统是一种非常重要的交流方式的地方，公共图书馆必须鼓励支持其继续发展"。[②] 图书馆对传统村落档案工作的贡献，可从以下三方面开展。

第一，作为知识存储机构，可以积极为传统村落建档提供相关材料，如馆藏地方志、村志及宣传介绍传统村落的出版物、音频、视频资料，以村落为蓝本或拍摄地制作的纪录片、影视作品等，以及以该村落或该村落所属地区为流传地的民间文学作品等。

第二，图书馆虽然还未开展以传统村落为整体的档案材料收集，

[①] 王萍、卢林涛：《档案机构在传统村落档案工作中的角色再探》，《档案学研究》2018年第6期。

[②] 联合国教育、科学及文化组织等：《公共图书馆服务发展指南》，上海科学技术文献出版社2002年版，第10页。

但图书馆在之前参与的非物质文化遗产活动中，已将部分村落中的非遗实物或文字、音视频材料收集进馆并进行了专业化程度较高的整理、著录、编研等工作，间接开展了传统村落建档部分工作。例如，大理学院图书馆视听资料室拍摄了《绕三灵——苍山洱海的祝福》《大理三月街非物质文化遗产保护成果文艺展演实录》《大理三月街民间洞经音乐演奏实录》《大理三月街民族情歌对唱实况》等多部记录大理民间非遗文化的 DV 影像资料片。[1] 对该类非遗档案，可加大信息开发和宣传力度。

第三，以独立身份开展传统村落记忆资源系统建设及保存。2015年，图书馆界发布"全国图书馆界共同开展记忆资源抢救与建设倡议书"，宣告将包括影音文献在内的记忆资源建设"当作我们新的航线、新的田野"。[2] 例如，浙江省金华市图书馆建设的金华古村落数据库收录了全市范围内 30 个古村落记录，包括村落介绍、村落风光、村落视频，数据类型丰富，有动画、地图、文字、图片、视频等，界面呈动态效果，历史文化底蕴浓厚。又如 2018 年 8 月，广西壮族自治区桂林市图书馆以购买服务的形式制作了《广西传统村落》系列专题片，为广西壮族自治区有代表性的传统村落留下珍贵的影像资料。在传统村落记忆资源保存方面，2016 年上海交通大学图书馆与上海交大城市科学研究院共建"上海交通大学城市科学研究院数据信息管理部"，该馆接收了城市科研院自主建设的"长三角传统村落数据库"。以上实践层面的探索和突破充分证明图书馆在传统村落记忆建构和留存方面的技术能力，今后应作为图书馆公共文化服务功能拓展的一个重要方向。

第四，作为面向大众的学术型机构，图书馆在传统村落档案文化宣传方面也大有可为。例如 2017 年 8 月，广东省立中山图书馆与广东省人民政府文史研究馆联合主办"在寂静中与历史对话——中国传统村落图片展"，重在展现传统村落建筑和文化风俗的美感，留下历

---

[1] 陈子丹：《民族档案研究与学科建设》，云南大学出版社 2016 年版，第 106 页。
[2] 国家图书馆中国记忆项目中心：《全国图书馆界共同开展记忆资源抢救与建设倡议书》，《国家图书馆学刊》2016 年第 1 期。

史记忆，唤起社会对古村落特别是岭南传统村落文化的重视，之后还在省内各地图书馆举办巡展。①与档案馆相比，图书馆的学术气息和文化氛围更为深厚，与传统村落文化底蕴相得益彰，可以成为宣传推广村落文化的有力平台。

2. 档案馆（室）

第一，以馆藏为传统村落申报及建档提供资源支持。例如2017年，江西省文化厅初步拟定宜丰芳溪下屋、潭山店上村等为国家传统村落申报单位，需进一步收集相关资料作为申报佐证材料，在芳溪县档案馆藏《新昌县志》《熊氏族谱》等精品档案中查找到大量相关历史记载，特别是志书中关于人物传记、书院、官职、氏族等部分，为宜丰申报传统村落提供了有力的资料支撑。②"云南省大理州档案馆的馆藏里有白族古建筑档案资料，包括科技档案一卷，包含《云南白族民居调查报告》《大理、喜洲、剑川白族古代建筑随遇计要》《白族建筑匠师访问记》及照片63张、图纸77张、档号101-1-504。该卷档案图文并茂，准确反映了大理、喜洲、剑川周城等地具有典型意义的白族传统民居的建筑风貌，为当地白族传统村落建档时，提供民居建筑部分具有厚重历史底蕴的材料支撑。"③

第二，为传统村落档案提供保管场所。一是可为因保管条件不善而濒危的村民家藏珍贵档案提供安全可靠的保管场地。据学者杨毅深入云南省民族村寨调研了解，在云南边疆少数民族，村民家的火塘边、屋角的麻袋、屋檐下的竹篓、木筐、房屋的供桌，家里的楼阁、储物间等常常就是档案的存藏地，连最基本的档案保管温湿度条件都不具备且有严重的火灾隐患和虫害风险。④ 这些档案目前

---

① 《西藏自治区2010年第六次全国人口普查主要数据公报》，2012年2月28日，国家统计局网站，http：//www.stats.gov.cn/sj/tjgb/rkpcgb/dfrkpcgb/202302/t20230206_1902084.html。

② 《宜丰县馆藏精品档案为申报国家传统村落提供有力依据》，2019年1月6日，http：//www.jxyf.gov.cn/News/JRYF/BMDT/YF_201721635374.html。

③ 陈子丹：《民族档案研究与学科建设》，云南大学出版社2016年版，第202页。

④ 杨毅：《中国西南民族档案资源集成管理研究》，中国社会科学出版社2018年版，第87页。

大多数仍保持着上述原生态状态，亦有部分村民将其中年代久远、自存状态已经非常脆弱的珍贵档案送到档案馆托管。二是可为住建部门建立的传统村落档案提供保管场所。通常住建部门的项目建设资料在单位保存一两年移交档案馆，土建资料须等项目竣工后保存1—2年才移交，而调查资料（规划）等不移交，一般上传电子版到自己单位的数据库。也有个别省份的住建部门将其掌握的传统村落档案材料整体移交到档案部门。例如2016年，湖北省住建厅将其与湖北省档案馆联建的89个传统村落的档案资料全部移交到湖北省档案馆实施专业化保管。①

第三，以独立身份，用专业的建档技术和规范的档案管理为传统村落建立和管理档案；以丰富的档案编研和档案布展经验，打造乡村记忆场馆，开展传统村落档案资源的在地化利用。

3. 博物馆

传统村落通常被誉为经典的民间文化生态"博物馆"，可见其与文博部门深厚的渊源。博物馆在传统村落档案工作中可以发挥以下作用。

第一，博物馆所藏传统村落文物实物及文献资料可为传统村落建档提供资源支持。

第二，博物馆作为专业的文化收藏、展览机构，拥有丰富的布展经验，可为传统村落档案的后续利用，如"乡村记忆馆""传统村落生态博物馆""绿色博物馆"等文化展演活动提供技术指导。

（三）学术团队

1. 参谋者

因其文化精英的智库色彩，应充当好参谋者的角色，为科学、有效推进普查建档工作建言献策，提供翔实的理论支持和具体的实践指导。例如，中国人民大学冯惠玲教授主持的国家社科基金重大项目《历史文化村镇数字化保护的理论、方法和应用研究》将传统村落文

---

① 王海吉：《湖北89个传统村落档案收集进馆》，《中国档案报》2016年5月26日第1版。

化保护与数字化技术相结合，提出传统村落数字化保护的基本思路与方法，并以高迁村为试点村落，与台州市档案局合作启动了台州古村落数字记忆平台项目，目前已成功通过验收，为传统村落数字化保护打造了成功范例，探索出极具借鉴意义的实操方法。政府层面开展的传统村落保护工作亦有类似要求。例如，《贵州省人民政府关于加强传统村落保护发展的指导意见》要求"建立驻村专家制度和专家巡查督导机制，组建省级、市（州）和县级专家工作组，每个传统村落确定1名专家，在传统村落档案建立、规划编制、项目实施等方面提供技术支持，在项目实施期间入村督导"。

2. 解读者

专家拥有深厚的文化功底，更能有效解读传统村落遗产的文化价值及精神内核，可帮助解密传统村落的历史密码，挖掘各民族传统村落的个性价值。例如，学者罗康智在贵州省黔东南州黎平县黄岗侗寨调研时，得到侗寨五名寨老的支持，得以发掘他们藏于地下的七块汉文碑刻。从碑文的用词惯例与雍正改土归流后的汉文典籍相符加以判断，才得以佐证传说和文献记载的真实性：黄岗寨的侗族居民确系移民而来，解决了长期悬而未决的族源问题。

3. 实践者

开展文化抢救性保护色彩浓厚的范例式建档探索。除前文提及的冯骥才先生、胡彬彬教授等学者大力推动的传统村落文化资源普查和建档外，中国传统村落保护与发展研究中心于2014年6月启动了"中国传统村落数据库"的编制工作，来自全国各地传统村落立档调查的最终结果都将汇集于此数据库。数据库一旦建成，将送交国家主管部门使用和供社会各界共享。学术团队参与传统村落保护所形成的建档成果，通过网站形式向公众共享传播是一种常见做法。例如，中南大学中国传统村落文化研究中心网站、中国传统村落保护中心的网站都上传和分享了不少具有地域和文化代表性的传统村落档案资源。西南少数民族特别是西南地区的学术团队发力更早，如云南大学组织了跨世纪云南少数民族村寨调查和中国少数民族农村调查等，出版了云南民族村寨调查等大型调查研究成果。学术团队通过收集、汇集传统村落档案材料，可形成数据库和网站等展示平台。

（四）社会公益组织

我国社会公益组织在传统村落文化建设场域日渐活跃。社会公益组织从事传统村落保护的优势如下。第一，公益组织对传统村落文化认知比较深刻，能组织开展公益活动以凝聚村民，启发当地群众和政府对保护古建、民居的认知，形成文化认识和保护意识。例如，中国最大的古村落保护公益组织"古村之友"于2017年4月发起好家风联合筹款资助计划，面向全国征集家谱修编、祠堂精神复兴、人物传记编写类项目，该项目从推动到落地共影响辐射近50万人，对家谱编修和祠堂修缮的推动不仅为村落留下血脉的记忆、建筑实体的留存，而且对古村和家庭数百年精神的凝练、传递大有裨益。① 第二，组织的公益身份使其在筹措传统村落文化保护资金时，以其公信力赢得更多社会信任和支持。例如，"古村之友"开展的几个有代表性的村落文化项目采用了互联网公益 PNPP 模式，即借助互联网筹款平台，通过企业领捐、政府引捐、社会认捐、基金会配捐，并由专业枢纽组织完成社群搭建和资源搭接，以确保公益项目有效落地执行。这样，社会公益组织在其中承担了构建信任桥梁，完成社会资源整合及配置以复兴乡土文化场所的重要任务。

综上，社会公益组织在传统村落文化保护活动中已有大量工作涉及传统村落文化档案的建构及利用，应主动将其纳入传统村落档案管理体系中，借助体系中其他主体的行政力量、智力资源、技术能力，进一步发挥民间组织在社会信任方面的天然优势，助其成为基于底层、融于民间的一支传统村落档案建构的重要队伍。

（五）新闻和影视媒体

与传统村落文本档案相较而言，西南少数民族传统村寨的自然风光、民族风俗、风土人情等很早就出现在各类新闻和影视媒体

---

① 《古村之友全覆盖保护活化古村落的模式探索与实践》，2018年5月8日，百度网，https://baijiahao.baidu.com/s?id=1599859482497719547&wfr=spider&for=pc。

上。以西南地区羌族为例，中央权威新闻媒体《人民日报》2007年7月24日第5版《重走中国西北角，关注时代变迁下的微观西南》一文记录了"5·12"北川羌族自治县五龙羌寨的变迁。2009年《新羌寨成景点》一文，报道佛山牵手汶川灾后重建，配发"水磨羌城"图片。《民族画报》从1980年第1期到2010年第10期，配发羌族照片共230余张。内容多是关于婚礼、建筑、刺绣等，其中具有代表性的羌寨（如中国第一羌寨——萝卜寨以及桃坪羌寨）照片亦不少。地方新闻媒体类似报道更多，不再一一列举。由于真实是新闻的生命线，尤其是历史上出现在权威媒体的西南少数民族传统村落的文字报道和图片，完全可以作为传统村落档案史料予以收集或制作副本，以丰富档案资源体系。除此之外，近年来为响应国家号召，各地文保单位和摄影家协会纷纷开展传统村落摄影作品比赛或征集活动，如2015年，国家文物局和中国摄影家协会首次开展中国传统村落摄影作品征集活动，共收到各地摄影作品3.6万余幅（组），并在其中精选100幅（组）作品于文化遗产日公开展览。上述大范围在民间开展的传统村落影像活动不仅成功地营造出乡愁氛围，吸引社会将关注的目光投向传统村落，而且客观上动员了大量散在的社会资源，以底层的、个体的独特视角全方面记录、描摹传统村落的风貌和气质，形成的照片成为传统村落档案资源体系极为有益的补充。

在影视媒体以少数民族传统村落为对象拍摄的影视作品中，纪录片因其情景再现式的客观性追求在记史能力上独树一帜。例如，高屯子拍摄的纪录片《夕格羌人的迁徙》，记录了"5·12"地震后汶川县夕格寨的700多名羌族人于2009年迁徙离开世居家园时的情景，他们离别时的悲痛、对土地与祖先的忠实信仰以及异地搬迁后，因与现代文化发生剧烈冲突而导致的孤独感均被镜头真实完整地记录下来，成为夕格寨再次迁徙流转的影像档案。中央电视台拍摄的大型纪录片《记住乡愁》选取了百余个传统村落进行拍摄，展现传统村落的文化底蕴、村域特色、民风民俗、自然风光、建筑风格，为该批村

第三章　西南少数民族传统村落档案管理体系的建构　133

落留下了珍贵的影像记录。①

有的影视作品虽非记录，而是艺术创作，仍将取景地所在少数民族传统村落在拍摄当时的风貌描绘了下来，成为无文字和其他影像记录的那一段历史断层的补充。例如，1960年长春电影制片厂拍摄的黑白影片《羌笛颂》，反映1935年工农红军来到中国西南羌族地区，给羌族人员带来新生活的故事，其主要外景地即选在四川省汶川县布瓦山寨，片中主要背景都是由20世纪40年代布瓦山寨的民居、村民生活、劳动场景等构成；2007年拍摄的《尔玛的婚礼》系第一部以羌语拍摄（配汉英字幕）的故事片，以羌寨桃坪为主景区，有数千名羌族群众参与拍摄，以原生态羌族歌舞为剧中歌舞，展示羌族神秘的释比文化，已列入国家非遗名录的"瓦尔俄足节""羌笛""卡斯达温舞"以及羌笛的演奏和制作工艺等都展现在影片中。②虽然上述影视作品的初心并非出于建档目的，但这些若干年前的村寨风貌、建筑、人物、服饰、节日习俗等均被镜头真实记录下来，具有较强的档案属性，完全可作为传统村落文本档案的补充，帮助勾勒少数民族传统村寨的连续演变轨迹。

综上，新闻和影视媒体在西南少数民族传统村落档案体系中应在以下方面发挥作用。

第一，将历史上形成并存藏的传统村落影视档案资源纳入共享范围，补足传统村落历史轨迹之前的空白和片断。第二，继续发挥影像技术的优势，为当下传统村落的保护和发展留下更充分的影像记录。第三，可为体系内其他建档单位提供口述档案建立和非物质文化遗产档案化转化所急需的设备支援和技术指导。

（六）村民

世居于西南少数民族村寨的村民是传统村落文化最大的权力主体

---

①《记住乡愁第一季》，2015年1月1日，百度网，https://baike.baidu.com/item/%E8%AE%B0%E4%BD%8F%E4%B9%A1%E6%84%81%E7%AC%AC%E4%B8%80%E5%AD%A3/19200338？fr=aladdin。

② 高力等编著：《羌村镜像——羌族影像文化概览》，西南交通大学出版社2012年版，第122—130页。

和利益主体，需要在当下的乡村振兴战略实施过程中充分发挥其主体作用。从国际上看，Lepp Andrew 等通过对乌干达的一个村落内 50 位当地居民进行深度访谈后发现，该村落曾先后采用过由政府主导和社区主导的保护办法。与政府主导相比，社区主导更能调动原住民参与的积极性，对当地文化遗产保护起到了更加积极的影响。① 从中国台湾地区的传统村落保护实践来看，其亦正在尝试循着自下而上的发展路径，一改自上而下的文化输入，大力扶植和培育由民间团体主导、乡村社区自主发展的模式。② 当下，国内在制定传统村落保护政策时亦对此充分强调。例如，2012 年住房和城乡建设部等四部委发布《关于切实加强中国传统村落保护的指导意见》，其中第四条明确规定要出台支持政策，鼓励村民和公众参与。2014 年四部委进一步要求：要实行乡村（社区）自主、专家指导、政府扶持，乡村（社区）居民是民俗生态博物馆、乡村（社区）博物馆的主要参与者、管理者和受益者，要尊重村民作为文化遗产所有者的主体地位，鼓励村民按照传统习惯开展乡村文化活动，并保护与之相关的空间场所、物质载体以及生产生活资料。传统村落文化的建档式保护正是乡社文化活动的一种重要形式，对村民而言，也许"档案"这一字眼略显陌生，但以档案方式记录的村落历史、民俗、手工技艺等确是他们因生活于其间而备感熟悉亲切的文化遗产。具体而言，在西南少数民族传统村落档案资源的建设、组织到利用过程中，村民都有必要全程参与、充分参与、深度参与，全面享有传统村落档案资源建设成果。

第一，档案资源建设阶段：西南少数民族传统村落有藏档于民的传统，如贵州省锦屏县文斗苗寨内 95% 的农户家中珍藏着清代林业契约文书共 3 万多件，涉及林地买卖、青山买卖、佃山造林、林业分配、山林管护、山林纠纷、山林登记、乡规民约等内容，是我国继故

---

① Lepp Andrew et al., "A Comparison of Attitudes Toward State-Led Conservation and Community-Based Conservation in the Village of Bigodi", *Uganda*, *Society & Natural Resources*, Vol. 19, No. 7, 2006, pp. 609 – 623.

② 陈振华、闫琳：《台湾村落社区的营造与永续发展及其启示》，《中国名城》2014 年第 3 期。

宫博物院和安徽徽州契约后的第三大历史文书遗存。在不少民族传统村寨，与上述情况类似，实体档案材料总量不小，但以碎片化形式深藏于民间，需要村民积极提供自身存藏的档案材料原件或授权制作数字化副本。另外，在无文字传统的少数民族传统村落，通过口传心授传承的民间故事、风俗、仪式、民间工艺等大量非物质文化遗产需要村民口述或表演，通过档案化转换得以实录固化，这无疑需要得到村民的充分配合。村民在传统村落档案资源提供方面的重要性无须赘述。尤其值得强调的是，村民在传统村落档案资源建构方面的能力不容忽视。如果充分调动村民的积极性，由其在村居生活中对村落物质环境、文化环境的变迁，对生产、生活事件进行记录，这类记录的真实性、时效性、连续性是其他主体形成的以村落为对象的记录所无法比拟的。

第二，档案资源组织阶段：对档案资源的组织主要包括档案鉴定、分类、著录等环节。如果把村民视为传统村落档案的共同形成者，则在对传统村落档案材料进行甄选和价值鉴定时，村民对档案价值判断所秉持的立场和视角理应得到高度尊重，经过其认定为重要的、有保存价值的记录材料理应纳入归档范围，以此来确保社群有提出自己代表性文化的权利。在档案著录环节，村民的参与更是必不可少。一方面，由于少数民族传统村落档案材料多涉及少数民族文化背景、不同的宗教信仰以及相异的话语体系，对档案内容的解读、阐释离开原住民的帮助几乎是无法完成的；另一方面，正如美国学者Katie Shilton 和 Ramish Srinivasan 所揭示的那样，传统档案工作使用的整理及著录方法会对这些文化群体进行不完整的和去背景化的描述。[1]为了避免出现上述问题，要保障对少数民族传统村落档案形成的背景信息和关联信息的及时捕获和高度理解，也要依仗村民在著录过程中的充分参与，共建完整的乡村记忆。

第三，档案资源利用阶段：少数民族传统村落档案资源目前最主

---

[1] K. Shilton, R. Srinivasan, "Participatory Appraisal and Arrangement for Multicultural Archival Collections", *Archivaria*, Vol. 63, 2007, pp. 87–101.

要的两条利用路径是传承和传播。特别是对传承而言，传承意味着传统村落文化以地缘为基础，以血缘为纽带，将档案所承载的文化基因代际传递，生生不息。从这个意义上讲，向内向下的传统村落档案资源利用只能以村民为主体、为依归。

综上，在西南少数民族传统村落档案管理体系建构中，村民是一支极其重要的甚至可以说是起决定性作用的建构力量，值得通过宣传、动员、激励充分激发其主观能动性。

三 协同建设，整合共享

分散建档是现实，协同整合是目标。之所以强调分工，是通过厘清各建档主体的资源和技术优势，使其各就其位、各司其职，但分工并非加剧各自为政的割裂，而是强调合理分配工作任务基础上的协同建设与整合共享。从西南少数民族传统村落档案工作实际来看，在政策层面上已有各主体统筹协调的要求，在档案实践中也部分执行了这一要求。例如，笔者调研时了解到，四川省阿坝州理县住建局在为其辖区内40多个传统村寨制作申报文本时，曾大量调用该县文化体育与旅游局所收集整理的村落非物质文化遗产档案以及县史志办、乡政府存藏的村落档案材料。另外，还与文化体育与旅游局组成联合工作组走村串寨，摸排、记录村寨文化遗存以凸显申报村寨的文化底蕴。贵州省黔东南州黎平县档案局在为黄岗等侗寨建立村落档案时，亦曾协调该县文化广电新闻出版局，从非遗中心、县电视台、旅游局等相关单位调动或复制了大批村落照片、录音、影像资料。该县住建部门在完成传统村落申报档案制作后，主动将副本移交至县档案馆统一保管。在黔东南州组织的几次大型传统村落高峰论坛活动中，各建档主体都积极参与，共同承担与传统村落文化保护活动相关的工作。但目前协同整合的意愿与行动并未在西南少数民族传统村落档案工作中普及，协同仅处于初级阶段，协同的力度、合作的广度和深度都远远未能满足档案工作要求。主体间的资源共享仅停留在资源建设和管理的初级阶段，数据整合意识严重缺乏。

应该说，传统村落档案资源协同建设共享是档案资源建设的终极目标，但其实现绝非一蹴而就，应该根据客观实际，有计划有步骤地持续推进，从时间整合走向空间整合，从内部整合走向外部整合，从村域整合走向区域整合，从信息整合走向知识整合，最终实现建档资源的互通有无和档案资源的深层次共享。

(一) 传统村落档案资源协同建设整合共享的初级阶段

各建档主体应主要聚焦于已有建档资源和技术优势的领域，加大对某一方面传统村落档案资源的采集力度，其他方面则可以以相互支持的方式获取，实现查漏补缺、优势互补，以避免低水平重复建设。例如，住建部门和档案部门可将原有的测绘资料、村史村志等档案材料与其他主体共享；[①] 文化部门长期以来采集的传统村落非物质文化遗产档案材料在文化性和专业性上更胜一筹，可对传统村落档案体系中非遗文化部分起到很好的支撑作用；学术团体具有较强的理论基础和专业人才队伍，可对其他建档主体进行理论指导和文化方向的引领，提高建档质量；档案部门还可在建档和管理技术方面为以上主体提供以技术输出为主的支持。总之，各建档主体的协同应包括建档资源、技术、政策等层面的相互支撑，互利共赢。而要实现这一点，一是要对协同机制加以科学设计，兼顾各方利益均衡（关于顶层设计前文已有详细阐述，这里不再赘述）。二是以建档主体为单位，各建档主体要先对所形成的传统村落档案资源开展内部整合：包括提取散落在不同载体上的档案信息进行专题汇聚；对围绕同一村落先后形成的档案材料，包括传统村落历史上形成的原生档案、在传统村落保护阶段通过摸底调查形成的普查档案、申报档案、传统村落保护工程档案等以时间为轴梳理聚合；在传统村落物质文化遗产档案、非物质文化遗产档案之间建立起内容上的关联。三是要盘点和梳理各建档主体已有档案资源，在此基础上建设各自单位的传统村落档案资源目录和索

[①] 例如，笔者调研四川省阿坝州理县住建局时，曾询问如果有建筑公司来修缮民族村寨建筑，是否能共享住建局提供的建筑测量等数据。据住建局工作人员介绍，住建部门专门有一个传统村落的数据系统，数据一般只用于传统村落建设，为本单位开展服务，其他单位目前还没用过。公司如果发函是可以支持的，资料非保密，但数据系统不对外开放。开发商应该是不清楚住建局有这些数据的。

引,准确揭示已有档案资源的数量、类型、内容、分布地点,以便于在目前档案实体分布式管理的现状下初步实现协同各方掌握彼此资源的情况,按需调用,也为后期建立交互共享式非遗档案目录数据库等奠定基础。

(二)传统村落档案资源协同建设整合共享的中级阶段

如前文所述,由于数字技术的普遍应用,除村民自治模式外,大多数建档主体均已各自形成传统村落档案资源数据库。从某种意义上讲,这一阶段资源整合主要的实现方式是档案资源数据库的整合。一般而言,数据库的整合方式主要有以下几种。一是检索资源的整合。通过整合数字资源的检索服务平台,提供全方位的检索服务。二是门户整合。即将各类独立门户的传统村落数字档案资源数据库整合统一为通过同一门户进入,以聚合不同平台上的异构数据库。三是数据库整合。将分散的异构数据库进行无缝链接,剔除库与库之间的重复信息,形成虚拟的有机整体。四是系统整合。针对应用系统的整合,使各数据库的功能结构趋于相同,形成统一的数字资源管理平台,实现数字资源的整合和共享。五是协议标准整合。针对数据库不同的数据标准和访问协议,通过中间技术或对数据进行重组,以实现资源整合。①

由于当下西南少数民族传统村落档案资源数据库建设普遍缺乏协议和统一的数据标准,要实现第三、第四、第五种整合方式还不具备条件,但应该是今后努力的方向。而检索资源整合和门户整合在技术实现上难度相对较小,是比较简单易行的整合方式。传统村落档案资源协同整合的中级阶段可分两步走:第一步,实现检索资源的整合;第二步,实现基于平台、面向村落的传统村落档案资源聚合。

检索资源整合是现阶段具备可操作性的共享方式。例如,可搭建传统村落"档案目录管理共享平台",所有涉及传统村落保护利用工作的部门,如住建部、财政部等单位应将在传统村落保护工作中所产

---

① 王长全、艾雾:《云计算环境下的数字图书馆信息资源整合与服务模式创新》,《图书馆工作与研究》2011年第1期。

生的相关档案，在规范整理后创建传统村落档案目录数据库，由档案专业部门协助、传统村落保护工作部门牵头，将传统村落档案目录及时接入"档案目录管理共享平台"，其他类型的建档主体，如学术团体、社会公益组织等亦可按协作协议将其创建的传统村落档案目录通过接口接入平台，以提供掌握传统村落档案资源内容及分布地点的路径，为协作共享创造条件。"档案目录管理共享平台"不仅在横向上将同一管理层级的不同部门及跨系统的其他建档主体档案目录信息整合进来，还可自下而上实现县、市、省、地区（如西南地区、西北地区）在纵向上的传统村落档案目录信息整合，初步实现横向到边、纵向到底的目录级的资源整合。

在初级阶段，档案资源数据库是以建档主体为单位建构的。在中级阶段，档案资源数据库整合首先应打破系统及行业界限，面向资源对象，即以传统村落为单位整合资源。先期要进行门户整合，即将各类独立门户的传统村落数字档案资源数据库整合统一为通过同一门户进入，以聚合不同平台上的异构数据库。以区域为例，区域内的每一个传统村落在统一平台上应作为一个节点，各建档主体关于该村落的数字档案资源经多源异构数据融合技术处理后，以统一的数据格式和规范体例汇入该节点。待单个传统村落的档案资源汇聚完成后，可再逐步进行横向和纵向整合。横向上：区域范围内若干个传统村落数据库之间通过关联聚合，可形成区域级传统村落档案资源总库；纵向上：不同层级间的传统村落档案资源库可自下而上逐步汇聚，形成县级、市级（或地区级）、省级、国家级传统村落档案资源总库。

要实现这一设想，有两个关键要素需要考虑：一是统一平台建设，二是多源异构数据融合技术。

统一平台建设。目前西南少数民族传统村落档案资源整合的统一平台建设可考虑以下两种思路。

一是依托现已建成的政府门户。2016年9月20日，国务院印发《政务信息资源共享管理暂行办法》，指定由国家发改委负责制定《政务信息资源目录编制指南》并组织推动国家共享平台及全国共享平台体系建设，各地市级以上地方人民政府要明确政务信息资源共享主管部门，负责组织本级共享平台建设。各政务部门负责本部门与数据共享交换平台的连通，并按照政务信息资源目录向共享平台提供共享的政务信息资源，从共享平台获取并使用信息。① 就西南少数民族现状来看，如贵州省大数据发展管理局作为政府数据统一管理职能部门，业已创建贵州省政府数据开放平台、贵州省大数据项目管理平台、贵州省大数据与实体经济深入融合服务平台，平台上汇聚的与档案有关的数据集包括教育文化数据集。第一，贵州省级公开现行文件档案、地方志书、年鉴、音视频数据，发布已公开的现行文件档案包含标题、责任者、成文时间、文号、年度、全文等，发布已出版的地方志书、年鉴数据包含书名、编者、出版社、出版日期、ISBN 编号、全文等。第二，凯里市档案指南（凯里市是中国地级行政区域内国家级传统村落数量最多的贵州省黔东南苗族侗族自治州首府，全域范围内档案部门所藏档案与民族村寨有较强的相关度）。第三，贵州省档案馆馆藏档案全宗数据。平台上汇聚的与民族传统村落有关的数据集包括：（1）全省少数民族特色村寨名单；（2）贵州首批中国少数民族特色村寨命名挂牌名单；（3）贵州省少数民族手工艺传习所名单。可见，贵州省大数据局的开放数据平台已承担了一小部分散存传统村落档案资源的汇聚及发布工作。目前西南少数民族传统村落数字档案资源拥有量最大的是住建部和文化部，民宗、财政、国土、环保、农业等部门亦在各自的履职活动中陆续产生与传统村落保护及管理有关的文档材料。如果将其陆续纳入类似贵州省大数据局开放数据平台的政府数据统一开放平台，一方面可大大节省平台搭建成本，另一方面便于政府部门所掌握的传统村落档案资源在行政系统和社会范围内共享。缺点是该模式目前尚未为其他社会组织和个人提供档案资源的接入方式。

二是由区域内的传统村落保护领导小组牵头，档案部门协助，单独构建少数民族传统村落档案数据平台。该平台可分为资源层、协议

---

① 《国务院关于印发政务信息资源共享管理暂行办法的通知》，《中华人民共和国国务院公报》2016 年第 10 期。

层、应用层。与政府门户网站相比，该类型数据平台的优势在于除主要接收政府相关部门的传统村落档案资源外，还可通过协议提供数据接口，接收学术机构、民间团体、传统村落文化爱好者、村民等在内的多元主体形成的传统村落档案资源。另外，通过链接方式，还可在逻辑上将网络空间中与该数据平台所驻少数民族传统村落有关的信息资源关联进来。这样，数据平台所能提供的档案资源覆盖面更大，开放性、包容性更强。通过数据传输和数据访问协议，该平台在应用层开放的客户端口可以实现多元化，如手机客户端、PC、数字电视、数字阅读器等，更方便利用。

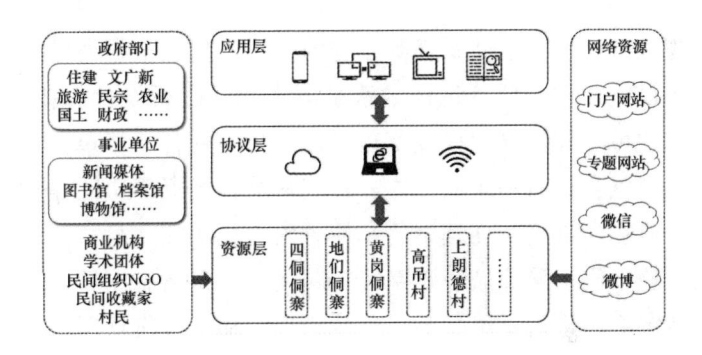

图 3-1　少数民族传统村落档案数据平台

要建构上述平台，至少应在省域层面进行顶层设计和统一规划，不仅在传统村落档案资源分类、主题标引、目录组织、档案著录、数字化存储、数据库建立等方面均需制定统一标准，而且要对传统村落档案资源的集成标准、检索标准作出统一规定，每一种资源整合方法及其操作都要按照统一的标准进行，以便整合后的档案资源能够在各数据库、各共享平台之间自由流动，使传统村落档案资源利用平台统一可用。

多源异构数据融合技术。由于各建档主体建设的多元性，如多期次、多格式、多数据库和系统以及多技术方法，导致传统村落档案数据多源且异构。传统上，解决多源异构数据的共享问题主要采用中间件技术，利用中间件搭建各数据间的接口，但中间件技术涉及大量的人工计算和编码，在数据总量相对有限的情况下尚可，但从长远来看，在数据量日增且数据来源和格式日益复杂的挑战面前，必须寻求新的解决方案。目前，解决这一"数据病"的主要技术是多源异构数据融合技术。从原理上讲，多源异构数据融合技术主要是通过数据清理、数据集成和转化、数据规约对多源异构数据进行预处理，再通过抽取、转换和加载形成基于统一数据标准的可通用数据。其技术关键在于数据清洗和数据融合。目前，相关领域已提出分别基于多源异构数据统一访问框架、机器学习、ETL技术等的多源异构数据融合方案。在搭建传统村落档案数据平台时，可依需适配。

（三）传统村落档案资源协同建设整合共享的高级阶段

应该说对传统村落档案资源整合的上述设想是根据西南少数民族信息基础设施建设和信息化技术水平的实际情况所设计的技术方案，具备一定的可操作性。但仅仅实现了面向村落的各建档单位档案资源的汇聚，离整合还有一定的距离。传统村落档案资源协同建设共享的高级阶段应能实现资源在档案管理体系内无缝对接、自由流动，能够跨时间、跨空间、跨地域、跨系统、跨类型、跨所有制等，根据实际需要及特定主题进行重组，满足行政管理活动、身份认同、社区建设等多维度信息需求。

鉴于目前的资源及管理、技术水平现状，结合学界对档案资源集成整合的已有探索性研究成果，笔者认为，要实现高水平的西南少数民族传统村落档案资源协同建设整合，可考虑以下两种路径。

第一，学者杨毅在国家社科基金项目研究成果中提出构建西南民族档案管理集成式业务平台的构想。经认真研究该构想的思路和实现路径后，笔者认为，如果借鉴这一理念，在西南少数民族能建立起传统村落档案管理集成式业务平台，则除收集环节外，平台可集成西南少数民族后续全部传统村落档案管理环节，高水平的协同建设整合可基于该平台从前端整理到后端利用全程贯通式开展，真正实现从资源到人才、技术的全面共享。但该类平台建立，一是需要各建档单位具备相对较高且均衡的信息化水平；二是需要搭建平台的软硬件设施、运用的中间件技术、数据关联技术等；三是平台运行必然涉及复杂的体制、所有制问题，实施难度很大。所以可考虑今后随着各建档主体信息化、数字化水平逐渐提高，体制机制逐步理顺，信息共建共享意识日益强烈再行谋划。

第二，就目前可预见的发展前景来看，跨库整合是传统村落档案资源高水平协同建设整合的主要技术手段。跨库整合的现有技术架构宜选择 XML 作为异构数据库系统各模块间通信的文本规范，在数据资源组织方面应对传统档案资源组织方法有所突破，主要采用关联数据实现多维度的档案资源聚类和关联，如面向对象、面向用户、面向过程的聚类和关联。

面向对象：指将同一记录对象作为轴心，将分布在若干数据库内有关该对象的信息抽取出来并加以整合，类似于档案学领域中的"客体全宗"或"Archival band"的做法。以流行于贵州省侗族传统村寨的侗族大歌为例，可将各建档主体数据库内与侗族大歌有对象性关联的资源汇聚起来，在数据数量和质量有一定保障的前提下，可帮助用户准确把握侗族大歌在不同历史时期、不同地域流传演绎的全面情况。

面向用户：针对不同用户的不同利用需求，可做到将跨库资源根据需要展开聚合，形成专题数据库。"专题"的聚合单位非常灵活，可理解为区域生态、民族团结，可理解为宗教祭祀、节庆活动，亦可理解为宗族关系、村民自治等，以此满足族性检索的需求。例如，对学者而言，如果面对的资源对象能实现诸如"长角苗绣片档案库"与"花衣苗绣片档案库"或"滇西北少数民族传统村落档案库"与"滇西南少数民族传统村落档案库"之类的专题性或区域性数据库并据此做对比研究，相信对探究同一少数民族不同分支间的文化差异或寻找西南少数民族传统村落变迁、保护与利用的共性规律与差异会有极大帮助。

面向过程：例如，对传统村落文化资源形成的初期阶段、发展与演变的中期阶段、保护的重视阶段、传统村落申报及后期管理阶段等不同阶段的传统村落档案信息资源进行抽取、化零为整，以确保时间维度上传统村落文化资源的高效梳理。①

第四节 西南少数民族传统村落档案
管理体系的构成要素

本节构建的西南少数民族传统村落档案管理体系由三大部分组成，分别是传统村落档案资源体系、传统村落档案利用体系、传统村落档案管理保障体系。其中，资源体系是基础，利用体系是目的，保障体系是传统村落档案资源成体系积聚和建设、全方位整合共享利用的保证。三者相辅相成、互相支撑，共同构成西南少数民族传统村落档案管理体系的整体框架。

一 西南少数民族传统村落档案资源体系

西南少数民族传统村落档案资源体系由以下要素构成：档案资源的数量与类型、档案资源的内容构成、档案资源的时间分布、档案资源的空间分布。

（一）档案资源的数量与类型

现已建成的西南少数民族传统村落档案资源主要来自政府住建部门的传统村落名录申报档案，档案部门为已列入传统村落名录的民族村寨建立的村落档案，加上知识精英、事业单位、民间团体等建立的"一村一档"（多为普查档案）。总体而言数量偏少，与西南少数民族地区庞大的传统村落文化体量不匹配，亟待各建档主体的建档成果不断汇入，以扩大资源池的数据基础。从类型来看，现有类型主要是纸质档案、实物档案、照片档案、图片档案，类型不够丰富，今后应着力加大口述档案、影像档案、3D建模、360度全景航拍图像等档案类型的建设力度，以多种载体、多维视角，立体全面地记录和展现传统村落风貌。另外，对之前的纸质档案、老照片、实物档案、模拟信号音像档案等要进行数字化转换，便于资源整合共享。

---

① 王萍：《传统村落档案管理体系建构研究》，《档案学研究》2020年第1期。

第三章　西南少数民族传统村落档案管理体系的建构

（二）档案资源的内容构成

西南少数民族传统村落档案资源应主要由以下几部分构成。

第一，西南少数民族传统村落物质文化遗产档案，包括传统村落选址与格局、村域环境、历史环境、传统建筑等。

第二，西南少数民族传统村落非物质文化遗产档案，主要包括民间文学、传统体育、游艺与杂技、传统音乐、传统美术、传统舞蹈、传统技艺、传统戏剧、传统医药、曲艺、民俗。

第三，西南少数民族传统村落文献类档案，包括历史文献、当代文献。

第四，西南少数民族传统村落管理与保护类档案，包括村级档案、传统村落在普查申报、立项、后期维护等过程中形成的系列档案。

从已建成的西南少数民族传统村落档案资源构成来看，相对而言传统村落物质文化遗产档案在数量、种类、资源质量上有一定优势，而传统村落非物质文化遗产档案在整个传统村落档案资源体系中数量偏少、种类单一，重要性被严重忽视，应该成为今后传统村落档案资源建设的重中之重。特别是就保护文化多样性和凸显民族特色而言，西南民族村寨中与传统医药、民间文学、传统音乐、传统舞蹈、传统技艺有关的档案材料应纳入优先建设的范围。由于西南少数民族地处边陲且部分传统村寨无文字传承，故无论是在正史还是村寨自身的记史系统中，与传统村寨相关的文献档案材料都非常缺乏，今后需要进一步加大搜寻力度，将零星散落于图书馆、档案馆、博物馆或民间收藏者手中的文献档案材料通过征集、购买或制作数字化副本等方式获取，以便于提供更真实可信的文字佐证或与口述档案相互印证、反证或补充。传统村落管理与保护类档案目前正处于持续生成中，在传统村落档案体系中，该类档案最具动态性、生长性，持续记录传统村落发展演变且因生成主体多元而散落多处，需要制定专门的档案移交标准规范与制度，并督促其及时移交，以保证该类档案连续有序地汇入传统村落档案体系中。例如，传统村落中大量开展的各类工程项目，在项目立项、部门审批、施工、用材用料、竣工等环节会分别形成文字材料、竣工图、声像等项目资料,应该由城建档案部门列出项目材料归档目录,分发给实施部门、单位,由专人负责资料收集、整理、保管,定期移交档案主管部门永久保存。

(三)档案资源的时间分布

西南少数民族传统村落档案资源在时间维度上主要分为历史上形成的原生档案与当下在传统村落抢救和管理活动中正陆续形成的衍生档案。两类档案应在时间上前后相继,在时间链上构建传统村落时光走廊,连续记录传统村落的演化轨迹。例如,目前通过三维建模和虚拟仿真系统可构建传统村落模型,模型拥有图层切换功能,传统村落历史图景、当下图景和未来规划图景可叠加,通过打开不同时期的图层,过去、现在与未来场景可接续显示,但该功能实现的前提是有历史照片、图片、测绘图等支撑材料。目前已形成的传统村落档案资源以衍生档案为主,今后应大力加强对原生档案的征集力度。

(四)档案资源的空间分布

西南少数民族传统村落档案资源在空间维度上主要分为线上和线下。线上的传统村落档案资源主要包括两类:一类是各建档主体在建设的数字化平台上(主要包括网站、数据库、微博、微信公众号、手机 App)发布的数字资源;另一类是网络上有关少数民族传统村落的新闻报道、资讯,游客撰写的传统村落游记、发表的村落照片等,通过网络归档,都可将其纳入传统村落档案资源体系。线下的传统村落档案资源主要散布在各建档主体资源系统内,有关情况详见表3-1。

表3-1　　　　　　　传统村落档案资源线下分布情况

	单位性质	档案资源内容
政府部门	住建	名录制普查档案 村落发展规划及后期保护开发系列文档
	环保、财政	村落环境整治类、财务类文档
	国土资源	遥感、测绘等形成村落全景照片、图片等档案材料
	文物	对村落内有文物属性的物质文化遗产建立的普查档案及后续保护形成的文档

续表

单位性质		档案资源内容
政府部门	文化	对村落内非物质文化遗产建立的普查档案、传承人档案及非遗保护类档案
	农业	村落农业生产类相关档案材料
	民委、宗教	村落民族文化类相关档案材料 村落宗教类相关档案材料
	档案局	范例式传统村落建档形成的档案材料
文化事业机构	图书馆	馆藏村落文化有关联的图书资料及部分村落非物质文化遗产资料
	档案馆（室）	县级档案馆馆藏地方志、村史等村落文化材料及部分村落非物质文化遗产资料 乡镇或村级档案室室藏村级档案
	博物馆	馆藏部分村落实物档案
学术团队		在学术研究中通过田野调查收集、累积的村落档案材料 范例式传统村落建档形成的档案材料
商业机构		旅游开发公司：为旅游开发等商业目的收集、整理的部分村落档案材料
		文化创意公司：为开发村落文化创意产品收集、整理、提炼的部分村落档案材料
		建筑装潢公司：在村落建筑测绘、修缮、装饰中形成的反映建筑沿革变化的过程材料
社会公益组织		以文化抢救为目的扶持村民建立的文化档案
村民		存藏的家谱、地图等传统村落原生档案，独立完成的传统村落文化档案
新闻媒体		以传统村落为对象报道、拍摄、摄制的新闻稿、照片、影视作品等

目前西南少数民族传统村落档案资源的空间分布以线下零散式分布为主，需采用物理或逻辑集中的方式汇聚整合。线上的西南少数民族传统村落档案资源现状：各建档主体发布共享的数字资源数量偏少，网络上已有的传统村落历史文化资源成为住建部门在准备传统村落名录申报书时重要的信息源。例如，笔者在四川省阿坝州理县住建局调研时获悉，该局在准备44个少数民族传统村落申报过程中，曾通过百度等搜索引擎访问调用了不少关于上述民族村落村情的网络资

源。这些民间生成的资源数量不少且视角独特，完全可以作为传统村落档案全宗构成的有益补充，但同时也存在良莠不齐、真伪混杂的情况，故今后要加大对网络空间碎片化存在且留存时间有限的零散传统村落信息的甄别和归档方式研究。

二 西南少数民族传统村落档案利用体系

西南少数民族传统村落档案资源目前正处于持续累积中。从长远来看，对传统村落档案资源的利用必将从目前的单点、单向、单维度利用拓展为多点、多向、多维度利用，利用的范围、方式、效果都将有较大程度的突破。为达到上述目标，对西南少数民族传统村落档案利用体系的建构，应着重从全面覆盖现有档案利用类型和多维拓展利用形式入手。

（一）档案利用的类型

1. 实际利用

西南少数民族传统村落档案的实际利用主要应围绕以下几个方面展开。一是服务于传统村落保护和管理主体履职的需要。例如，住建部门在申报各级传统村落名录时，如果能通过查阅传统村落档案，对传统村落的历史、现状、特色、文化价值和濒危情况等有全面系统的了解和掌握，将有利于丰富申报材料的内容，提高申报书的质量从而提高申报成功率。除此之外，传统村落档案可在设计传统村落保护和发展规划时提供资料支撑，为村落建筑、公共景观等的后期维护修缮提供蓝本。二是服务于传统村落旅游开发和文化创意产业发展等经济活动。三是服务于村民的实际需要。例如，传统村落档案里的家谱、族谱可满足村民的寻根需求；传统村落档案里的村级管理档案则可为村民提供土地林地确权、医保社保凭证等，满足生活需求。

2. 学术利用

目前历史研究领域的一个热门话题是基层乡村史研究，该领域研究之所以能兴盛，很大程度上取决于近期对农村历史档案特别是集体经济时期村级档案史料的发现。随着传统村落档案资源体系的不断建设和完善，传统村落不同发展时期的档案史料将逐一得以收集辑录，为乡村史研究提供珍贵的第一手材料。除史学研究外，由于西南少数民族传统村落档案主要记录原住民聚族而居的生活形态和生活情境，其珍贵的原生态、文化的多元性、突出的民族性、地域的代表性可为社会学、文化学、人类学、民族学、艺术学等学科研究提供丰富的素材和证据。另外，随着乡村振兴作为国家战略正式提出，要寻找乡村生态文明建设、城乡融合发展、乡村治理等领域的破题之道，历史上乡村基层治理的经验和教训都将为当下实践提供借鉴，这也是政治学领域需要对传统村落档案重点关注的原因。

3. 普遍利用

西南少数民族传统村落档案能够提供的普遍利用主要围绕以下两方面展开。对普通公众而言，传统村落档案里对村落地理景观、自然风光、人文风情等的记录和描绘可帮助公众深入了解和体会传统村落的真善美。对大多数公众而言，也许暂时只能"身不能至而心向往之"，但乡愁总算有了寄托和依归。对准备亲身领略村落魅力的游客而言，通过对传统村落档案的了解，可更加精准地确定旅游方向，对目的地的深度了解可帮助游客在传统村落游中发现和收获更深入的文化体验，丰富人生阅历，体悟人与自然的和谐之道。对村寨原住民而言，传统村落档案所记录的就是他们生长于斯的生态环境、文化环境，通过传统村落建档辑录、勾勒出的村落演变发展轨迹、民间生存智慧、灿烂的人文、纷呈的民族风情等，对呼唤原住民的文化觉醒、提振文化尊严、增强村落的向心力和凝聚力功不可没。

(二) 档案利用的形式

要发挥西南少数民族传统村落档案的最大效用，可主要聚焦于以下六个方面。

1. 当前利用与长远利用

当前利用主要指传统村落档案服务于当下的传统村落研究和管理、保护活动，如乡村研究学术课题、撰写申报书、编制村落发展规划、修缮村落建筑、完善公共设施等，其利用效果短期即可显现；长远利用主要指传统村落档案持久服务于乡村治理、文化振兴、生态文明建设等国家重大战略。长远利用的效果短期内难以立刻显现，需要有"吹尽黄沙始见金"的耐心。可以说对西南少数民族传统村落档案的当前利用重在留住村落本身,而长远利用则重在留住村落的精神。只有形神合一,少数民族传统村落才能持续根繁叶茂,永葆生机和活力。

2. 在地利用与脱域利用

在地利用指传统村落档案不脱离其生发环境和文化空间,就地建设,就地利用。例如,传统村落档案中的村级档案(主要是村务管理类档案)保存在村档案室或村委会;村民自治下形成的村落档案材料可以做到人手一份,藏于每村每户。学者乌丙安认为:"文化空间是民族活动和民族文化的集中体现,它将民族活动和民族文化的特征要素汇集在一个特定区域内,并在一个特定时间或时间段进行有规律的展示和表达。"① 由此观之,传统村落的日常场所和各类表演空间、观赏空间、参与空间即是传统村落档案所记录文化事象之地,依托上述空间建设的乡村记忆馆、村史馆等记忆场所可实现在地展演传统村落档案元素。脱域利用指将传统村落档案抽离其原生环境,异地利用。例如,村级档案采取村建乡管,集中保存在乡档案室或乡政府;其他传统村落档案一般保存于各建档主体业务系统或档案馆。如前文所述,传统村落档案最大和最终的利用主体和服务对象应该是村落原住民,故传统村落档案特别是村级档案和一些珍贵的实物档案和文献档案应尽可能坚持在地利用,方便解决村民实际问题和营造文化氛围。当然为了扩大传统村落档案的影响范围,也可采用制作数字化副本的方式,达到传统村落档案信息的脱域利用。在地利用和脱域利用相结合,互为补充,同时满足局域利用和广域利用。

3. 线下利用与线上利用

包括档案借阅、档案展览、档案编研出版等形式的线下利用是档案利用的传统形式。随着互联网+时代的来临,特别是移动互联技术、数字技术、大数据技术等为传统村落档案的线上利用提供了极大

---

① 乌丙安:《孟姜女传说口头遗产及其文化空间——国家级非物质文化遗产孟姜女传说评述》,《民俗研究》2009年第3期。

的想象空间和落地的可能性。线上利用不受时空限制，传统村落档案信息（以后极有可能精细化到数据）在线上的无缝对接、快速流动、依需要切割或聚合的自由使利用的便利性和信息利用的红利大大提升。除此之外，线上展示的一些先进技术，如AR、VR、360度全景漫游等可极大提升传统村落档案元素展示效果，给人身临其境的逼真感和代入感，体验效果的增强也有助于提升传统村落自然景观的魅力和人文风情的吸引力。故而在传统村落档案利用体系中，应线下、线上相结合，以线上利用为主、线下利用补充应是今后的利用方向。

4.接受式利用与参与式利用

接受式利用是传统的档案利用方式，指档案部门在政策允许范围内开放档案资源，用户利用开放档案资源满足多种需要。这一利用方式下档案信息单向流动，用户很少有途径反向输入与档案资源利用相关的评价、意见以及向档案部门资源体系补充民间资源。参与式利用正好相反，它强调资源的双向流动。用户在利用过程中反向向档案部门输入资源增益部分，对档案部门档案资源体系的丰富、完善及档案服务方式的优化做出独有的贡献。在西南少数民族传统村落档案资源利用中，接受式利用是较长一段时间内主要仰仗的利用方式，但对参与式利用的鼓励、支持有着尤其重要和特殊的意义。由于少数民族传统村落档案资源长期散存于民间且对已有档案资源的正确理解和阐释还涉及语言障碍和少数民族文化语境问题，故假以提供充分的参与路径，利用者补充的相关资源、对基于少数民族文化背景形成的档案材料的翻译、注释、延展性知识补充等必将进一步丰富传统村落档案资源体系，为后续利用者提供更加翔实、有深度的背景信息以便于其利用，在持续利用过程中还将陆续有类似民间智慧补充进来，形成良性循环。此类群体智慧式档案资源建设和利用方式在国外已有成功先例和经验，也非常值得在西南少数民族传统村落档案资源利用中大大提倡和推广。

5.单点式利用和关联式利用

在少数民族传统村落档案资源建设的初级阶段，不同载体、不同类型、不同形成主体的档案资源尚未充分关联起来，对传统村落档案资源的利用只能是单点式利用。随着传统村落档案资源体系的建构和不断完善，日益汇聚的档案信息资源得以充分整合，精细到数据级的信息处理技术能在传统村落物质文化与非物质文化档案之间、村落文化遗产档案与文化空间之间建立广泛且有深度的联系。档案的意义之网一经结成，孤证材料将得到关联材料的佐证和支撑从而具有意义；循着一条档案线索纵横延伸，相近档案和关联档案的发现和再发现将使档案的延展性利用得以实现；四方联结、八方响应的利用机制将为档案资源的深度利用、关联式利用提供切实保障。

6. 信息级利用和数据级利用

信息级利用是传统的档案利用方式，它以文件、卷内条目为最小利用单元，主要结合文件组合或卷内条目组合等提供利用信息。当下随着数据技术的不断发展，信息利用的颗粒度不断细化，信息被越来越细地分解为数据。数据级利用通过更小的颗粒和更多的关联可能使信息利用的深度得以提高。例如，对传统村落图片、视频等档案资料的信息级利用，通常的利用方式是调阅查看，获知图片和视频里记录的影像信息，亦只是平面的、直观展示的信息；而人工智能或机器学习等数据分析技术，可通过分解并捕获图片、视频里的单位要素，如人物、场景、背景道具、音乐等，将其与历史上已形成的其他文档、其他类别或其他卷内的相关档案信息联系起来，以发现图片、影像资料背后的历史线索或与图片、影像资料所载人物、事实相关的其他应用场景，从而构建传统村落知识图谱、文化地图。从这个意义上来说，也可以将信息级利用与单点式利用、数据级利用与关联式利用联系起来，前者为利用方式，后者为利用效果。

三 西南少数民族传统村落档案管理保障体系

西南少数民族传统村落档案管理要规范、有序、高效开展，需要从政策、组织机制、激励机制、合理的利益分享机制、标准规范等方面予以保障。

（一）政策层面

就推动传统村落建档及管理的政策而言，如前文所述，统领全国的相关政策性文件数量稀少且集中于住建系统。在地方层面，由于西南地区特别是西南少数民族地区传统村落资源丰富且是潜在的经济增长点，故地方性少数民族传统村落保护政策文件（含建档及管理内容的）总量甚至大于其他地区。尽管如此，关于传统村落档案管理工作的要求仅散见于各相关文件且过度集中于普查建档等基础性前端环节，对整体的系统的传统村落档案管理工作指导作用不大。西南地区专门针对传统村落档案管理工作制定和实施的政策性文件也远远不能满足实际需要且地区分布极不均衡。有鉴于此，在政策层面需要从以下方面加大制定及执行力度。

第一，从无到有。西南少数民族地区除贵州省外，至今未见地方层面出台专门针对传统村落档案管理工作的政策性文件。西藏自治区由于传统村落数量较少，传统村落档案管理工作量小面窄，没有制定专门的传统村落档案管理政策尚可理解，但西南一些省份，如云南省、四川省等传统村落数量不少，相应的传统村落建档及管理工作量大面广，缺少传统村落档案管理政策性文件的统筹协调与指导，工作规范性和科学性可想而知。故此，切实开展调研考察，摸清本地区传统村落档案工作现状，借鉴已有的成功经验，制定专门针对传统村落档案管理工作的政策应是重中之重。

第二，从片面到全面。从已有的政策性文件来看，其仍偏重对档案管理的一般工作环节，如收集、整理、鉴定、统计、编目等作出规定。对传统村落建档相关单位的协同配合问题，有的文本根本未提及，有的文本仅蜻蜓点水式地笼统要求各相关单位配合且以宣示性内容为主，主要强调政策导向，可操作性欠缺。这是政策层面亟待补充的短板。因为就目前的体制来看，如果无政策的刚性规定和行政力的强制推动，协同共享很可能只是美好的憧憬和想象。因此，应在指导传统村落档案管理工作的政策性文件中强调共建共享的必要性，明确建档相关单位的责权利，具体而充分地对协同共享的组织机制、协调机制、利益保障机制、激励与惩戒机制等在政策层面予以明确并以行政执行力保障其坐实。

第三，适度提高政策性文件制发规格。与第二点相联系，为了保障政策性文件的推动力和执行力，建议该类文件由档案部门起草，会商相关建档主体，以传统村落工作领导小组之类的综合性议事协调机构的名义正式下发，这并非刻意抬高文件规格，而是借发文机构的行政驱动力和统筹协调力更好地推动政策落地，取得实效。

（二）组织机制

关于传统村落档案管理体系的组织机制问题，前文已谈及顶层设计及科学合理分工协作的构想，这里将以图示形式将该设想直观呈现（见图3-2）。

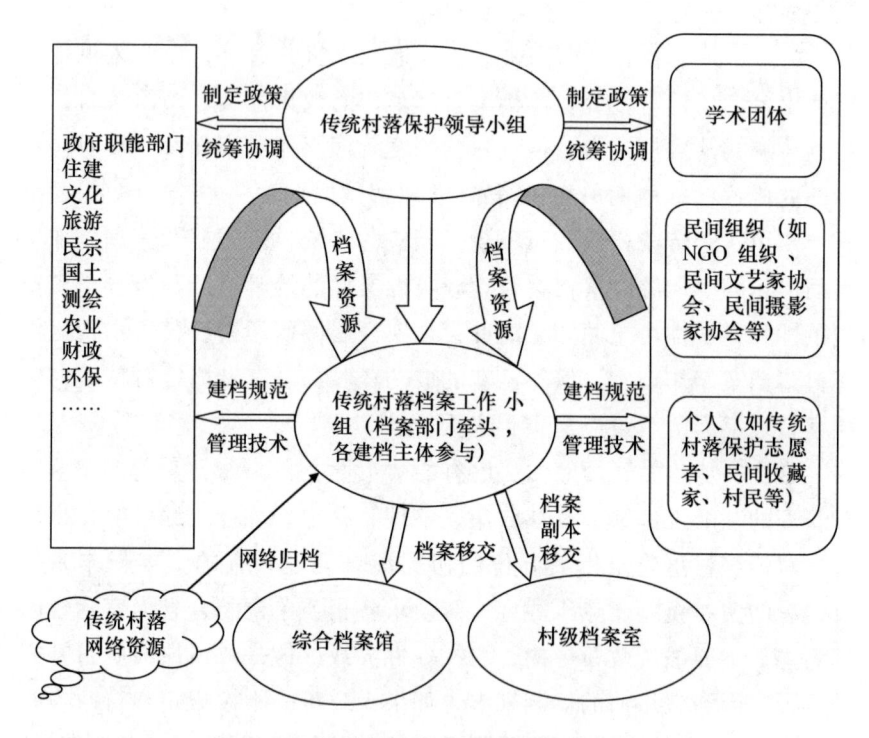

图3-2 传统村落档案管理体系组织机制

（三）激励和利益分享机制

客观来讲，本书构建的西南少数民族传统村落档案管理体系诸成员单位中，只有档案部门对传统村落档案管理工作的责任感最强，因为守护村落记忆是档案部门义不容辞的使命。对其他成员单位而言，传统村落档案的记录性固然重要，但其服务于现实工作的工具性和服务于行政职能活动的现实效用性更被看重。例如，对学术团体而言，他们通过田野调查或访谈建构的传统村落档案更多的是作为学术研究的史料和素材，论文完成或科研项目结题后，要求他们付出如此多的时间和精力保障该类档案的长治久安和在社会范围内共享的确强人所难。行政系统内的相关职能部门尚可用行政命令驱动，涉及学术团体、社会组织、商业机构甚至村民个人等不同利益主体，建档、管档、护档的内驱力只能源于科学合理的激励机制和利益分享机制。

其一，要通过政策宣讲在认识层面达成共识。任一建档主体都无法独自完成传统村落建档任务，而传统村落档案又对其自身活动非常重要，故选择交换资源以获取收益是单一建档主体最具性价比的行为方式。

其二，在设计激励和利益分享机制时，可分系统区别对待。例如，对住建、文广新、档案局等政府职能部门，应强调行政系统内的相互支持和协作；学术机构和一些事业单位亦承担一定的社会责任和公共服务。他们与行政部门一样，开展传统村落研究及保护工作都需使用公共资源，那么建档成果的全社会范围共享即是题中应有之义。学者个人，如历史学家开展口述访谈，需要村民即受访对象配合，访谈文本是与村民共同形成的，访谈记录的副本应该留予村民或留存到村级档案室（如不涉及访谈对象个人隐私），成为传统村落档案的一部分。此即历史学家与村民和村落的利益分享。又如，主要从事传统村落旅游开发和文化创意产业的商业机构，对他们而言，丰富的传统村落文化资源是其商业活动至关重要的创意基础，而传统村落文化资源因海量和散存又是商业机构凭一己之力无法充分获取的。因而，通过协议或其他合作方式，商业机构通过获取体系中其他建档主体的档案文化资源而获益，作为回报，也应将其通过各种渠道独立收集的传统村落档案资源以及在传统村落商业开发过程中陆续形成的反映传统村落经济活动的文档材料及时收集整理，可能的话应将一部分不涉及商业秘密和知识产权的副本移送档案机构或汇入传统村落数据库，维护档案系统的完整性和持续性。对新闻媒体而言，住建、国土部门的航拍、全景360度拍摄的村落风貌会使以村落为拍摄对象的纪录片风景更壮美，文化部门的村落非遗档案将增强表现村落精神风貌镜头的纵深感，而新闻媒体拍摄的纪录片或风光片成片可纳入档案馆馆藏，媒体亦可为其他建档主体主推的传统村落保护活动提供宣传阵地等。

以上仅是对部分建档主体资源共建共享可能性和必要性的一般阐释，设想尚需落地，互利共赢的激励和利益分配机制尚需谨慎设计。一些关键问题，如各建档主体的贡献大小如何量化？如何进行利益分配？如何在协同建设共享中充分尊重和保护知识产权与个人隐私或商业秘密？这些问题的答案将在实践过程中逐一寻求。不过在建档主体的传统村落文化抢救和保护的大目标一致的前提下，主体间的利益博弈应该在可控范围内。

（四）标准规范

标准是"为了在一定范围内获得最佳秩序，经协商一致制定并由公认机构批准，共同使用和重复使用的一种规范性文件"。[1] 对分散建档、成果共享的传统村落档案管理体系而言，制定传统村落档案管理系列标准，规范从建档、管理到利用的各环节，力保传统村落档案资源从标识、描述、存储、分类、著录、管理、交换到检索利用每个环节都既统一规范又有章可循，最终形成规范化建档成果，对体系建立至关重要，也是促使传统村落建档深入发展的首要保障及最终实现数据共享的前提条件。

从传统村落档案现有工作流程和档案管理规范要求来综合考量，要构建传统村落档案工作流程的标准体系，需要制定面向传统村落档案工作对象—档案的基础标准、分类编码、核心元数据；传统村落档案管理工作要规范高效开展，需要对各业务流程予以规范，制定业务标准，如档案数据采集、加工、存储的项目方案、实施规范、技术规范、具体规则等。鉴于目前无论是国家级还是地方级的传统村落保护文件，仅有关于数据采集的电子文档、图片、录音录像文件的大小、格式等方面的基本规定且标准各异，当下应先行制定数据采集的统一

---

[1] GB/T 20000.1-2002，标准化工作指南第一部分：标准化和相关活动的通用词汇。

规范标准,尽量采标数据格式的国际通用标准。数据处理方面的标准规范也应尽快抓紧建设,特别是村落档案数字资源核心元数据集、档案资源分类编码、数据库建设标准应优先制定。除此之外,技术规程、精度要求、质量控制等更高层面的传统村落文化数字资源建设标准体系也应尽早纳入议事日程。①

笔者在设计本标准方案时,主要参考了武汉大学周耀林老师等对非遗资源长期保存标准的研究成果,② 如表3-2所示。

1. 一般数据标准

表3-2　　　　　　传统村落档案一般数据标准

需制定的标准		可参考标准
传统村落档案信息收集阶段	1.《传统村落档案数据采集技术标准》 2.《传统村落数据网络传输技术标准》 3.《传统村落档案数字资源格式标准》	1. GB/T 18894—2016《电子文件归档与电子档案管理规范》 2. DA/T 59—2017《口述史料采集与管理规范》 3. DA/T 50—2014《数码照片归档与管理规范》 4. CADAL10110—2012《音频数据加工标准与操作规范》 5. DA/T 38—2008《电子文件归档光盘技术要求和应用规范》
传统村落档案信息组织阶段	1.《传统村落档案分类编码》 2.《传统村落档案著录规则》 3.《传统村落档案文本数据加工标准》 4.《传统村落档案图像数据加工标准》 5.《传统村落档案音频数据加工标准》 6.《传统村落档案视频数据加工标准》 7.《传统村落目录数据库数据规则》	1. GB/T7027—2002《信息分类和编码的基本原则和方法》 2. GB/T 15418—2009《档案分类标引规则》 3. DA/T 18—1999《档案著录规则》 4.《关于文本的图像数据数字化转换的技术规范》(美国) 5. 国家图书馆《数字资源(文本、音频、视频)加工标准与工作规范》 6. 科技部CDLS项目《数字资源加工标准与操作指南》 7. DA/T 31—2017《纸质档案数字化规范》 8. DA/T 62—2017《录音录像档案数字化规范》 9. DB11／T 765.4—2010《档案数字化规范 第4部分:照片档案数字化加工》

---

① 王萍:《传统村落文化数字资源建设研究》,《图书馆建设》2018年第7期。
② 周耀林、李丛林:《我国非物质文化遗产资源长期保存标准体系建设》,《信息资源管理学报》2016年第1期。

续表

需制定的标准		可参考标准
传统村落档案信息管理阶段	1.《传统村落档案资源长期保存流转技术标准》 2.《传统村落档案数据存储安全规范》 3.《传统村落档案资源长期保存格式标准》 4.《传统村落档案资源长期保存载体选择标准》	1. GB/T 11821—2002《照片档案管理规范》 2. DA/T 47—2009《版式电子文件长期保存格式需求》 3. DA/T48—2009《基于 XML 的电子文件封装规范》 4. DA/T 15—1995《磁性载体档案管理与保护规范》 5. DA/T 35—2017《档案虫霉防治一般规则》 6. DA/T 64. 1—2017《纸质档案抢救与修复规范》

2. 元数据标准

元数据是定义和描述其他数据的数据。元数据能描述传统村落档案资源或档案数据自身所特有的属性，在传统村落数字档案资源的建库和检索利用中，元数据是一种标准，也是管理和利用的工具，元数据还能支持系统对传统村落档案资源的管理和维护。因此，在传统村落档案资源建设和管理利用中，对元数据标准的建设非常重要，如表3-3所示。

表3-3 传统村落档案元数据标准

需制定的标准	可参考标准
1.《传统村落数字档案核心元数据集》 2.《传统村落档案资源描述元数据标准》 3.《传统村落档案资源管理元数据标准》 4.《传统村落档案数据库元数据标准》 5.《传统村落档案资源长期保存元数据标准》 6.《传统村落档案资源著录规则》	1. GB/T26816—2011《信息资源核心元数据》 2. GB/T25100—2010《信息与文献都柏林核心元数据元素集》（ISO15836：2009，MOD） 3. DA/T46—2009《文书类电子文件元数据方案》 4.《信息与文献文件管理处置文化元数据第1部分：原则》（ISO 23081—1：2006） 5.《保存存取利用/元数据》（Z39. 50） 6. GB/T 26163. 1—2010《信息与文献——文件管理——文件元数据第1部分：原则》 7. 中华人民共和国文化行业标准《视频资源元数据规范》（WH/T 63—2014） 8. 中华人民共和国档案行业标准《照片类电子档案元数据方案》（DA/T 54—2014） 9.《录音录像类电子档案元数据方案》（DA/T 63—2017） 10.《音频资源元数据规范》（WH/T 62—2014）

3. 系统标准

为保证传统村落档案资源在系统内长期保存以及在各数据库或管理系统间无缝衔接，需要制定传统村落档案资源长期保存系统标准和系统互操作标准，如表3-4所示。

表3-4　　　　　　　　传统村落档案系统

需制定的标准	可参考标准
1.《传统村落档案资源长期保存系统标准》 2.《系统互操作标准》	1. ISO/CD 13391《信息与文献—文件管理系统—需求》 2. GB/T29194—2012《电子文件管理系统通用功能需求》 3.《电子文件全程管理系统测评规范》 4. DA/T 56—2014《档案信息系统运行维护规范》 ……

（五）技术保障

建构西南少数民族传统村落档案管理体系的技术主要包括以下几大类：一是档案资源建设阶段的数据采集技术，主要包括原生数字化数据生成技术和对模拟技术形成的档案资源进行数字化转化的技术；二是档案资源组织阶段的数据整理技术，主要包括分类、著录、鉴定以及数据库技术；三是档案资源利用阶段的数据利用技术，主要包括档案数据传输技术、档案数据互访问技术以及档案数据共享技术。需要说明的是，如果以体系为单位开展传统村落档案工作，则技术运用时一定要强调所选用技术的普适性和均衡性。如果建档主体各自选用的技术在成本和先进性上差异过大，主体间资源共享将因为信息系统差异性过大互不兼容而很难实现。因此，应从全面、整体层面考虑建档及管理技术的选用。

第四章　西南少数民族传统村落档案资源建设

西南少数民族传统村落原生文化丰富多彩，独具地域和民族特色，对文化多样性具有十分重要的意义。少数民族传统村落档案管理体系的资源建设，既有丰富多样的资源基础的利好，又有资源建设面临的具体困难。传统村落档案资源建设几乎是历史上第一次在盘清农耕文明底子的基础上，对传统村落文化资源以建档的方式进行系统全面的发现和保护，也是建立整个档案管理体系信息基础的前期工作，其资源范围的确定即意味着对传统村落档案内容的确定，须对资源建设原则、资源范围及建设重点、建设渠道及方法作出科学合理的前期规划和安排。

第一节　资源建设原则

传统村落档案不像机关文书档案、企业档案等具有规范化的收集流程、归档范围和利用标准，它们受村落客体分布零散的影响，构成极其复杂。在资源建设时应该坚持以下原则。

一　价值认知需要重塑

随着档案多元论的广泛讨论，不少学者提出，对历史上长期处于正统档案工作领域边缘或之外的区域，如社会边缘群体、少数族裔社区，传统的档案概念和价值观需要重新被审视。例如，Francis X. Blouin 认为要在更广泛的档案范畴内建构记忆，所以档案的概念需要获得拓展，非传统档案形式需纳入其中,如社区档案、文化档案和口述历史档案等。① 吉林大学档案学者王萍认为,要"从文化和身份认同多角度认识档案证据和记忆存在的多样性,考虑档案资源建设和档案服务需求多样化,满足多学科、多种民族文化和多种人群的多样化需求"。② 具体到传统村落:与档案机构所藏传统的行政机构全宗相比,围绕传统村落这一村民生产、生活主体,乡村文化承载体形成的档案系统,其来源、承载形式、价值甄别等都明显不同。若以传统档案工作领域内的"档案"概念来框限的话,一大批传统村落原生文化材料将因得不到正统的档案身份而无法纳入官方话语体系。作为新兴的档案门类,由于传统村落档案的官方史料明显不足,故散落于乡村社会的民间记忆、经验尤为重要,资料性大于档案性。"古村落中口耳相传的民谣、民间故事、技艺诀窍都称得上是原生口述档案。"③ 在少数民族传统村落档案资源建设中,这一问题显得异常重要。因为在无文字的少数民族村寨中,口述是记录传承历史几乎唯一的途径,而对口述资料的采集严重缺乏是当前已有少数民族传统村落建档成果的普遍短板。当然,目前口述史料在各档案机构入藏亦很少,部分原因在于对其作为档案的真实性无法确认。但正如前文所述,对档案及其真实性的认定,在新形势下的新样态档案工作中需要重新审视。例如,学者杨毅、张会超提出:"我们进入村寨调研,很多历史遗物被认定为档案,往往不是当事人第一个提出的,而是我们用档案学的原理提出来的。"④ 学者陈春声、陈树良亦认为,在是否更接近"事实真相"的意义上争论口述资料和本地人记述的学术价值是没有价值的。研究者的责任不在于指出传说中的事实的对与错,而是要通过对百姓的历史记忆的解读,了解

---

① Francis X. BIouin, "Archivists, Mediation, and Constructs of Social Memory", *Archival Issues*, Vol. 24, No. 2, 1999, pp. 100 – 112.

② 王萍:《基于文化认同视角的体制外档案资源建设思考》,《档案学通讯》2013 年第 1 期。

③ 徐欣云、刘迪:《古村落档案的"泛化"现象及"泛化"收集研究——以江西古村落为例》,《档案学通讯》2017 年第 6 期。

④ 杨毅、张会超:《民族档案在田野中生成的实践探索》,《思想战线》2013 年第 5 期。

这些记忆所反映的现实社会关系是如何在很长的历史过程中积淀和形成的。正是在这个意义上，口述资料和本地人的记述，可能更深刻地反映了乡村历史事实的内在脉络。①

"除口述资料外，其他长期不入正史'法眼'的民间史料，在村落中长期流传的神话故事、民间传说、民谣小曲等，其记录村落史脉、文脉、人脉的档案价值可能都需要重新评估。从档案材料的类型来看，由于村落在官方档案中的长期缺位，民间的文献史料、口传史料、实物史料等'底层'档案材料就显得尤为重要。特别是当村史材料阙如，其历史源流需要逆推时，利用口述史料和政府档案可基本掌握村落结构要素和结构体系，在此基础上，结合族谱、碑刻、题记和方志，可追寻更久远的历史轨迹。家谱、传说、方志和正史等史料越丰富，逻辑推理将越接近历史真相。"②

二 建设主体需要多元

当下随着乡村振兴战略的提出，有志于乡村文化振兴的学者纷纷将学术研究的主战场开辟到广袤大地的乡村，特别是少数民族村寨由于"富饶的贫困"这一文化现象，吸引他们前往开展田野考察，在调研过程中也陆续发现并收集了不少原生档案材料。住建部门在建立传统村落申报档案的过程中，中国传统村落保护中心等学术团体在建立传统村落普查档案的过程中，文化部门在保护少数民族村寨非物质文化遗产过程中都对传统村落档案资源开展了相当程度的收集工作。一些商业机构在乡村旅游开发等商业活动中，为了增加乡村文化的底蕴，打造文化景点也会对乡村档案文化资源做一些梳理、收集工作。除此之外，也有学者认为，考虑到古村落档案私有权的问题，古村落档案的形成、收集权应还给文化的主人。③ 这被视为"藏档于民"的

---

① 陈春声、陈树良：《乡村故事与社区历史的建构——以东凤村陈氏为例兼论传统乡村社会的"历史记忆"》，《历史研究》2003年第5期。
② 王萍、卢林涛：《档案机构在传统村落档案工作中的角色再探》，《档案学研究》2018年第6期。
③ 徐欣云、刘迪：《古村落档案的"泛化"现象及"泛化"收集研究——以江西古村落为例》，《档案学通讯》2017年第6期。

一种新的收集思路。

应该说,少数民族传统村落档案资源建设的主体越多元,建设力量越壮大,散落的档案材料越能以相对规范的系统化形式得以有效存留,并为今后的资源共享打下坚实的信息基础。从长远来看,除进一步提升各建设主体的积极性以外,在社会上强力营造"乡愁"氛围,鼓励动员社会公众特别是少数民族传统村落的原住民陆续加入,形成全社会尊重、珍视和保护少数民族多元文化的行动才是终极目的。

三 建设范围需要拓展

对少数民族传统村落文化价值的整体性认知需要经历一个由浅入深的过程,在先于传统村落保护的非物质文化遗产保护历程中,这一过程清晰可见。例如,流传于云南撒尼族聚居区的阿诗玛在过去近60年的整理工作中,始终停留在对故事内容的资料收集上。随着非物质文化遗产保护运动的兴起,人们从新视角来看待它,意识到它是融合了撒尼族文化传统、民族气节、审美取向、精神面貌的传世佳作。石林县开始扩大收集资料的维度,记录它的彝文文本、口述资料以及传承人的资料都成为收集对象。[①] 的确,"档案收藏的深度和广度决定着回忆的结构和能力"。[②] 例如,石林县政府对阿诗玛传承人的资料收集内容不全面、不详细,尤其缺乏对传承人的影像和录音资料的采集。例如,传承人毕华玉的资料即使在所有阿诗玛传承人中是数量较多的,也只包括住址、家族史、个人经历等基本信息,对其演唱的阿诗玛没有故事内容、唱调歌谱的记录,对老人自己整理的彝文手抄本《美丽阿诗玛故事》未制作成影印本或电子图书进行保存,只有一份关于老人的影像资料,这唯一的 DV 短片记录的也不是阿诗玛演唱场景,而是毕摩仪式的过程。现存有关阿诗玛的影音资料花费

[①] 安学斌等:《云南国家级非物质文化遗产保护的理论与方法》,中国社会科学出版社2012年版,第148页。

[②] [加]欧文斯:《档案馆:记忆的中心和传承者》,李音译,《中国档案》2011年第4期。

气力最大的是2005年为申报国家级非物质文化遗产而拍摄的申报片，与那些用于记录传承人声音图像、作为存档之用的影像资料差别很大。没有因传承人演唱的是不同派别、不同腔调的阿诗玛而将他们的资料归类存档，缺少详细的资料归纳、分类，不仅不利于对阿诗玛不同版本的传承，也使进一步研究它的历史文化内涵、各种功能价值缺乏必要的信息资料。①

由此观之，对包括西南少数民族传统村落在内的各传统村落的档案材料收集应该采取全面、包容的态度，应收尽收。因为"从档案材料的广度来看，传统村落是一个自然环境与人类社会、物质文化与非物质文化有机结合的整体，具有历史、科学、社会、文化、审美等多方面价值，从而也决定了传统村落建档中应以系统性、完整性作为第一要义"。②历史遗存保护专家William J. Murtagh亦撰文指出，乡村档案包括乡村社区历史、环境、文化、经济等全方位数据，特别是在乡村环境中开放空间占主导成分下的建筑物、桥梁和灌木篱笆墙等乡村景观的数据。③学者徐欣云、刘迪提出，古村落档案应"泛化"收集，指收集主体多元化、内容扩大化、时间随时化等。④传统村落实际上想要具有全要素资源基础的发展能力，必须将村庄形态、空间布局、建筑风格、原住居民、传统风俗、生产方式、生活习惯、文化传说、语言口音等都纳入资源范畴，形成以传统村落地方文化资本为内核的全要素资源系统，为今后的村落大数据管理与挖掘应用奠定基础。⑤除了学界普遍认同传统村落档案范围的扩大化之外，具体从事传统村落档案工作的档案人员亦有类似的认知。例如，北京市档案局

---

① 安学斌等：《云南国家级非物质文化遗产保护的理论与方法》，中国社会科学出版社2012年版，第178页。
② 杨红：《传统村落建档中的资源分类问题》，《文化月刊》2015年第4页。
③ [美]威廉·J. 穆尔塔夫《时光永驻：美国遗产保护的历史和原理》，谢靖译，电子工业出版社2012年版，第36—40页。
④ 徐欣云、刘迪：《古村落档案的"泛化"现象及"泛化"收集研究——以江西古村落为例》，《档案学通讯》2017年第6期。
⑤ 张鸿雁、房冠辛：《传统村落"精准保护与开发一体化"模式创新研究——特色文化村落保护规划与建设成功案例解析》，《中国名城》2016年第1期。

安宏清撰文指出，传统村落档案从档案内容上看，主要包括三个方面：一是传统村落物质肌理信息，如村落布局、特色民居、街道走向、重点文物等档案；二是传统村落历史文化的信息，如历史传承、村规民约、民风民俗、非物质文化遗产等档案；三是传统村落在当今社会发展中的变化信息，如人口变迁、房屋改建、新农村建设等档案。①

综上，笔者认为，要形成对传统村落人文历史全资源的完整把握，实现传统村落档案内容在广度和深度上的全面拓展。就广度而言：一是指横向维度，对反映传统村落历史、文化、传统、民俗等各门类材料的全面收集，特别是对被长期忽视的与传统村落有对象性关联的文学作品、新闻报道等的收集；二是指纵向维度，除了为申报而采集形成的档案材料外，对反映村落历史的有岁月积淀的各类材料要拾遗补缺，以期斑驳而丰富地呈现村落动态的嬗变的历史进程。具体而言，它至少应该包括两大类。一类是历史上已经形成的档案史料，主要包括围绕村落形成的各类文献材料（包括官方和民间的）和实物类史料；以村落及村落物、人为对象拍摄的照片、视频，创作的纪录片、新闻报道等各类影像；以村落或村落文化为蓝本创作的各类不同体裁的文艺作品；村落管理部门在其职能活动中陆续形成的村务管理类文件（这类文件是上级传达和执行各项政策的工具，也是执政者采取的治理乡村基层社会的重要手段，涉及乡村治理、乡村教育和卫生工作等多个方面，反映国家对基层社会治理的努力和事实，同时也是传统乡村档案的主要内容）。另一类是通过查漏补缺，对村落环境、民俗活动等补拍、补摄、补记形成的记录材料以及未被文献、照片、影像资料记录的村落历史、文化、民间事象的口述史料的记录进行采集。档案不足而又需要贯通前后者，则可以用当时报纸文字或图片补之。②

---

① 安宏清：《传统村落档案管理工作初探》，《北京档案》2017 年第 5 期。
② 王萍、卢林涛：《档案机构在传统村落档案工作中的角色再探》，《档案学研究》2018 年第 6 期。

四　建设重点需要明确

由于西南少数民族传统村落面广量大，不同民族各村落文化遗存现状及濒危程度不尽相同。因此，在档案资源建设时应坚持重点优先，具体如下。

一是"少数中的少数民族"村落优先。我国少数族群受国家层面文化政策保护的力度不一。例如，在少数民族特色村寨评选中，从各民族所涉数量来看，以回族、土家族为首，超过100个。藏族、苗族、畲族、侗族也超过50个，数量仅为一个的民族特色村寨为布朗族、拉祜族、塔塔尔族。入选中国传统村落名录中的少数民族也以回族和土家族居多，均超过50个，其次是苗族、畲族。俄罗斯族、鄂伦春族、鄂温克族、哈萨克族、赫哲族、柯尔克孜族、拉祜族、傈僳族、毛南族都只有一个村落入选。① 在我国政府公布的三批国家级非物质文化遗产名录中，人口较少民族的非物质文化遗产项目数量亦很少。因此，我国一些少数族群，如苗族、侗族、傣族、壮族等入选传统村落名录的村寨数量较多，生存状态相对良好，可分步收集。而有的少数族群，无论是人口、入选传统村落名录的数量还是自存状态都处于劣势，是少数中的少数，对其的档案收集就要抢进度，集中力量优先收集。

二是濒危少数民族文化遗产优先。我国一些少数民族村寨的文化遗产，如散落乡野、栉风沐雨的石碑、崖画；因生活方式改变而不再进行的集体仪式；因传承人数量稀缺或年事已高而日渐陷入消亡困境的民间故事、歌谣、传统工艺、手工绝技等都需要与时间赛跑，赶在其消失之前留下或文字或图片或影像等方式的记录。

三是体现少数民族传统村落文化特色的优先。为避免"千村一面"，能体现民族村寨文化特色的档案材料需要给予特别的关注。例如，侗族大歌蜚声世界，在贵州省黔东南苗族侗族自治州分布广

---

① 李容芳：《变迁语境下的少数民族村落仪式民俗——以布依族"报笨"为例》，《民族论坛》2016年第12期。

泛的侗寨均有侗族大歌的传唱，其中从江县高增乡小黄侗寨被誉为"侗歌之乡"，村寨人人会唱侗族大歌，侗歌已成为小黄侗寨一张响当当的文化名片。因此对该村寨与侗歌有关联的档案材料就要尽最大努力收集齐全完整，不能仅局限于现有演出场景的录音录像和与传承人有关的一些文字材料。例如，侗族没有本民族文字，侗寨歌师会把先辈留传至今的侗族大歌[①]的歌词用汉字把侗语的发音记录下来，但如果不由歌师解说，光看纸面上的汉字无法知晓其在侗族文化语境中代表的真正意义，这是在为侗族大歌建档时尤其要注意的问题。只有深入探访侗寨的每一个角落，深入挖掘侗歌这一文化现象的每一个链节，才有可能为侗寨这一宝贵的不可再生的文化遗产打造出不再依赖个体存亡、可传世的完整档案文本，为其延绵不绝地提供文化基因，也为保留其他少数民族村寨特色文化现象打造可供借鉴和移植的档案范例。

第二节 资源建设范围

西南少数民族传统村落档案资源建设范围比较广泛，既包括对原生档案资源的收集，也包括对衍生档案资源的建构。从载体情况来看，有文献类、实物类、口述类、音像类、数据库类等；从涵盖内容来看，有物质文化遗产类的建筑、器物等，有非物质文化遗产类的民俗、仪式、民间工艺等以及介于两者之间的生产方式、宗教仪俗等。云南大学朱天梅博士将少数民族传统村落文化建档范围划分为三大类：实物类、俗仪类、文献类。实物类下细分为自然与人文景观类、生产生活实物类，俗仪类下细分为风俗习惯类、仪式活动类，文献类下细分为历史文献类、口述档案类（见表4-1）。

[①] 侗族大歌种类繁多，长短不一。通常在电视等媒体上出现的侗族大歌多是旋律简单、重复度高、长度短小精悍的"流行歌曲"式侗歌，如《蝉之声》等。真正的侗族大歌特别是侗族古歌，主要功能是用歌唱的形式记录传承侗族生存繁衍的古老历史，曲调雄浑、转音复杂，歌词信息量极大。

表 4-1　　　　　　　　传统村落文化建档范围一

实物类	自然与人文景观类	自然类	石屏、历史界石、古树、古木	山脉、水系、森林、地质、自然风景名胜	重要公共空间，如广场、市集等	
		人文景观类	见证家族历史的宗庙、祖宗像、祖宗轴、祖宗牌位	庙宇、祠堂、戏台、古桥、书院、鼓楼、古桥、古井、墓地、寨墙等公共遗产	油坊、造纸坊、染坊、银匠铺、打铁铺等作坊	村中各类民居、古道、店铺等生活类建筑
	生产生活实物类	生产工具	包括风车、水车、犁、耙、牲口套具、水磨、轱辘，以及渔具、猎具等			
		交通工具	畜力牵引的各类车、轿子、滑竿、船、皮筏子等			
		生活实物	乐器、服饰、对联、匾额、家庭居室物品等			
俗仪类	风俗习惯类		饮食民俗、婚丧嫁娶、生育习俗、集市、岁时节会等			
	仪式活动类		傣族的泼水节、彝族的火把节等			
文献类	历史文献类		被前人记载了的民族档案，包括方志、史籍、地契、分家契约与其他有人文价值的文书等			
	口述档案类		长辈口述历史、民族史诗、传说与神话、口头文学等			

资料来源：朱天梅：《论少数民族传统村落文化建档中档案收集工作》，《兰台世界》2017年第7期。

黑龙江大学任越教授亦将传统村落文化建档范围分为三级：器物类、习俗与仪式生活类、历史文献类。器物类下细分为自然环境与建筑规划类、民用器具类、生产工具类，习俗与仪式生活类细分为风俗习惯类、仪式活动类，历史文献类下细分为史实记述类、文学作品、口述史类（见表4-2）。

表 4-2　　　　　　　　传统村落文化建档范围二

器物类	自然环境与建筑规划类	自然环境	传统村落所在地域的自然地理、地貌、生态环境		
		建筑规划	中心建筑物如村民住房、祠堂、戏台、书院或书室、神祇或宗庙	景观式建筑物如池塘、风水树、塔、桥、牌坊、匾额、石碑	日常生活建筑物如水井、溪边、广场、街市
	民用器具类	装饰类民用器具	村民家中各种摆设饰物，如墙画、花瓶、摆件等		
		应用类民用器具	村民生活中使用的特色性工具，如烹饪工具、家具、床铺等		
	生产工具类		具有浓郁当地特色生产工具的样式、用途、历史背景、使用方式与制作工艺		
习俗与仪式活动类	风俗习惯类		村中使用特殊食材、烹饪方式、饮食习惯、村民生活与相互往来所遵循的古训和规则、传统手工艺的技法与传承人情况、传统音乐的曲调与乐谱、歌曲的词谱与歌词、舞蹈动作		
	仪式活动类		村落按例组织的大型群体性文化活动中各种规则、制度、约定、程序与礼仪的记录		
历史文献类	史实记述类		村志、村史与大事记等文献材料		
	文学作品		根据神话传说、历史故事改编而成的文学艺术形式，如歌谣、口头说唱文学等		
	口述史		村落年长者讲述村落历史事件与知名人物的口述史料		

资料来源：任越：《传统村落文化建档问题探究——以黑龙江省少数民族传统村落为例》，《档案学研究》2017 年第 2 期。

应该说，上述学者对传统村落文化建档范围的设计全面系统，在逻辑上也比较严谨，但不包括传统村落保护、管理类材料的建档。依本书对传统村落档案概念的界定，在设计传统村落建档方案时包括了传统村落保护、管理类材料，且更具可操作性，在建档范围划定时采用了更详尽的列举方式。为梳理方便，本书选取依载体对少数民族传统村落档案资源建设范围作出界定。需要说明的是，传统村落同一文化事象可能因所依附载体不同而在叙述时被分置多处，但并不影响在资源组织时将其纳入同一大类。

一 文献类

(一) 历史类文献

(1) 村志或村史；(2) 村民谱牒、民间契约、家书；(3) 乡规民约；(4) 民间歌谣、戏曲等的曲谱、唱词、唱本；(5) 村民日记、乡村文化人笔记、村落名人传记；(6) 建筑物题记、匾联；(7) 碑刻、崖画等的拓片；(8) 吟咏、描述村落风物的古代诗词、游记；(9) 地方性文史资料中与村落有对象性关联的部分；(10) 少数民族民间文化集成丛书中与村落民族民间文化相关联的部分等。

(二) 当代文献

(1) 村落研究学者的田野调查笔记、访谈文字记录；(2) 与村落相关的图书、宣传资料、研究论文、新闻报道等。

(三) 文件

(1) 当地住建、民宗等政府相关职能部门所存的关于传统村落的各类统计数据、报表；(2) 村级档案中保存的与村落相关的各级政府行政文件、规章制度以及记录村落历年生产、经营、管理情况的文件；(3) 传统村落保护工程实施、保护资金拨付等过程中形成的文件等。

二 实物类

农具、服饰、绣片、民间手工艺品、有年代的遗存等记录民居生活的实物。

三 图片类

(1) 历史舆图、手绘村落地图；(2) 村域环境分析图、传统村落选址与格局分析图、近期测绘地形图；(3) 传统建筑分布图、重要传统建筑测绘图；(4) 历史环境要素分布图、重要历史环境要素测绘图；(5) 村落发展规划图；(6) 民居建筑装饰图样、民间艺术（如剪纸、刺绣所用样图）；(7) 宗教、民俗、庆典等活动所用挂图等。

四 照片类

（1）历史上形成的老照片；（2）现村域环境照片；（3）传统村落选址与格局照片；（4）村落人居环境现状照片；（5）对村落物质文化、非物质文化遗存拍摄形成的照片；（6）拍摄村落日常生活场景的照片等。

五 录音录像类

（1）对口述史①的录音录像形成的文本；（2）拍摄村落民俗、宗教仪式、节庆、庆典活动等形成的录音录像；（3）以传统村落为对象拍摄的风光片、纪录片、故事片等。

六 数据库类

例如，住建部门对传统村落申报时要求形成的申报档案，文化部门对传统村落中的非物质文化遗产调查摸底所形成的非物质文化遗产档案，以及学者开展田野调查时采集的村落数据等，均汇入各自系统的数据库。

第三节 资源建设重点

鉴于西南少数民族传统村落文化急于在新时代来一次全面盘点和系统留存保护，在传统村落档案资源建设上，应力求全方位、多维度、多领域地反映传统村落的真实面貌。但必须承认，基于少数民族传统村落档案资源散落各处、解读困难及建设力量有限的客观事实，如果将全面建设作为长远目标，近期目标是对传统村落档案资源建设划清重点，优先考虑对少数民族传统村落文化来说至关重

---

① 广义的口述史包括神话传说、民间故事、民间说唱艺术、民歌民谣等，狭义的口述史是当事人亲身经历的回忆。本书所称"口述史"包括广义和狭义的口述史。参见丁华东《档案与社会记忆研究》，人民出版社2016年版，第121页。

要但又长期遭到忽视且因自存状态脆弱而需优先收集保存的档案材料。总体而言，主要指那些与正统档案形成和流传具有较大差异性，同时又具有档案属性的档案材料。因乡土社群是首属群体（primary group），在这一亲密社群中，"可以用来作象征体系的原料比较多。表情、动作在面对面的情境中有时比声音更容易传情达意。即使使用语言时，也总是密切配合于其他象征原料的"。① 文字在乡土社群中的有限地位，大大减少了文献在社群内部的产生机会。与文献的分量形成鲜明对比的是，"典礼、节日、信仰、迷信……这些东西在普通大众当中，尤其是在农民当中根深蒂固"。② 以上述思想为引导，结合西南少数民族传统村落文化的具体实际，笔者认为，在少数民族传统村落档案资源体系中具有优先建设权的应是下述五类。

一　口述档案

西方18—19世纪的大理论时期，"浪漫主义的民族主义""文化进化理论""太阳神话学说"等理论，分别把口头传统看作一个民族的"档案馆"，是民族精神的集中体现，是文化遗留物，它再现了人类的原始知识，乃至被看作远古的回声。③ 如前文所述，西南少数民族传统村落由于没有本民族文字或汉字识读和书写能力低下，其村落或家族的历史严重依赖记忆力超群的个别人心记口传。例如，在贵州省六枝特区梭戛苗寨，长角苗文化最主要的记录方式是由男子唱酒令歌。酒令歌内容多、歌词长且全用古语传唱，能识唱古语且记忆力强的本寨人极少，而且一般仅在重要场合如婚礼或葬礼时才唱。另外，长角苗由于没有文字，需要记忆超群的人来记家族每一代人的名字。还必须能分辨各种关系复杂的亲友，准确地知道他们相互之间的称谓。因为当这些亲友依次来为死者献饭时，

---

① 费孝通：《乡土中国生育制度》，北京大学出版社1998年版，第16页。
② ［法］莫里斯·哈布瓦赫：《论集体记忆》，毕然、郭金华译，上海人民出版社2002年版，第145—146页。
③ 朝戈金：《口头·无形·非物质遗产漫议》，《读书》2003年第10期。

第四章　西南少数民族传统村落档案资源建设

他必须要向死者说谁来了，但不能直呼来人的姓名，必须按照死者对来人的称谓来说。祭祖时要为每一位死去的老人献饭，必须称说这些老人的名字。① 上述情况在西南少数民族地区特别是地处偏远且封闭的民族村寨里比较常见。又如，在云南省红河地区的哈尼族村寨里，记录族群历史的"哈八"是哈尼族最古老的诗歌，由古哈尼语写成，除摩匹外的其他人既不会吟唱也听不懂，全靠摩匹凭借惊人的记忆力将记录哈尼族政治、经济、宗教、风俗礼仪、山地农耕、文学艺术、医药卫生情况的古歌烂熟于心，还要完成话语系统的转换才能用族人能接受的方式将其代际传递下去。② 目前，要摆脱上述少数民族村落历史断代甚至消亡的危境，通过口述实录形成档案将史脉予以固化留存是最具现实性和可操作性的技术手段，也是国际通行的文化抢救保护常用手段。

在《档案术语辞典》里，口述档案被定义为"是为研究利用而对个人进行有计划采访的结果，通常为录音或录音的逐字记录形式"。口述档案是档案系统在新的视听环境中对原来控制程度较弱的口述传统加以实时体制化的一个过程，使之得以文献化、档案化，进而获得可控制的结果。③ 这里的"可控制"可理解为将与村落历史文化有关的神话、传说、民间故事、宗教仪式等文化信息从脆弱、易变的人际传播语境中剥离出来，用档案化手段使其获得不依赖传承个体存亡的长久生命，这一点对西南地区无本民族文字的少数民族村落长久保持稳定的历史绵延异常重要。尤其值得强调的两点：第一，掌握历史密码的摩匹们大多年事已高且无人愿意继承衣钵，又无民族文献作为考证补缺的信源，对其的口述实录要与时间赛跑，形势急迫；第二，少数民族某些特殊的宗教信仰、文化习惯、话语体系会给口述档案的建构和解读带来较大的困难，但必须加以克服。

---

① 方李莉：《梭戛日记——一个女人类学家在苗寨的考察》，学苑出版社2010年版，第143页。
② 王清华：《梯田文化论哈尼族生态农业》，云南大学出版社1999年版，第345页。
③ 张锦：《电影作为档案》，知识产权出版社2011年版，第385页。

二 音乐档案

从人类社会的源头上讲，"音乐是最佳的记忆机制之一，它使文字社会之前的信息得以保留，其中不仅是史实，还保留了与史实共鸣的情感。这样诗、歌、舞就成为文化遗产的主要传承载体"。[①] 以歌、舞、民族乐器为表现形式的音乐在少数民族传统村落生活世界中的意义非同凡响，将音乐档案列入西南少数民族传统村落档案资源建设的重点是基于以下原因。

第一，我国大多数少数民族天生能歌善舞、酷爱音乐。对他们来说，音乐具有怡情养性、活跃身心的精神力量，如贵州省侗族聚居区就长期流传着"饭养身，歌养心"的民谣。

第二，对没有本民族文字的村落而言，音乐的重要性胜过一切，因为他们基本上是以歌唱替代文字来纪念先祖，歌咏流离迁徙的苦难史、从刀耕火种到开发地力的农耕史，音乐对留存族群记忆非常重要。例如，盘王大歌在广西瑶族传统村寨中广泛流传，它以史诗般的笔法记忆本族群的神话，总结和保存本族群的地方性知识和生存性智慧，呈现本族群真实的历史。[②] 流传在云南省红河地区传统村落的哈尼族《四季生产调》，涉及哈尼族日常生活中的打猎、农耕、丧葬、祭祀等，记录了春夏秋冬四季轮回更替中的打埂、培育谷种、撒秧、插秧、打谷子、入仓等劳动全过程，对人类梯田稻作文明的历史和科学价值研究具有重要的参考价值。[③]

第三，对自祖源一路迁徙流离，至今仍面临因生计外出打工而与本民族文化区"离散"的村寨原住民而言，音乐作为"离散"群体的一种思乡情感符号，相较其他文化符号拥有更为内在、无形的凝聚力，能够将处于异质文化中的同族在精神层面凝聚起来，为彼此提供

---

① [美]唐纳德·霍杰斯主编：《音乐心理学手册》，刘沛等译，湖南文艺出版社2006年版，第57—58页。
② 胡铁强、陈敬胜：《族群记忆与文化认同》，湘潭大学出版社2012年版，第63页。
③ 安学斌、曹志杰等：《云南国家级非物质文化遗产保护的理论与方法》，中国社会科学出版社2012年版，第239页。

情感慰藉以及缓解乡愁的工具性力量。例如，在上海打工的苗族青年吴某晚上收工回到宿舍会用手机听苗歌，会在"全民 K 歌"手机客户端上与其他认识或不认识的同族 K 歌或对苗歌。笔者在贵州省黔东南州黎平县调研时，该县文广新局非遗中心主任（他本人即是侗族人）告知，该地侗寨外出打工的村民自建了一个微信群，平时除了在群里交流用工、交友信息之外，村民还将其作为工余重要的娱乐平台使用。在群里开展的一项人气很旺的娱乐活动是侗族大歌连连唱。因为侗族大歌无伴奏多声部的歌曲结构特点，很方便参与者无伴奏清唱。大家各自认领不同声部的演唱任务后，用手机录音上传，所有人的唱段上传完毕后，由群里的编曲高手将各声部唱段融汇剪辑，最终形成"缺席的"现场版多声部侗歌合唱。① 通过侗族大歌这一具有族群特质的文化符号实现的"仪式"活动，不仅不断强化了故土记忆，而且使族群共同体意识不断增强。

第四，西南少数民族传统村落的不少重要民俗活动、民间节日，如贵州苗族一年一度最盛大的节日——芦笙节、苗族青年男女传情达意的"盘歌"、云南白族的剑川石宝山歌会等均以音乐为载体或表达方式展开。因此，对音乐档案的建构对丰富少数民族传统村落民俗、节日活动的内容与形式均能发挥重要作用。

三 服饰档案

服饰在西南少数民族地区除具备实用性、功能性和审美性外，还独具记录历史和象征价值，有时其记录性和艺术性超越实用性，成为大家关注服饰档案资源建设的重要原因。"艺术在没有文字的社区里，远不仅是一种审美或娱乐方式，它是文化的表达方式、表征体系，也是一种知识体系和教育体系。甚至是一种记忆历史和传承历史的手段，是一个地方文化符号的储存库。"② 西南少数民族的族群记忆承载

---

① 田宏园：《手机媒介与少数民族村落日常生活——基于黄毛坪村的田野调查》，硕士学位论文，华中师范大学，2016 年，第 27 页。
② 方李莉：《梭戛日记——一个女人类学家在苗寨的考察》，学苑出版社 2010 年版，第 36 页。

方式比较多元：拥有本民族文字或经济相对发达、受汉文化影响较深的村落有文字记忆；没有本民族文字或地处偏远、独立性较强、受汉文化影响相对较少的村落，则通过神话、传说、民间故事、宗教仪式等开展精神性记忆，另外亦依托建筑、服饰等建构实体性记忆。比如，主要世居于西南民族村寨的苗族，其服饰以深素色为底，衣面多配植物、动物或抽象的几何纹绣样，纹样色彩斑斓、造型粗犷豪放，不仅散发着浓烈的原始文化气息和图腾意识，也体现了苗族千百年崇尚自然、热爱自然、与大自然和谐相处的理念。此外，没有文字的苗族在苗寨建筑上、器物上几乎没有留下什么象征性符号，却用妇女的巧手将本民族颠沛流离的迁徙史绣在衣服上，随身记、随身带。例如，长角苗的服饰上直线形状的线条代表祖先迁徙时蹚过的河流，类似旗帜的图案代表与清兵打仗时长角苗方所用的战旗等，骏马飞渡、江河波涛的衣纹表现出苗族人民对历史、祖先、故土、战争、迁徙的回忆与缅怀之情，是一种深厚的符号积累，故被誉为"穿在身上的史诗"，蕴含着寻根、忆祖、怀乡等历史情结。①

四 宗教档案

我国西南少数民族传统村落一直有宗教信仰的传统，原住民对天地自然、神灵祖先以及自身民族历史无不充满敬畏。例如在西南地区，撒岁崇拜是侗族社会流传至今的原始母权和祖先崇拜的一种遗风。撒岁是侗族的女性先祖，她化身为树王以庇佑后人。侗族人在几千年的迁移中，只要择地定居，必先建状若杉木的鼓楼，在这位充满力量和仁慈的女祖先的神灵的呵护下，村民们或在鼓楼聚集，论议公共事务；或节日在鼓楼欢聚，款待远方来宾；或在鼓楼歇脚纳凉，学歌绣花。可以说从世俗到精神、从现世到远方、从公共到个人，一应事务均可在女祖先仁慈而温暖的怀抱中得以安放，产生伟大的民族向心力。又如，云南省红河地区哈尼族传统村落因树神崇拜而形成两处神圣空间——寨神林和磨秋场。这两个空间节点不

---

① 杨昌国：《中国少数民族服饰文化》，中央文献出版社2007年版，第166页。

仅界定了村寨的上下边界，而且在这两处（特别是寨神林）反复开展全村参与的宗教祭祀活动。通过繁复而庄严的宗教祭祀仪式，哈尼族人凝聚成面对艰苦生存环境必须具备的超强的集体合力以及个体对苦难的耐受力，由此创造出"人定胜天"的农耕历史奇景——哈尼梯田。哈尼梯田把极其有限的地力几乎发挥到了极致。① 除此之外，几乎所有流行于西南少数民族的宗教都有维护人伦秩序、宣扬恶有恶报等思想的教理教义，对强化家族、氏族、民族血缘关系，塑造文明、友善、融洽村风，实现民族村寨良性自治均能发挥重要作用，故此对围绕宗教信仰产生的宗教故事、仪式、经文等档案材料都应纳入资源建设重点范围。

五 民间文学档案

《现代汉语词典》将民间文学释义为劳动人民直接创造的、在劳动人民中广泛流传的文学，主要是口头文学，包括神话、传说、民间故事、民间戏曲、民间曲艺、歌谣等。

与汉族聚居地区以文字为主要记事方式不同，西南少数民族传统村落大量的祖源、村寨缘起、民间文艺、民俗事象等均托身于神话传说、故事。无文字民族集体记忆的主要领域是原始的神话传说，一个民族或族群的记忆一般都有祖地传说。祖地是集体记忆的所在——透过连接一群人与过往的记忆建构来创造认同的场址。② 例如，在云南省哀牢山区元阳县六蓬哈尼村落广泛流传的一则神话写道："人类的始祖是塔婆，她叉开四肢仰卧于日月山沟之中，张开全身的器官，生下了20个民族的祖先，从头发中生出的是瑶族，高山密密的丛林，是他们永世的家园。脑门上生出的是苗族陡峭的石岩，山地是他们栽种包谷的地。汉人生在嘴巴里能说会道，主意多。彝族生在胸口上，不高不低住半山腰，哈尼族生在手掌心，开出梯田是从始祖的掌纹上

---

① 罗德胤等：《哈尼梯田村寨》，中国建筑工业出版社2013年版，第50—51页。
② ［英］Tim Cresswell：《地方：记忆、想像与认同》，王志弘译，群学出版有限公司2006年版，第62页。

学来的。土佬（壮族）生在脚，膝盖靠近河边，吃穿不愁。傣族生在脚掌上，祖居大小江河坝。"① 该神话想象力极为丰富且对各民族聚居区地理位置、族群特点和农耕技能的描述与实际情况高度吻合，这也正应和了英国研究神话传说的专家戴维·罗尔（David M. Rohl）的观点。他认为，传说的要点之一是所描绘的事件，其核心内容基本上是真实的。② 无独有偶，日本学者柳田国南亦认为："必须从史料价值方面，对传说给以高度的评价。"③

《人类简史》作者以色列历史学家尤瓦尔·赫拉利认为，与其他同时期共存于地球上的物种相比，人类正是因为拥有了讲故事这一技能，才获得了开展大范围生物性协作的能力，从而逐一战胜比自身强大得多的敌人，一举跃上生物链的顶端，成为地球真正的统治者。讲故事一方面帮助人类在激烈的物种竞争中胜出；另一方面通过一代代"不断地听妈妈讲那过去的故事"，使解释自身历史的集体记忆得以代际传递。在西南少数民族传统村落里，故事是当地最基本的民间文化资源，亦承担一定的娱乐功能。火塘边、枕头畔的讲述在打发闲暇时光的同时，其反映的民俗事象、历史文化，解释的风俗习惯亦在不断的重复中深入人心，对凝结传统、形塑民众性格、实现自我体认和形成地方精神起着润物细无声的引导作用。④ 当下故事讲述的语境虽已不再具有普遍性，火塘在彝族、哈尼族村寨的新房子里已不见踪

---

① 艾扎：《哀牢家园——元阳六蓬哈尼部落及其后裔》，云南美术出版社2010年版，第37页。
② [英] 戴维·罗尔：《传说——文明的起源》，李阳译，作家出版社2000年版，第11页。
③ [日] 柳田国南：《传说论》，连湘译，中国民间文艺出版社1985年版，第9页。
④ 例如，《勐马档案》中记载的"酒后打架"故事：以前，我爷爷讲过这样一个故事。羌寨里如果一个年满60岁以上的老人去世，人们会很认真地安葬他。葬礼中，主家邀请村里的亲戚朋友吃饭喝酒。酒桌上有很多好吃的，还摆了不少酒。人们对酒很有兴趣，当一个人喝高兴了，就忘了酒是什么东西，主人家也会劝着再多喝几杯。爱喝酒的人如果喝多了，他们就会在言语上争执起来。开始时，各方的亲戚朋友都会为自己人说话，说着说着就开始打架。这会儿，主人就为他们加油，他们打得越厉害，主人就越高兴。这是为什么呢？是说，在很早以前，羌人们都比较穷，一般谁家要办喜事或丧事等，大家就到这家去喝酒吃饭。一旦在这家喝了酒打了架，村里的人们就会评价，说这个家庭很大方好客，并把自家的事情做得很好。如果没有人喝多酒、打架，村里人就会说这家人舍不得拿出东西来给大家吃喝。所以，一般有家里办大事时请大家吃饭喝酒，都会有争执和打架的情况。可见羌寨红白喜事中的"打架闹事"与汉文化场域里的"酗酒滋事"有天壤之别。如果不知故事中解释的丧葬习俗，必定会产生文化误读。

影；在枕边的故事时间里承担主角的是动画片，但村里的故事不该退出历史舞台，因其特有的地方性知识、教化性传统和人际传播的亲昵性对当下建构乡土文化、弘扬文明乡风、促进和睦家风都具有贡献和激励作用，应该在村民日常生活话语中保有一席之地。

长期以来，由官方主导的精英创造的"庙堂文化"一直占据着历史叙事和社会生活的中心。例如，民间文学一类的"庙会文化"作为草根话语被边缘化，其对普通民众的生活方式与精神世界的解读长期湮没在精英阶级的喧嚣话语中而不为人所知。有学者认为，如果说到濒危和脆弱，中国少数民族的口头和非物质文化遗产最濒危、最脆弱。从数据来看，自2006年始，国务院先后公布了三批国家级非物质文化遗产代表作名录1219项，其中民间文学类125项，占比10.25%。虽然民间文学在国家级非遗中处于绝对弱势地位，但其中少数民族民间文学达到53项，占民间文学类的42%。这一方面说明少数民族民间文学具有充分的文化价值，也显示少数民族民间文学的群众基础广泛，传承的系统性、完整性、持续性都较好，才能在如此激烈的国家级非遗申报竞争中获得集体优势。但从少数民族民间文学的实际数量和进入国家级非遗名录的比例来看，应该说专家对中国少数民族口头文化遗产的焦虑绝非杞人忧天。如果说在非遗文化遗产保护中，对少数民族民间文学的保护还力有不逮的话，在少数民族传统村落建档式保护中，更应将民间文学与其产生、滋育、传播所在的村寨相结合，实行在地化挖掘、记录和整理。一方面将弥补之前文保工作的疏漏，另一方面可为传统村落争取保护和宣传机会提供丰富的文化材料支撑，讲好村落故事。例如，中国传统村落数字博物馆在甄选入选村落时，要求提供的建馆村落材料内容具有丰富内涵和文化魅力；传统建筑部分要详细描写建筑中发生的有趣的故事；文本填报数据要翔实准确，文字描述要完整、优美，故事性、可读性强。

第四节　资源建设方式

从目前的实际情况来看，西南少数民族传统村落档案资源建设手段主要有两种：一种是传统档案工作意义上的档案收集，即对传统村落原生档案原件以购买、捐赠等方式获取或以翻拍、扫描等技术手段获得数字化副本；另一种是建构的方式，如对之前没有实体记录的口述历史、民间神话传说等进行采录，对民间工艺、民俗活动、宗教祭祀、民间戏曲等进行拍摄并形成衍生档案。另外，在传统村落文化保护中，在申报阶段、规划阶段、后续的修缮维护阶段，将陆续形成反映整个保护活动全貌的村落档案材料，以上都不是传统村落已有的档案，而是人为建构的。从对象上看，少数民族传统村落档案体系的资源建设包括实体档案资源建设和数字档案资源建设。由于传统村落实体档案多面临所有权的问题，故事实上被纳入广义范围内的传统村落档案资源体系的数量并不多，而传统村落数字档案资源建设一是可解决所有权和使用权分离的问题，二是可在最大范围内实现建档主体的档案资源共建共享并推动传统村落文化的共时性传播，所以目前以后者为主。

一 传统村落原生档案收集

传统村落原生档案主要指村民在生产生活中直接形成的有留存价值的记录，如族谱、宗谱、地契、家信、日记等历史文书，宗教祭祀活动所用的经文、挂图，民间戏曲的曲本、唱本，民间文学的文本，村民制作的手绘地图、拍摄的照片等图像，记载族源的碑刻、题记，[①]古董、老物件等实物。对村落原生档案特别是私人拥有所有权的历史文书，一般采用扫描、翻拍的形式形成数字化副本，不改变原文书档案的所有权和收藏方式。也有少数村民因顾虑自己的收藏条件和文献保护技术缺乏，影响珍贵文书的长久保存，主动将其上交到收藏条件和技术相对较好的档案馆。对碑刻、碑记可采取拓片的形式；对村民家藏的古董、老物件等，可采用3D扫描的方式形成高清晰度的数字化副本。

在收集西南少数民族传统村落原生档案材料时，除要遵循传统档

---

① 如笔者在贵州省安顺市布依族村寨石头寨调研时，了解到该寨一处祖母坟前立有墓碑，其上的碑刻记载村民祖先系江西人，随明朝伍定国将军南征后定居于此。

案工作中关于收集的原则、要求外，还应特别注意以下三点。

一要充分认识西南少数民族地区"藏档于民"的特殊性。例如，著名的"清水江文书"主要散存于黔东南苗族侗族自治州的锦屏、黎平、天柱等县苗族侗族农户家中。这些文书只在调解家族之间物权纠纷和其他重大场合时才能得以一见，平时秘不示人。又如，少数民族宗教活动中使用的一些挂图、经书等，因其神圣性也忌讳被外族人窥见。再如，畲族祖图具有神秘特色，不示非畲家人或本家人。畲民仅在祭祖、做聚头或一些民俗活动中将其取出供奉祭拜。① 因此，在收集中要掌握与村民打交道的技巧，晓之以理，动之以情。在不损害村民利益，尊重当地宗教信仰和禁忌的前提下，尽量将传统村落原生档案（原件或复制件或者仅仅是档案信息）材料收全。

二要依靠寨老、乡贤等意见领袖，利用他们在村寨中的威望，将其积极性充分调动起来。例如，"文革"时期，侗歌一度是禁唱的。解禁后，贵州一些侗寨村民不仅歌唱技巧完全生疏了，歌词也记不全了。贵州省从江县高增乡占里侗寨的四个年轻人来到黄岗侗寨找到寨老，经寨老许可和动员后，乡民们积极配合，和客人一起坐下来回忆，不出十天，整套上千行的侗族大歌全部被复述出来并且教会了黄岗所有的年轻人。② 笔者在黎平县地扪侗寨调研时亦曾专程拜望寨老，寨老非常热情，不仅留笔者在家里吃饭，而且亲自带领笔者前往该寨声名显赫的侗族大歌国家级传承人吴某家中访谈，获取了不少珍贵的一手资料。据吴某事后讲，他经常要接待各方访客，无数次地重复一些访谈内容。若不是寨老带来的客人，他已经不太愿意接受访谈了。可见要摸清少数民族传统村落文化资源的命脉，意见领袖的作用确实相当大。

三是在收集少数民族传统村落流传的民间文学档案资源时，不仅要开展田野调查，尽量收齐民间文学文本，还要特别注意全面采集讲

---

① 施秀平：《闽东畲族古村落档案遗产保护及传承问题研究——以畲族祖图为例》，《黑龙江档案》2018年第3期。

② 罗康智：《保持与创新：以传统应对现代的黎平黄岗侗寨》，民族出版社2014年版，第23—32页。

述人、传承人及民间文学依托的语境资料。因为民间文学文本靠讲述人或传承人代际传递，而语境与文本是内容（content）和背景（context）的关系，它们互相依存，对其任一方的阐读都离不开另一方作为理解的基础。因此在收集阶段，如果遗漏了民间文学文本的背景资料，在下一步的档案整理中就无法将民间文学档案文本与语境融贯起来，揭示少数民族民间文学在不同语境中的传播、流变情况，不能触摸到民间传说赖以生成衍变的真实民间世界，少数民族传统村落民间文学档案资料所承载的溯源、记史、反映生活世界的记录作用将会大打折扣。

二　传统村落衍生档案建构

西南少数民族传统村落衍生档案建构主要包括两方面。一是通过记录，将主要以口述或表演、仪式等形式传承传播的村落历史、故事、民间信仰、民间戏曲、民间工艺等用信息载体加以固化，使其从人际传播的流动性、易逝性环境中解放出来，形成更稳定的实体记忆。二是在少数民族传统村落发展过程中，以村落为管理和保护对象形成的管理类、保护类档案，如中华人民共和国成立前宣示对村落管理权的石碑、① 表扬或封赏村落乡贤的匾额、官方文书等以及中华人民共和国成立后陆续建立的村级档案，亦包括在当下陆续开展的一系列传统村落保护工程中先后形成的各类档案材料。上述档案虽然并非传统村落村域环境中的原生档案，但通过档案建构活动，它们或对传统村落原生档案信息进行了固化和记录，或以管理和保护者为形成主体，记录了传统村落作为管理和保护对象所经历的演变轨迹，因此也构成了传统村落档案全宗的重要组成部分。

在西南少数民族传统村落衍生档案建构中，除了遵循传统建档的一般原则和要求外，应特别重视口述档案的生成、表演、仪式活动的记录以及建立衍生档案与原生档案的有机关联，实现深度融合。

---

① 杨毅：《中国西南民族档案资源集成管理研究》，中国社会科学出版社2018年版，第90页。

(一) 口述档案的生成

如前文所述,在非文字传统的西南少数民族传统村落中,大量的历史信息、文化密码靠口耳相传或托身于器物、体化仪式等得以被记忆和传递,故而需利用专业手段将其实时体制化、文献化、档案化,形成具有档案属性的口述史资料或更直接的口述档案。

目前在西南少数民族开展口述档案工作的主体主要有以下几类:第一类是学者,主要来自民族学、人类学、历史学领域;第二类是政府部门,以文化部门为主;第三类是新闻媒体,在少数民族地区拍摄传统村落纪录片时,对村民、非遗传承人、寨老等的采访记录也具有口述档案的性质;第四类是事业单位,以图书馆和档案馆为主。一般而言,国内学者通过田野调查和访谈获得口述史资料的实践早于文化、档案部门和新闻媒体,他们出于研究需要亦尽量保留访谈记录的完整、真实和可信度,但在采集过程中并不完全注意口述历史本身的原始记录性,在研究完成之后并不在意这些史料的保存。文化部门在少数民族传统村落开展的口述档案实践主要是对村落内非物质文化遗产传承人开展访谈;新闻媒体通过访谈形成的录音带和文本主要在后期编辑制作纪录片时作为素材使用,与文化部门一样,他们几乎不会把访谈录音或笔录储存到图书馆或档案馆以供他人或后人使用。虽然在国内,图书馆或档案馆开展口述历史采集工作较晚,国际上执行口述历史的主流机构多为图书馆或档案馆,但图书馆向来不太在意采集的这些口述历史资料的档案属性。档案工作者被认为比历史学家更适合采集工作,因为"档案工作者更熟悉馆藏,知道缺乏哪些记录,从而有目的地去采集"。[1]

美国著名口述历史学家琳达·肖普斯认为,访谈增加了有关之前被排除的或没有记录的群体的新知识,同时将声音和能动性还原给那些通常被现存记录客体化的人。既然长期在主流历史叙事里寂静无声的村民现在有机会通过自己的讲述,还原历史、分享文化,则不论由

---

[1] W. W. Moss, P. C. Mazikana, "Archives, Oral History and Oral Tradition: A RAMP Study", 1986, pp. 151–160.

哪一方来从事口述采集、建构口述档案，其最终目标应趋向一致：真实记录并向全社会分享社会边缘群体的故事。

综上，在生成西南少数民族传统村落口述档案时，应从以下方面入手。

第一，在多元主体分别开展口述档案采录的客观背景下，应对口述档案的所有权和使用权在政策上加以明确。人类学家、史学家等学者虽然对研究过程中采集的口述史料享有所有权，但口述史料的主要内容源于讲述者，如果将讲述者视为 co-author（共同作者），则其亦应拥有该史料的使用权，应留存口述史料副本。例如1989年，美国历史协会通过《口述历史访谈原则》，明确规定"访谈者必须将访谈资料送交档案馆收藏"。[①]《美国口述历史协会的原则与标准》亦规定："在取得受访者的允诺后，访谈者应安排将访谈存放到既能保存，最后还能开放一般使用的档案典藏处。"[②] 如果借鉴这一做法，学者因研究少数民族传统村落的需要而形成的口述档案材料，除了与讲述者共享外，在征得讲述者同意的前提下，亦可将其交予村委会或村档案室或当地档案主管部门，将这一从个人角度记录的村事汇入村级档案中，成为除管理者角度叙事之外另一维度的村落史补充。而文化部门、新闻媒体等政府机构和事业单位形成的传统村落口述资料本就具有公共资源属性，形成后应交由图书馆或档案馆保存备查，发挥其服务社会的文化功能。

第二，作为西南少数民族传统村落口述档案采录的重要力量，少数民族档案部门的优势主要有三点。一是拥有地缘、人缘优势，如少数民族档案工作者有的就是少数民族，对民族村寨地情、人情、习俗、宗教禁忌等都比较了解，而村寨的兼职档案员几乎都由本村会计或村支书担任，熟悉情况，在讲述者的遴选上能提出很好的建议。二是他们更熟悉馆藏，知道缺乏哪些记录从而有目的地去采录，用于构

---

① [美] 唐纳德·里奇：《大家来做口述历史：实务指南》（第二版），王芝芝、姚力译，当代中国出版社2006年版，第182页。
② [美] 唐纳德·里奇：《大家来做口述历史：实务指南》（第二版），王芝芝、姚力译，当代中国出版社2006年版，第182页。

建更完备的档案记录体系。与研究学者相比,档案工作者在口述采录中更具备平民视角。三是口述采录工作作为一种文献化的过程,需要体现信息的可获取性以及反映这种可获取性的检索问题。因为海量的口述历史信息使这类材料的有效管理很大程度上依赖于数字化,特别是基于内容管理的数字化,而这一点需要在采录甚至在采录流程开始之前便加以规划和标准化,类似于档案的全程管理和前端控制模式。① 在这方面档案工作者显然更拥有技术优势,在口述档案的著录、鉴定、整理并编制必要的索引查询目录方面,档案工作者均有丰富的工作经验。因此,档案工作者一方面可以为其他口述档案建构主体提供专业咨询和技术输出;另一方面,在以档案部门为主体开展的少数民族传统村落资源建设过程中,应将口述档案采录作为中心工作予以更有力的资源倾斜。

第三,少数民族传统村落口述档案质量要靠以下环节加以保证。一是要设计合理的口述档案采录方案。前期准备:访谈对象确定、访谈提纲、问题设计;中期:访谈过程中的质量控制,如访谈时间、情绪调动、节奏掌控、细节追问等;后期:整理应归档的口述资料,包括访谈的原始录音带或录像带,访谈现场的笔记和受访人的文字说明及签字,已经整理成文字的手抄稿或打字稿、电子文稿(光盘或软盘),受访人的传记资料、访谈计划及有关信件,受访人对口述资料的处理意见及授权证书,受访人的有关照片、信件、亲友资料以及受访人的住址、工作单位、电话、专长等。② 二是为保证口述档案的全面记录性、长期保存和后期利用时资源的共享需要。在采录时,如果可能的话,用摄像方式比录音更能全面记录讲述人的面部表情、肢体语言等传达出来的丰富信息;要注意录音录像设备及所用储存格式的通用性。三是访谈结束后,要及时整理访谈文本。如果访谈人用汉语讲述,但记录中涉及一些民族风俗、宗教禁忌等在汉语言语境中难以理解的部分,要及时请访谈人或熟悉情况的当地人进一步解释或者寻

---

① 张锦:《电影作为档案》,知识产权出版社2011年版,第388页。
② 王景高:《口述历史与口述档案》,《档案学研究》2008年第2期。

找其他文献材料加以阐释或佐证，避免今后提供利用时产生歧义或误读。如果访谈人用本民族语言讲述，目前可用两种方式处理。第一，用拼音方式，按民族语言发音记录下来，用汉语写出大意。第二，直接记录民族语言发音，请既通晓汉语又深谙民族语言及文化的民族学者或学生，将其逐字逐句译成汉语文本，与原民族语言文本一并保存。

（二）表演、仪式活动的记录

对传统村落非物质文化遗产中的民间工艺、民歌、戏曲、民俗活动以及宗教活动等，须现场拍摄，形成影音档案资料方可长期留存和脱域传播。在少数民族地区开展此类记录活动时，一是要分清记录和创作的区别，要克制专业视听语言和叙事策略的运用，以最小的干扰保障表演者和宗教仪式参与者在自然和谐的环境中展示最本真的东西，尽量保证记录的真实性。二是需要特别注意尊重当地民族习俗和禁忌。例如，少数民族大多数宗教仪式具有神秘色彩，不准族人以外的人到场观摩和记录。可在本村村民中培养有基本摄录器材使用能力的文化记录者，从文化内部的角度记录民俗、仪式活动的真实面貌。三是除表演或仪式活动的现场全程录像外，对与表演或仪式相关的其他说明材料都要同步收集和处理。以民歌表演为例，除演唱者现场录像外，关于该类民歌的概述、歌种释文、歌词方言土语注释、曲谱、民族语言和汉文歌词对照、演唱者基本情况等材料，都应作为录像文本的背景信息全面收集。有的民族古歌，由于源于远古不知名的年代，使用一种被遗忘的语言或是民族语言分支中生僻少用的方言，无法书面记录或编目信息，还要转码抄写成汉语。例如，75岁的苏州古歌师王安江收集了超过12卷的苗族古歌，为了给这些古歌建构歌词文本，引入了新的书写文字：首先将每首歌曲的歌词音译成中文字符，尽可能与字符组合的发音相似；然后将中文转换成拼音，仍要达到语音上最大限度的匹配；最后以这些拼音为基础重新组合，用罗马字母书写形式新建语音结合。这样可用现代话语最大化地还原古歌歌词的发音。

（三）原生及衍生传统村落档案有机关联的建立

少数民族传统村落原生档案由村民在生产生活中历时性地形成，少数民族传统村落衍生档案系以村民和村落为管理和保护对象陆续形成，两者在形成主体、所有权、保存地点、保管方式上均有差别，但与以主题为中心又有千丝万缕的联系。例如，关于村落民风道德建设，古有村民被朝廷封赏的文书、匾额，近有贞节牌坊、烈女传，今有村民公约、村级管理档案里的五好家庭、文明标兵材料等。作为传统村落档案全宗的有机组成部分，两者之间的关联性应该在档案资源建设过程中加以初步建立。例如，在资源建设过程中发现关联线索应加以备注，提示其他建档单位资源的内容及保存位置。即使物理上无法集中，逻辑上的关系也要建立起来，以便于今后对传统村落档案资源的纵向整合。

三 传统村落数字档案资源建设

目前，将脆弱濒危的传统村落文化记忆向数字平台迁移，构建信息时代的数字记忆已成共识。西南少数民族传统村落档案资源建设亦已大量采用数字化技术，力图完整、全真地把传统村落本体甚至环境与景观进行数字化采集、重建与呈现，已形成了一定数量的传统村落数字档案资源。例如，少数民族传统村落的非物质文化遗产在经过数字化采集和加工后，被含纳于文化部、艺术研究院"中国口头与非物质文化遗产数据库""中国非物质文化遗产网·中国非物质文化遗产数字博物馆"等资源平台。传统村落名录入选村落按照住建部"一村一档"的申报要求均已完成普查记录，形成的传统村落数字档案汇入住建部门的传统村落管理信息系统并择优进入"传统村落数字博物馆"展示。除政府职能部门外，知识精英主推的传统村落文化遗产保护项目也已陆续形成村落文化遗产数字化成果。新闻媒体在对传统村落宣传报道过程中，利用影像技术优势，业已形成一些数字化的传统村落文化作品。图书馆、档案馆、博物馆等文化事业单位所存藏的与传统村落文化有关联的图籍、地图、老照片、实物等，也有部分经数码翻拍或二维、三维扫描处理，形成了数字化成果。

虽然如此，在西南少数民族传统村落数字档案资源建设的过程中，亦同样面临建设力量不足、标准不一、技术手段单一等问题，急需解决。

（一）西南少数民族传统村落数字档案资源建设的问题

第一，少数民族传统村落文化分散化、碎片化的存在状态使数字化采集工作需要多点作战，任务繁重；其自存状态已经非常脆弱，数字资源建设工作必须与时间赛跑。

第二，有的少数民族没有文字，其村落文化的传承仅凭口耳相传，在将人际传播体系中的话语通过技术手段转化为数字话语时，几乎不可避免地会有部分造成文化意义的曲解误读和文化信息的丢失。

第三，早期的传统村落文化资源数字化采集或转换仅限于数字拍摄或采用平面扫描获取纸质文本、实物等的二维图像等初级技术的运用，村落遥感影像图、计算机仿真的三维建筑模型以及整个村镇的三维虚拟场景等类型极少。目前对传统村落建筑等物质文化遗产采集的图片、文字类数字化成果较多，而对口述采访活动开展的录音摄像或对民俗、仪式等活动的摄录像较少，相应形成的多媒体影像档案资源较为缺乏，数字资源类型的单一和信息量单薄为档案资源利用提供的基础比较薄弱。

第四，由于少数民族传统村落数字化档案资源建设主体多元，各主体自行规定和执行的数字化采集标准不一致，如住建部门在传统村落名录项目中着重设计村落古民居的文字描述、图片资料等的规范，文化部门在传统村落非遗保护中强调民间艺术的图文和音视频采集标准，测绘部门则强调传统村落基础地理信息数据的采集标准。[1] 档案部门在开展传统村落建档工作时，对运用数字化技术采录、拍摄的录音、录像、照片等在建档规范性文件中作了一般性的规定，但仅限于对文件大小、格式、摄录像器材技术参数等的通用性规约，难以覆盖

---

[1] 刘沛林、李伯华：《传统村落数字化保护的缘起、误区及应对》，《首都师范大学学报》（社会科学版）2018年第5期。

第四章 西南少数民族传统村落档案资源建设

传统村落档案资源建设的全范围。

（二）西南少数民族传统村落数字档案资源建设的策略

针对以上问题，在开展西南少数民族传统村落数字档案资源建设时，应从以下方面着手。

第一，为解决传统村落文化资源量大面广、自存状态脆弱的紧迫问题，可考虑采取政府购买或众包方式，将西南少数民族传统村落数字档案资源建设任务分包给专业机构，或以众包方式吸引既有传统村落文化保护情怀又掌握一定数字化技术的社会力量。政府购买的对象一般是具有深厚文化底蕴或专业信息采集技术的学术团体、民间文艺家协会、民间文学家协会等民间组织或商业性文化机构，由他们承建的传统村落文化数字资源一般来说规范化和科学性较好，建档质量有保证。例如，住建部有一部分传统村落普查及建档工作即是交由中国传统村落保护中心负责的。但学术团体或专业机构毕竟资源有限，面对传统村落建档的庞大体量难免力不从心。故此，采用国际文保领域流行的"众包"模式应是优先考虑的方式。"众包"通常指机构将以前由员工负责完成的任务，以自由自愿的方式交给非特定的大众志愿者完成。目前，采用众包方式建设传统村落数字档案资源已在部分地区开展试点，承包方以大学生志愿者和民间文艺爱好者居多，已探索的众包流程和组织经验可为西南少数民族传统村落数字档案资源建设提供借鉴。通过研究已有案例，结合西南少数民族传统村落数字档案资源建设实际需要，本书提出以下众包模式。一是以村寨为基本单位，将传统村落数字档案资源建设任务先分为村落概况、传统村落物质文化、非物质文化三个大类，每一大类下再细分小类，如非物质文化类可按文化部非遗分类法分为十个小类，每一类从最低一级类目起，分类建立文件夹，以此建立传统村落数字化档案资源建设任务分解图。此举一方面可实现精准投放，吸引对某类传统村落数字化档案资源有兴趣和技术特长的社会力量；另一方面也便于传统村落数字档案资源的分类聚合。需要注意的是，要考虑承包方对资源分类的可理解性和可操作性，资源建设任务分解方案分类不宜过细，粗线条实现档案资源的初步按类聚集即可，科学入类工作可在档案分类阶段完成。二是在发包前，应对运用数字手段采集档案资源的技术要素和标准在合同文本或制度上作出明确规定，主要包括以下内容：数字化采集设备的精度要求，图像、视频、录音文件等的大小、格式、提交方式和质量要求，数据校验和审核方式。三是在对上传成品进行质量审核时，应重点对其真实性、精确度、格式的规范性等数据质量按合同条款逐一对照评判。与此同时，还应根据承包方工作完成情况对任务难度、工作量饱满度等进行定量分析评价，以不断提高传统村落数字化档案资源建设"众包"的科学性。

第二，鉴于大量西南少数民族传统村落档案资源涉及少数民族文化的阐释和理解，在运用数字手段采集档案资源时，必须依靠村民的帮助。特别是在村寨的一些宗教仪式和神秘习俗的现场，这些民间活动往往排斥外人参与，即使获准进入仪式现场，也很难摄录到完全排除表演痕迹的真实影像。这时如果由掌握文化记录数字技术的村民来掌镜，一来在仪式现场完全没有陌生感，二来可以精准记录最具有民族文化特质的细节并深度解读这些文化片段，由此带来影像记录质量和价值的跃升。对文化记录一般性数字技术的习得并不困难，如在村民中开展深度文化访谈，开发简明易用的数字记录和上传初学者工具包等办法，大多数村民（特别是年轻人）很快就能掌握。此类民间影像活动最大的好处是在村落文化数字化保护中，村民能够以本真的文化发现眼光、特有的生活逻辑来看待数字技术对于自己的功能和意义，从而将数字技术真正与日常生活结合，使数字化技术由保护手段逐渐转变为日常生活的组成部分，最终融入地方的社会文化体系。

第三，就数字档案资源建设所运用的技术手段而言，要突破当下主要以二维影像和图片、文字为主的相对单一的数据类型，需要在数据采集时，尝试运用一些三维技术手段。例如，针对传统村落的地理场景数据采集，包括现在和历史的地形、植被、土地利用、交通、水系等，可运用遥感、GIS、三维实景建模、360度全景拍摄等技术。针对村落传统民居、古建筑、文物古迹，可运用古建筑测量技术、三维激光扫描技术、三维建模技术以形成三维的图形和影像数据。对民间工艺、民俗等非物质文化遗产，要多运用数字音视频录制技术，丰富多媒体传统村落档案资源。

第四，标准问题。虽然大多数建档主体系统内都各自规定了数据采集相关规范，但一是规范太简略，全面性不足；二是从今后数据共享考虑，应在数据形成的前端使用通用数据标准。目前在制定传统村落数字资源采集标准时，可参照的标准主要有美国国家图书馆《关于文本的图像数据数字化转换的技术规范》、中国国家图书馆《数字资源（文本、音频、视频）加工标准与工作规范》、科技部 CDLS 项目《数字资源加工标准与操作指南》以及国家档案局发布的 DA/T62—2017《录音录像档案数字化规范》、DA/T31—2017《纸质档案数字化规范》和 DB11／T 765.4—2010《档案数字化规范 第 4 部分：照片档案数字化加工》，尽量采标已广泛运用的通用数据标准的好处：一是比自行拟定风险小，二是便于传统村落数字资源与其他已形成相关资源的衔接。

在考虑传统村落数字化档案资源采集标准时，一是要保证数据长期可用，便于今后再加工及后期维护；二是要考虑不同类型数字档案的特点以及用户群使用倾向；三是因数字化档案资源还有共享要求，故各方面技术指标不能设置过高，过高会占用太多内存，在发布共享时将影响数据流量和使用效果，因此供发布共享的音频、视频和照片数据应采用占用内存相对较低的格式，如 MP3、MP4、JPEG，而供备案的数据主要考虑长期保存，应采用虽占用内存相对较高，但应用音质画质更好的 WAV、AVI、TIFF；四是要根据不同数据类型的制作要求规定不同层级的标准，如在传统村落音频资源采样率方面，一般的音频文件（如口述、访谈记录等）采样率要求不低于 48 千赫兹，而传统村落档案中的音乐档案采样率要求高于 96 千赫兹；五是鉴于各建档单位的数字化资源有共享要求，建议数字文件编码由数字文件形成单位代码（2 位）+文件流水号（5 位）+资源类别代码构成，便于直观显示数字文件形成主体和档案类型。

第五章 西南少数民族传统村落档案资源组织

通过各方对西南少数民族传统村落原生档案资源的不断普查、收集及对衍生档案资源的持续建构，目前西南少数民族传统村落档案资源的基础已日渐丰厚且处于不断累积中，接下来的重要工作是对数量日增、异构多元、跨地域、跨领域、跨部门、跨管理层级、散存多处的传统村落档案资源进行整理和组织。资源组织应主要从两个维度展开：一是对传统村落档案实体资源的组织，主要包括档案鉴定、分类、立卷、保管及著录；二是对传统村落档案信息资源的组织，包括对采集的数字档案资源进行格式转换、清洗，建立数据库以及开展对分散、异构传统村落档案资源的集成。通过上述工作，最终应至少达至以下两个目标：第一，使通过多方力量建设的西南少数民族传统村落档案资源实现系统化、有序化、规范化，便于实施档案管理；第二，实现少数民族传统村落档案资源的多源、多维、多主体共时开发与利用。

第一节 传统村落实体档案资源的组织

一 档案鉴定

档案鉴定一直以来都是档案管理工作的核心环节。通过对档案留存价值有无和大小的判断，才能科学划定归档范围和保管期限，保证档案体系的相对完整。西南少数民族传统村落档案鉴定与一般意义上的文书档案鉴定相比，既有需普遍遵从的鉴定基本原则，亦因其来源多样、类型多样、内容广泛、文化背景各异等特殊性，需在档案鉴定标准、鉴定内容、鉴定人员构成等方面采取适应性变通，以符合西南少数民族传统村落档案管理的实际需要。

（一）档案鉴定标准

西南少数民族传统村落档案虽显著区别于一般意义上的文书档案，但对其开展的档案鉴定终归属于传统的档案鉴定范畴，原则上应遵循档案鉴定的一般标准。档案鉴定的一般标准包括六个方面。一是来源标准。一般认为主要职能部门形成的档案相较其他部门形成的档案价值更高。二是内容标准。一般而言，档案内容所反映的活动越重要、档案内容越真实客观，档案价值就越大。三是文本、文体标准。一般而言，定稿和正本的价值高于草稿，行政强制力高的文种，其价值往往大于行政强制力较低的文种。四是外形特征标准。指档案的载体材料、记录方式、笔迹、图案等外形特征，也在一定程度上影响档案价值。例如，某些载体特殊的档案虽在内容上乏善可陈，但载体的稀缺性及载体本身所承载的信息价值使其获得了归档保存的必要性。五是时间标准。例如，迈斯奈尔提出的"年龄鉴定论"即坚持了这一标准。六是效益标准。需考虑档案保管的成本与收益的平衡问题。①

在开展西南少数民族传统村落档案鉴定时，对来源标准应如何理解及运用？本书认为：第一，就传统村落整体而言，在少数民族传统村落中历史悠久、文化底蕴深厚、在民族特色方面有典型性和代表性的；由少数民族中的少数族群聚居形成的；因空心化严重而传统村落文化极度濒危的三类传统村落形成的档案相较其他少数民族传统村落形成的档案更为重要。第二，就传统村落档案形成主体而言，村民在村落长期发展历史中自主形成的原生档案，其价值要高于其他保护、研究和管理主体形成的档案。上述两类档案在价值鉴定时要从宽把握，优先将其纳入传统村落档案体系。

就内容标准而言，西南少数民族传统村落档案涵盖范围宽广，内

---

① 周耀林等：《非物质文化遗产档案管理理论与实践》，武汉大学出版社2013年版，第143—144页。

容非常复杂。如果从其四个主要构成项来评判，相较于物质文化遗产类档案，传统村落的非物质文化遗产类档案更能反映村落的民族精神、文化气质，在价值判断上权重应更高。如前文所述，传统村落文献类档案特别是历史文献类档案，因稀缺且分散，收集整理实属不易且传统上认为可信度相对更高，故对该类档案进行鉴定时，应从宽把握标准，在有可信来源的前提下，尽量将其纳入传统村落档案体系。传统村落保护管理类档案主要由文书档案和项目档案构成，对其的内容鉴定可遵从已有鉴定标准。

就文本、文体标准而言，西南少数民族传统村落保护管理类档案里有大量文书档案，可依此标准开展价值评判，而物质文化、非物质文化、文献类档案则可主要从文本类型来判断。例如，非物质文化类的传统民俗，记录同一民俗形成的文本可能有文字、录音、图片、照片、声像等多种类型。从文本类型的信息丰富和准确程度来比较的话，其价值大小排序一般应是声像、文字、录音或图片、照片。例如，文献类档案里，原始手稿的重要性应大于出版物。

就外形特征标准而言，一些依托罕见稀有载体形成的传统村落档案，其价值应大于普通载体。例如，西南少数民族某些村寨使用的贝叶、陶片、牛头骨、绣片等，其载体本身亦反映着民族村寨记史传统，内容加载体的综合价值相较而言更为突出。

就时间标准而言，虽然传统村落名录入选标准之一即是形成年代久远，西南少数民族入选村落均符合该标准，但由于记录手段的原始和主要依靠口耳相传的传承习惯，西南少数民族传统村落现存的经普查挖掘出的"高龄档案"极少且多为实物档案。家谱、族谱等文献类档案多毁于"文革"时期，保存至今的屈指可数。故在传统村落档案中，形成年代越久远、存世数量越少的档案越重要。

就效益标准而言，对海量档案进行鉴定时，确实要权衡管理成本与收益。西南少数民族以传统村落为全宗的档案形成于史上第一次对传统村落文化遗存的盘点、抢救和保护过程中，虽数量和类型处于持续增长中，但档案存量仍然有限，且依托档案的传统村落演变发展记录的价值远远超过管理成本。对处于边缘地位的少数族群而言，其产生的文化平权和身份认同效益亦大大高于管理成本。故从某种程度而言，传统村落档案管理的成本可暂时置于次要位置。

（二）档案鉴定内容

1. 真实性鉴定

如前文所述，鉴于目前西南少数民族传统村落档案材料形成主体众多、来源庞杂且多未经过充分考证，故在档案鉴定时要重点对其真实性加以考量。有的传统村落申报材料仅从文史常识即可判断其有违真实，例如，据笔者调研了解，四川省阿坝州理县薛城镇校场村在拍申报片时，拍摄方四川省电视台天府旅游频道引用了据称是唐代诗人薛涛吟咏该地风物的一首诗，其中有两句是"梓潼塔下南沟水，笔架奇峰穿入云"。这明显属于穿凿附会，原因如下：第一，诗句的对仗、平仄完全不对；第二，它所说的薛城十景是明清以后的说法，唐代的薛涛不可能知道。校场村一旦申报成功，该申报片即成为校场村传统村落档案的一部分被长期保存，还很有可能被用于该村的旅游宣传、文化推广等活动，以讹传讹闹笑话。后笔者了解到，该诗抄自网上，一非薛涛亲笔，二非吟咏校场村风物。对于此类材料，在鉴定环节应该明确加以剔除。有的传统村落档案材料，在鉴定时要复杂得多。比如一些石碑、墓刻的拓片，由于年代久远，字迹模糊而出现断划、少笔，在补字时容易因不了解立碑的历史背景和碑文所反映的内容而望文生义；在口述档案形成过程中，更易出现对同一事件或人物，多位口述人说法不一，或口述人陈述与记载的史料明显冲突的情况。① 在档案鉴定时，需要调阅相关历史文献或借助其他可信来源多方求证，尽量将最接近真实情况的材料甄别出来，纳入归档范围，尽量做到有史可查、有案可考、有物为证。

2. 完整性鉴定

对传统村落档案完整性的要求可从以下方面理解。

---

① 例如，王云庆、韩桐在《谈传统村落建档工作的误区及思考》一文中谈到，山东省朱家峪村村民和官方史料里对朱家峪土匪现象有截然不同的说法。史料里土匪与村民是劫掠与反劫掠的关系，而在数位村民口述中，土匪与村民在一定程度上是保护与被保护的关系。

第一，传统村落档案里的物质文化遗产档案和非物质文化遗产档案互为表里、互补互证，两者又同时与孕育地——村落难以分离。因此，在进行完整性鉴定时，应要求围绕同一建筑物、文化事象、民俗活动等形成的档案材料应收尽收且通过著录形成可检索到的关联关系。比如具有典型性的民居建筑，除了建筑形制、构件、细部装饰物等的文字说明和构图、照片描绘外，该形制所蕴含的村居理念、构件所表达的信仰或禁忌，以及细部装饰图案或造像所传递的民族审美观、道德观等精神层面的东西，在村落非物质文化遗产档案中或多或少均有映射。又如记录流传于村寨的民间神话传说等民间文学的档案材料，除了对文本本身的记录外，其流传地（即文学文本生成的文化空间）在不同历史时期或安宁，或战乱，或灾荒的生活情境，必然影响文本的内容及表述方式，因而对文化空间相关档案记录的补充可用于对民间文学档案材料的深度理解，应尽可能保证档案与生成背景之间的关联性得到维护。

第二，不少传统村落档案以项目为单位形成，其中最为典型的是村落建筑维护修缮项目，特别是对村落公共空间有重要意义的建筑物，如侗寨的鼓楼、羌寨的碉楼等，更应注意项目档案的成套性。例如，围绕单体建筑形成的项目档案，应包括可追溯到的记录该建筑原始风貌的蓝本。建筑档案应包含建筑的艺术特征、历史特征、建设年代及稀有程度，建筑测绘信息记录和相关资料，建筑使用现状和权属变化情况，建筑在历次修缮、装饰装修过程中形成的文字、图纸、图片、影像等资料，历次修缮活动形成的各类文件、合同、工程过程记录等。

第三，鉴于西南民族村寨有口头记史叙事的传统，需要以口述实录形式形成口述史。在鉴定口述材料时，应着重考察是否全面包括口述记录文本、录音或录像，口述人基本情况，口述时间、地点，访谈提纲等。重要档案应在鉴定发现有缺漏时，及时设法补足。若无条件及时补足，应在鉴定报告中如实记录，留待以后档案完善时加以弥补。

3. 可读性鉴定

针对少数民族传统村落档案的可读性鉴定，主要指形成于异文化语境的档案内容解读问题。例如,笔者在四川省阿坝州理县档案馆调研时,该馆藏有早期(形成年代不详)手工纸上刻写精美的藏文档案。据馆长介绍,该档案系村寨捐赠,但对捐赠情况(如捐赠人、捐赠日期、捐赠地点等)未留下记录;加之馆里无人能识读该档案中的藏文,导致该档案虽很可能是理县档案馆现有馆藏中形成年代最久远的,但一直无法最终确定其价值。相似的情况在笔者调研的贵州省黔东南州黎平县档案馆也存在。因此,少数民族传统村落档案里通过少数民族文字记录的部分、口述档案或音像档案里通过民族语言口述或演唱生成的部分,一定要在鉴定环节加以把关,对没有由至少汉语、少数民族语言双语形成的档案文本,需要及时提醒建档责任人或单位加以补充。另外,笔者在调研过程中亦发现,不少少数民族传统村落档案中的照片档案,特别是中华人民共和国成立以前的老照片,普遍存在著录不充分的问题。有的照片只能看到画面中的人物、场景,对照片中的人物身份、背景所在地的基本情况、拍摄人、拍摄时间、地点等细节均无任何描述,无法确定其生成的年代及照片中人物服饰、动作、生产或生活场景的意义,导致该类照片只能作为残件附于卷后,失去了与其他档案关联的机会。鉴于此,类似档案虽然并非肉眼无法识读,但其传递的信息含量相当有限,为了保证其能被完整、充分地读取,也需在鉴定时发现问题,尽量补足相关信息。

4. 技术性鉴定

对西南少数民族传统村落数字档案资源除来源、内容等方面的鉴定外,还需开展技术层面的鉴定。冯惠玲教授提出,技术鉴定包括可读性鉴定(该鉴定主要评判数字信息从载体中能读取的难易度,与前文中的内容可读性有所区别)、可靠性鉴定、无病毒鉴定、载体状况鉴定。① 这一层面的鉴定与其他类型数字档案无异,可遵循通用的鉴定标准,采用通用的技术手段,在此不再赘述。

---

① 冯惠玲:《电子文件的双重鉴定——〈拥有新记忆——电子文件管理研究〉摘要之三》,《档案学通讯》1998年第3期。

(三) 档案鉴定流程

与其他类型档案鉴定一致，少数民族传统村落档案鉴定通常亦分三次进行。

第一次鉴定发生在材料收集阶段，鉴定工作由各建档单位自行承担，主要鉴定材料是否具有归档保存的价值，重点是考察材料是否全面客观，来源是否可靠，是否能支撑行政部门的传统村落保护职能活动，或是学者的乡村学术研究，或是个人的收藏爱好等。不同建档主体的档案收集目的各不相同，但在材料收集阶段都会根据需要对材料加以取舍。基于少数民族传统村落档案材料特别是原生档案材料，量小分散且普遍价值较高，这一阶段鉴定标准应从宽，应收尽收，争取不遗漏能反映村落绵延发展的"只言片语"。

第二次鉴定发生在各建档单位在归档移交时对收集材料所作的再一次价值评判，该工作一般由建档单位档案室人员负责，主要考察拟入档材料是否齐全完整，是否能反映本单位的主要职能活动等。这一阶段的鉴定重点还是围绕本单位的主体利益，这也无可厚非，故建议该阶段鉴定不宜过多涉及和要求对入档材料文化价值、社会效益等的综合考虑。在主要执行各单位现行档案鉴定标准的基础上，应有一定的弹性和灵活性，适度放宽即可。

第三次鉴定发生在各建档单位将档案移交到档案馆或由传统村落领导小组指定的档案保管机构。这一阶段的鉴定与前两次相比，应更加注重档案的真实性、完整性、可读性，特别要强调多元价值标准的运用来保护档案反映的文化多样性。鉴于该次鉴定的技术难度和客观公正的需要，应主要由档案部门牵头成立档案鉴定工作小组。小组成员除建档单位联络员外，还应注意吸纳传统村落档案的共同形成者——村民的积极参加。因为对档案所反映的民族传统村落文化而言，其有无价值，价值几许，牵涉哪些需要了解的异文化脉络和背景，以上问题只有传统村落原住民真正有评判的资格和能力。在国际上社群档案的诸多实践中，也极为强调参与式鉴定。例如，Katie Shilton 和 Ramesh Srinivasan 提出参与式整理与鉴定模式，强调传统的作为档案所记载客体的社群应参与涉及他们的档案的整理和鉴定等工作。① 当然，参与式鉴定的理念重要且合理，但需要落地。我国国家档案局颁发的《村级档案管理办法》亦开始强调村民对包括村级档案的销毁鉴定在内的档案管理工作的有序参与，但仅属倡议和指引性质，未涉及具体的参与路径与方法。对此，属于村级档案管理范畴的传统村落档案在尝试参与式鉴定时，既需要大胆试验，也需要进一步的科学设计。

二 档案分类

分类工作贯穿档案从建立、管理到开发利用的工作全流程，传统村落档案这一新型的专门档案亦如是。建档阶段，各传统村落建档主体业已各自形成对传统村落档案材料类别划分的初步认识，这一对传统村落档案材料以分类为维度形成的认知，主要体现在住建部门制定的《中国传统村落档案制作说明》，中国传统村落文化中心拟制的《中国传统村落立档调查（文字）归档表》《中国传统村落立档调查（图片）登记表》。此外，个别少数民族地区的档案机构亦在出台的《传统村落档案管理办法》中对传统村落档案的归档范围按类描述。客观来讲，上述不同主体在建档过程中开展的资源分类均包括村落基本情况、物质文化遗产和非物质文化遗产三大类，涵盖较全面，基本能服务于传统村落前期的普查建档工作，但仅能实现粗线条汇聚并描述传统村落资源，不能用于后期对传统村落档案管理过程中的实体分类或信息（内容）分类。按学者王英玮、高璐娜的观点，上述分类仅属档案的认识性分类，即档案种类的划分，不属于档案的管理性分类范畴。②

当下，已建成的传统村落档案正待开展规范化组织和提供开发利用，而根据笔者调研了解，多数立档单位尚未形成指导传统村落档案实体分类或内容（信息）分类的方案，出现这一现状的原因是制定科学的传统村落档案分类方案比较困难。源于实践层面：一是传统村

---

① Katie Shilton, Ramesh Srinivasan, "Participatory Appraisal and Arrangement for Multicultural Archival Collections", *Archivaria*, Vol. 63, 2008, pp. 87–101.

② 王英玮、高璐娜：《关于档案分类问题的新思考》，《北京档案》2013年第3期。

落档案历时性形成是"传统村落文化的历史层累",① 纵向延绵不绝;横向来看,其生成主体众多、范围广阔、类型多元。二是指导传统文书档案分类的思路和原则不能全盘照搬。三是传统村落档案属新型的专门档案,当下无论是国家档案局还是住建部门等立档单位都尚未出台指导性的传统村落档案分类原则、标准或体系;加之对大多数建档主体而言,档案管理及开发利用均非主要工作,故依从简从快原则,直接将建档阶段粗线条分类形成的各村落档案信息汇入各系统数据库,进入后续管理和利用阶段。虽有个别单位"摸着石头过河",根据工作需要和对档案材料分类的认识,自行拟制并执行分类方案,但对档案分类方案的准确性和科学性没有能力开展评估和持续优化。学术研究层面:西方注重可以指导文件和档案分类实践的"分类系统""分类体系""分类方法"的实用性研究,而中国传统上对档案分类理论的宏观性研究较多。② 对档案分类的微观研究本就不多,涉及新型门类档案分类的研究更加稀缺。对传统村落档案分类问题的关注首见于2014年学者王云庆、韩桐发表于《中国档案》的《传统村落档案的收集整理》一文,指出应形成分化合理、科学有序、标识明确的传统村落档案分类体系的重要性,但未细及具体建构。③ 2015年学者杨红对传统村落建档中的文化资源分类问题展开探索,提出具体方案构想。除此之外,未见对这一档案管理业务层面微观问题的学理性探讨。

众所周知,"分类为档案管理诸程序之中心"。④ 对纷繁的传统村落档案材料进行科学类聚、合理划分,不仅是对村落材料条分缕析、清晰总览村落全貌的基础,还关系到后续科学高效的档案管理、开发及利用。有鉴于此,笔者不揣浅陋,拟根据对实践层面传统村落档案分类情况的实地调研,结合传统村落档案资源的实际情况,在研判建档阶段对传统村落档案材料类别划分的逻辑性、科学性和实操性基础

---

① 徐欣云:《"历史层累"阐述——传统村落档案研究语境的真实性探析》,《档案学研究》2020年第3期。
② 王英玮、高璐娜:《关于档案分类问题的新思考》,《北京档案》2013年第5期。
③ 王云庆、韩桐:《传统村落档案的收集整理》,《中国档案》2014年第7期。
④ 何鲁成:《档案管理与整理》,商务印书馆1938年版,第152页。

上，参考学者对建档阶段传统村落文化资源分类的研究成果，尝试探索性建构传统村落档案信息分类体系，以期为今后出台相关标准或规范性文件提供建议，帮助各传统村落在此框架下结合自身实际，形成合乎自身需求的传统村落档案分类方案。

（一）传统村落档案信息分类体系定位

档案分类分为档案实体分类和档案信息（内容）分类两类。档案实体分类的主要目的是为保管单位建构档案实体保管秩序，而"档案信息（内容）分类是依据用户的需要，快捷、准确满足用户对档案信息的业务需求和信息需求的目标价值取向，将档案内容依照一定的逻辑规则和方法加以分门别类，形成具有严密逻辑结构的档案内容主题关联体"。鉴于传统村落立档、管理和利用都以用户需求为导向，以充分发挥传统村落档案信息价值为旨归，故本书尝试建构的传统村落档案分类体系是针对传统村落档案信息的分类体系，用于传统村落档案信息的分类、著录、标引和检索。

本研究的传统村落档案信息分类体系是一类宏观性建构，强调指导性、原则性。一方面要力争覆盖各地区、各类型传统村落档案材料；另一方面，由于中国传统村落档案资源情况差异较大，北方与南方地区、汉族与民族地区、传统村落原生档案资源和衍生档案资源比例等都有不同程度的差别，故在设计时要指导性与实操性、原则性与灵活性兼具，其理想效果是在保证分类体系资源覆盖范围和逻辑严密性的同时，为各立档和管理单位留出因地制宜的操作空间，以便其在此基础上编制各单位的传统村落档案分类表。

（二）建档阶段的传统村落档案分类方法评析

1. 住建部门拟制的中国传统村落档案制作说明

住建部拟制的《中国传统村落档案制作说明》将传统村落档案划分为9个一级类目。

（1）村落基本信息：包括村落名称、村落属性、地理信息、村落形成年代、村域面积、村庄占地面积、户籍人口、常住人口、地形地貌特征、村集体年收入、村民人均年收入、主要民族、产值较高的2—3个主要产业、村落是否列入各级保护或示范名录、规划及保护利用状况、村落概况、沿革（历史沿革、建制沿革、修建沿革）、重要历史人物、重要历史事件共19个要素。

（2）村域环境：包括村域环境分析描述、村域环境分布图、村域环境照片册页。

（3）传统村落选址与格局：包括传统村落选址与格局描述、传统村落选址与格局分析图、传统村落选址与格局照片册页。

（4）传统建筑：包括传统建筑基本信息表、传统建筑分布图、传统建筑登记表、传统建筑照片册页、重要传统建筑测绘图。

（5）历史环境要素：包括历史环境基本信息表、历史环境要素分布图、历史环境要素登记表、历史环境照片册页、古树名木登记表、重要历史环境要素测绘图。

（6）非物质文化类：包括非物质文化遗产代表性项目登记表、非物质文化遗产代表性项目照片、录音或录像册页、其他非物质文化项目登记表、其他非物质文化项目照片、录音或录像册页。

（7）文献资料类：包括古书籍、当代正式出版物、论文等、复印、翻拍件等、拓本、摹本等、其他材料。

（8）保护与发展基础资料类：包括村落人居环境现状表、保护管理现状表。

（9）其他补充材料及说明。

该制作说明突出的优点是以类为单位，将文本档案和照片、图片档案加以汇聚，互相补充说明，不同载体上的档案信息相互关联，而且总体上涵盖了传统村落档案四大基本范畴（村域环境、村落物质文化、村落非物质文化、管理与保护）。此文本用于在全国住建系统范围内普查村落遗产资源并为传统村落申报按"一村一档"建立档案，以村为立档单位建立的中国传统村落档案文本的内容和细项亦依照上述9类设立，不同载体的传统村落资源各入其类后将根据所处位置获得分配的编号。通过对依此形成的中国传统村落档案文本的细读，发现存在以下问题。

第一，部分一级类目间界限不清晰，存在交叉或包含，导致一类材料可入多类。例如，村域环境、传统村落选址与格局两类材料难以明确区分，因为传统村落选址必定要考虑村域环境因素。例如，在贵州省黔东南苗族侗族自治州榕江县栽麻乡大利侗寨的传统村落档案中，不仅描述村域环境的文本与描述村落选址与格局的文本相似，而且同一张鸟瞰大利村寨、鼓楼及周边自然山体全貌的大利村全貌照片在村域环境内编号为 HJ001 - P001，在传统村落选址与格局中重复出现，编号为 XZ001 - P001；另一张支撑传统村落选址与格局的大利村寨局部、戏台、花桥及周边自然山体照片在该类中编号为 XZ003 - P001。由于照片内有周边自然山体画面，又被用于支撑村域环境类，在该类中以编号 HJ002 - P003 再次重复。

第二，部分一级类目名称笼统且缺乏相应说明，加上二级类目有的未进一步明确细化，任凭立档单位自由理解，导致在二级类目中材料冗杂，缺乏条理。对一级类目涵盖范围的不同理解也易造成归类时的混乱。上述情况在"历史环境类"表现得尤为明显。仍以贵州省黔东南苗族侗族自治州榕江县栽麻乡大利侗寨的传统村落申报档案为例，该档案在历史环境类纳入了以下材料：鼓楼、寨门、戏台、花桥（风雨桥）、古井、利洞溪、石板古道、石雕古墓、四合院、古道碑文、古石板桥、石阶、萨坛、古粮仓、古道蛇石雕、古树名木。如"利洞溪"是大利侗寨内一条溪流，应属村落选址与格局类，归入"历史环境类"实属不妥。此外，该类与传统建筑类交叉严重。如该类下的鼓楼、风雨桥、古粮仓的文字描述和照片与传统建筑类下材料一致，但由于类目不同被分配了不同的编号。如大利侗寨唯一的鼓楼照片在传统建筑类的编号为 J - 001，在该类的编号为 YS001 - P001。风雨桥、古粮仓的材料也有类似情况，这里不一一列举。

第三，类目分类的标准不明，随意性过大，极易导致部分材料在判断归属时难以操作，如该方案将非物质文化类档案材料分为非物质文化遗产代表性项目和其他非物质文化项目。不仅对何种非遗项目可判定为"代表性"项目语焉不详，而且在非物质文化遗产代表性项目下，细分了民间文学、传统音乐、传统舞蹈、传统戏剧、曲艺、民俗、传统体育、游艺与杂技、传统美术、传统技艺、传统医药共11项（基本执行了文化部的非遗分类标准，但将原分类标准中的一类"传统体育、游艺与杂技"拆分为单独的两类"传统体育""游艺与杂技"。与原标准相比，细分后的该类类属判断难度增加，因民族地区不少游艺与杂技活动均包含传统体育元素，难以判定是属于"传统体育"类还是"游艺与杂技"类）。在其他非物质文化项目下，则细分为15项，分别为传统生产方式、传统生活方式、社会关系、乡风民俗、传统民间技艺、民间文学、传统音乐、传统舞蹈、传统戏剧、曲艺、传统体育、游艺杂技、传统美术、传统技艺、传统医药。除基本沿用非物质文化遗产代表性项目的11项（将非遗代表性项目的"传统民俗"改为"乡风民俗"，含纳范围是否一致未见说明。仅从字面判断，乡风民俗不强调传统，且包含更广义的记录表现风情的材料，其范围应广于传统民俗）。另增设了传统生产方式、传统生活方式、社会关系、传统民间技艺四项。"传统民间技艺"明显属于"传统技艺"的下位类。况且非物质文化遗产代表性项目和其他非物质文化项目属同一大类，为什么要执行不同的分类标准亦未见解释和说明。

2. 中国传统村落文化保护中心档案分类方案

根据中国传统村落文化保护中心拟制的《中国传统村落立档调查（文字）归档表》《中国传统村落立档调查（图片）登记表》，该中心将文字材料与照片材料分别归档。

传统村落文字档案共划分为16个一级类目，分别是年代、形成原因、类型、地质、自然面貌（包括村落形状）、民族、姓氏、人口、生产、历史见证物、物质文化遗产、非物质文化遗产、自然遗产、现状、村落简介、其他（如特有的动物等）。

传统村落图片共划分为8个一级类目，分别如下。

（1）村落面貌：包括全貌、村落与自然的关系、村落不同角度的景象、主要街巷、重要公共空间、自然特色。

（2）历史见证：包括村落历史见证、家族历史见证、文献、其他有年款的遗存。

（3）非物质文化遗产：包括列入名录的非遗、未列入名录的非遗。

（4）民俗生活：包括日常生活场景、礼俗生活场景、家居信仰、交通工具。

（5）生产方式：包括日常生产场景、生产工具、手工制品。

（6）人物：包括村民肖像、历史上的重要人物肖像。

（7）现状：近年来村落的新变化。

（8）其他：调查者有发现的内容。

总体而言，中国传统村落文化保护中心拟制的立档调查文字归档表和图片登记表相对简略。其村落文字档案只划分一级类目，各类目下仅有简略的文字描述；图片档案类目分至二级。从类目设置来看，基本能满足调查工作需要，但与住建部门档案制作要求相似，一是该类表无法解决随着传统村落档案材料陆续补充积聚而必然带来的细分和序化问题；二是类目划分线条粗、个别类名含义模糊且包含范围过大，与同一层级其他类别形成交叉或包含关系，影响了档案材料的准确归类。例如"历史见证物"一类，"历史见证物"这一类目名称含义不确切且覆盖范围过于宽泛。举例说明，为北京市房山区南窖乡水峪村建立的传统村落档案，同是民间建筑的东王家堂、西王家堂、杨氏家堂被归入"历史见证物"类，而杨家大院、王家大院则被归入"物质文化遗产"类，可见依此分类标准容易造成同一档案材料可入多类的情况，将影响档案检索的准确性，也将为今后的传统村落档案数据库建设埋下隐患。①

3. 档案部门拟制的传统村落档案管理办法中的分类

目前，一些传统村落资源丰富的西部民族地区档案部门已积极参

---

① 王萍、满艺：《传统村落档案建构模式比较研究》，《档案学研究》2017 年第 6 期。

与传统村落建档式保护工作并出台了传统村落档案管理办法。以《黔东南州传统村落档案管理办法（试行）》为例，对其中的传统村落档案分类作简要评析。

一、传统村落简介

1. 反映村落基本信息、村域环境、传统村落选址与格局、传统建筑、历史环境等资料。

2. 反映所处地区、地理位置、占地面积、用地性质、人口数量、民族情况等资料。

3. 反映村落规划、基础设施、公共服务设施情况等资料。

4. 反映家庭组成、家族情况、家族群体情况、家谱族谱等资料。

5. 反映村落公共事务状况、交通状况、经济状况等资料。

二、传统建筑类

1. 传统村落区位图、保护范围边界示意图。

2. 传统建筑物的位置、面积、基本形制、建造工艺、结构形式、主要材料、装饰特点、建筑物艺术特征、历史特征、建筑年代及稀有程度等。

3. 建造相关的传统活动、历史功能。

4. 建筑的使用状况、保存情况及产权归属变化情况。

5. 建筑的修缮、装修装饰过程中形成的图纸、文字、照片、音像等资料。

6. 建筑的测绘信息记录和相关资料。

三、物质文化类

1. 反映衣冠服饰、特色食物、传统乡土建筑、交通工具、生产工具、农林牧渔业的生产资料情况。

2. 反映手工业生产情况、商业贸易情况、村落自然景观、村落历史文化景观、名人实物等资料或实物。

四、非物质文化类

反映特色节日、宗教信仰、成年婚姻丧葬习俗、娱乐民俗、语言民俗、传统手工工艺技能、民间美术、地方戏曲、特色音乐、民间舞蹈、传统医药、口头表演艺术等资料。

五、文献资料类

1. 志书、族谱、历史舆图、碑刻题记、地契、匾联等。

2. 吟咏描述村落风物的诗词、游记等。

3. 村落沿革、变迁、重要人物、重大历史事件等。

4. 在历史上承担过的重要职能、传统产业等的相关图、文、音像资料。

5. 当代有关村落研究的论文、出版物等资料。

六、保护与发展基础类

1. 保护管理机构、规章制度、行政管理文件、村规民约等。

2. 保护工程实施情况、保护资金使用管理情况等。

3. 已公布的村庄、保护发展、产业、旅游、道路交通、资源利用等规划成果资料。

总体来看,该归档范围涵盖的传统村落档案资源内容较全面,二级类目列举较详细。此办法虽然由专业档案管理机构拟制,但仍然出现了划类不尽科学的问题,具体如下。

第一,6个一级类目在级别上不一致,存在包含关系。例如,"传统建筑"属于"物质文化"类的下位类,不宜将其与上位类并置为一级类目。否则"传统乡土建筑"材料既可入一级类目"传统建筑",又可入同一级类目"物质文化"类的下位类。类似情况会影响统计数据的准确性,也会对信息管理和数据库建设造成不利影响。

第二,同级类别内容有交叉。例如,第一级"文献资料类"的大量内容与"物质文化"类、"非物质文化"类均存在交叉。第二级"家谱族谱"既属于"村落简介"类,又在"文献资料"类有其一席之地。

第三,类目与所属材料不匹配,如文献资料类是不应该包含"音像资料"的。

4. 村民自治模式下的传统村落档案分类

村民自治模式下的传统村落建档成果分类最为粗略。他们由于缺乏信息组织常识，基本没有档案科学分类的意识，所建档案在材料聚合上几乎只有一级类目，且排列随意散乱。以云南省孟连县勐马寨"勐马项目"为例，其最终建档成果《勐马档案》将档案材料分为勐马寨概况、勐马傣族文字、历法、村规民约、节庆、习俗、民间文艺、佛事活动、民居、生育、社团组织、商业、自然崇拜、饮食与医药、工艺、纪实、民族文物共17类，未按层次、按类别聚合材料。

5. 学者建构的传统村落文化遗产资源分类方案评析

在已有研究成果中，学者杨红为解决传统村落建档中的遗产资源分类问题构建的方案非常接近于传统村落档案信息分类方案，值得借鉴。

该方案采用二级分类体系，一级类目共24个，归属四大板块：村落自然环境、村落社会环境、村落文物、村落非物质文化及"其他"类。其中，村落自然环境包括气候气象、土地、其他村落自然环境共3个一级类目。村落社会环境包括人口分布、经济状况、交通状况、地方语言、驯养种植情况、古遗址、古墓葬、古建筑、石窟寺及石刻、近现代重要史迹及代表性建筑以及其他村落社会环境共11个一级类目。村落文物包括历史文物、古籍、历史档案以及其他村落文物共3个一级类目。村落非物质文化及"其他"类包括传统表演艺术、传统工艺美术、传统生产、生活知识与技能、传统节庆与仪式、其他村落非物质文化共6个一级类目。[①]一级类目下的二级类目共计158个。

与实践层面的传统村落资源分类思路和做法相比，该分类方案最大的优点是选用了文化部非物质文化遗产分类标准和国家出台的可移动文物和不可移动文物分类标准，符合科学分类规范。例如，同一级类目的设置符合"平级"原则；同一级类目间互相排斥；类目与类属间包含关系准确；类目名称与已有文物分类和非物质文化遗产分类已有的标准称谓相衔接，容易理解。另外，二级类目以列举式基本穷

---

① 杨红：《传统村落建档中的资源分类问题》，《文化月刊》2015年第2期。

尽了可能通过收集或建构形成的档案材料。但此分类方案一是只针对村落遗产资源，无法运用于对传统村落保护、管理过程中形成的档案材料的分类；二是如果在一级类目之上再设一级上位类，即形成三级分类体系，资源聚类会更清晰，层次更合理。

（三）传统村落档案信息分类体系建构

通过对以上实践层面传统村落档案类别划分的研判，发现在建档阶段暴露出的分类问题如下。一是以分类原则的同一性、排他性、穷尽性检视，都在一定程度上存在不足。二是分类系统精细度控制不科学，有的过粗，造成搜索查询的便捷度降低；有的过细，导致项目归属判断困难。三是有的类名模糊且无明确界定，导致对类目所能含纳内容的理解过于主观和随意。另外，有的类目命名不恰当，类名与类属内容未形成完全包含关系。四是伸缩性太小。以上都是在设计传统村落档案信息分类体系时需要解决的问题。

综上，笔者认为拟建构的传统村落档案信息分类体系应达到以下标准：体系结构严密、分类标准前后一致、类目逻辑关系清晰、类目名称准确且涵盖所辖内容。一方面要确保材料入档的唯一性，力避入档的随意性；另一方面要兼顾科学性与实用性，分类体系要兼顾严密性与灵活性。各乡村遗产保护主体可视需要选配，通过分面组配形成自己的档案分类表，以便在档案材料数量、内容等各异的村落应用。据此，对传统村落档案信息分类体系作出以下设计（见表5-1）。

表5-1　　　　　　　传统村落档案信息分类体系

一级类目	二级类目	三级类目					
1 村落概况	1.1 村落自然环境	1.1.1 气候	1.1.2 地理环境	1.1.3 自然资源	1.1.4 其他自然环境		
	1.2 村落社会环境	1.2.1 村落属性	1.2.2 历史沿革	1.2.3 人口	1.2.4 经济状况	1.2.5 基础及公共设施	1.2.6 其他社会环境

续表

一级类目	二级类目	三级类目					
2 村落物质文化遗存	2.1 可移动物质文化遗存	2.1.1 器具	2.1.2 纺织（绣）品	2.1.3 皮革	2.1.4 文具、乐器、法具	2.1.5 雕塑造像	2.1.6 绘画	2.1.7 书法
		2.1.8 拓片	2.1.9 历史档案及文献	2.1.10 徽章证件	2.1.11 票据	2.1.12 音像制品	2.1.13 交通运输工具	2.1.14 其他可移动物质文化遗存
	2.2 不可移动物质文化遗存	2.2.1 古遗址	2.2.2 古墓葬	2.2.3 古建筑	2.2.4 石窟寺及石刻	2.2.5 近现代重要史迹及代表性建筑	2.2.6 当代村居建筑	
3 村落非物质文化遗存	3.1 传统节日类	3.1.1 全国性节日	3.1.2 民族特有节日					
	3.2 传统仪式类	3.2.1 祭祀仪式	3.2.2 宗教仪式	3.2.3 礼俗仪式	3.2.4 其他仪式			
	3.3 表演艺术类	3.3.1 传统音乐	3.3.2 传统舞蹈	3.3.3 传统戏曲	3.3.4 传统体育、游艺与杂技	3.3.5 其他表演艺术		
	3.4 民间文学类	3.4.1 神话	3.4.2 史诗	3.4.3 民间传说	3.4.4 民间故事	3.4.5 民间歌谣	3.4.6 民间叙事	
		3.4.7 说唱文学	3.4.8 谚语	3.4.9 谜语	3.4.10 其他民间文学			
	3.5 传统工艺美术类	3.5.1 雕塑工艺	3.5.2 锻冶工艺	3.5.3 烧造工艺	3.5.4 木作工艺	3.5.5 髹饰工艺	3.5.6 织染（绣）工艺	
		3.5.7 编扎工艺	3.5.8 画绘工艺	3.5.9 剪刻工艺	3.5.10 其他工艺			
	3.6 传统生产知识类	3.6.1 农业生产知识	3.6.2 林业生产知识	3.6.3 牧业生产知识	3.6.4 渔业生产知识	3.6.5 狩猎业生产知识	3.6.6 其他传统生产知识	

续表

一级类目	二级类目	三级类目						
3 村落非物质文化遗存	3.7 传统生活知识类	3.7.1 传统饮食烹调技艺	3.7.2 传统服饰制作技艺	3.7.3 传统建筑营造技艺	3.7.4 传统交通工具制造技艺	3.7.5 传统医药学知识	3.7.6 其他传统生活知识	
	3.8 其他村落非物质文化遗存							
4 村落管理与保护	4.1 村落管理类	4.1.1 文书类	4.1.2 基建项目类	4.1.3 设施设备类	4.1.4 会计类	4.1.5 照片类	4.1.6 音像类	4.1.7 其他村落管理类
	4.2 村落保护类	4.2.1 村落保护政策性文件	4.2.2 保护项目工程	4.2.3 保护设施设备	4.2.4 会计	4.2.5 照片	4.2.6 音像	4.2.7 其他保护类

方案说明如下。

第一，本书对传统村落档案的界定：传统村落档案指传统村落所在地的村民在生产生活实践中直接形成的，以及国家机构、社会组织和个人在传统村落保护和管理活动中形成的有留存价值的各种形式的历史记录。故此传统村落档案信息分类体系含纳了传统村落文化类、管理类、保护类三大类档案信息，传统意义上的村级档案主要为村庄管理类档案，该部分档案所蕴含的信息可用制作副本或数字化复刻等形式融入该体系。实践中，已有档案部门将传统村落档案归档及管理范围作出了与本书类似的划分。

第二，本体系二级类目中的"可移动物质文化遗产"类参照《国有可移动文物普查——文物分类标准（试行）》（发布日期：2012年3月12日）；"不可移动物质文化遗产"类参照第三次全国文物普查不可移动文物分类标准；"非物质文化遗产"分类目前主要有十分法、七分法、三分法，本书主要参照七分法；[①]"村落管理与保护"类参照《村级档案管理办法》（国家档案局、民政部、农业部制发，

---

① 苑利、顾军：《非物质文化遗产分类学研究》，《河南社会科学》2013年第6期。

实施日期：2018年1月1日）。在参照以上权威度较高的不同类型文化遗产分类和村级档案分类的基础上，结合传统村落文化遗存的实际情况，一是选择了上述分类方案中与传统村落文化遗存最匹配的类目，二是增设了能细梳传统村落文化遗存的部分小类。各立档单位可结合档案归类的实际需要选择恰当的层次。

第三，为避免分类方案过于烦琐细碎影响使用，本分类体系总体层级为3级。需要说明的是，虽然分类体系总层级数为3，但据笔者调研，有的三级类目（如传统村落保护项目工程）下入档材料数量多、类型广泛且需频繁调阅，故依需要仍可将其进一步细分，如4.2.2保护项目工程类，还可如下细分。

4.2.2.1 村落保护与发展规划。产业、旅游、道路交通、资源利用等规划成果等材料。

4.2.2.2 保护项目工程文件材料传统村落保护与开发项目工程全部文件材料。立项报告、项目建议书、设计、施工、监理、竣工验收等阶段的合同、协议书、文字表、图纸、相关文件材料。

4.2.2.3 开发建设性项目工程文件材料。

此外，为实践层面的易于理解和操作，本分类体系在二级类目下未采取完全列举式，未列举部分可归入"其他"类。如果零散材料每类数量不多，可考虑将其并置入"其他"类。如果某地区归入"其他"类的档案材料数量较多，可考虑将其抽取出来，增列到分类方案合适的层级。例如，贵州省安顺市档案局制定的传统村落归档范围将"农户档案"单独列为一个一级类目，该类目下囊括的材料有家庭成员登记表、身份证明（复印件）、学历证明（复印件）、各种奖励、表彰、奖状、荣誉证书（复印件）、先进事迹、好人好事纪实材料；遵纪守法记事、发生纠纷纪实、违法违纪案件纪实；村民与有关单位签订的责任状、合同书、协议等，以及与其他村民签订的宅基地转让、土地转让等各类合同、协议等；赡养老人、教育子女、移风易俗、社会公德；家（族）谱及有保存价值的图、表、照片及实物（复印件均可）等材料，以上材料基本概括了村民个体生活的方方面面，拥有极大的凭证价值和德育价值，故确实适合单独列为一类，方便管理和利用。

正如学者杨红所言,任何分类方案都是权衡利弊的产物。在分类方案中很难完全避免同一材料可入多类的情况,有一种处理方法是根据材料的主要内容将其归入某类并在著录时在相关类目下作注释。

三 档案著录

传统村落档案资源经有序组织后,接下来的重要工作是档案著录,即对档案的内容和形式特征进行全面分析、选择和记录。档案著录是获取档案中所含情报信息的主要途径,是决定档案检索工具质量的重要因素。目前档案著录执行的是国家档案局1999年批准并实施的国家标准《档案著录规则》(DA/T18—1999)。该标准规定,档案著录项包括题名与责任说明项、稿本与文种项、密级与保管期限项、时间项、载体形态项、附注与提要项、排检与编号项。在开展传统村落档案著录时,一方面要严格执行该标准,另一方面在著录项的数量与内容的确定上又绝不能拘泥于该标准。这一是因为《档案著录规则》主要适用于文书档案,目前传统村落档案中文书档案数量偏少;二是因为与传统文书档案相比,传统村落档案构成复杂得多,相应对著录项数量和深度的要求都高得多;三是因为在先于传统村落档案的村落非物质文化遗产档案管理过程中,由于档案著录过于简单,在利用过程中会出现背景信息模糊、关联信息未得到准确揭示而对档案的漏检和误读现象。M. Stevens 等曾明确指出:"档案工作者(及其他遗产专业人员)已经认识到,如果他们不重视档案所形成的背景,并想方设法将其编入他们的目录及著录中,这份档案的意义就会很快消失。"[1]

综上,对西南少数民族传统村落档案进行著录时,从其特殊性出发,在著录文字的使用上,应考虑民族语言和汉语双语著录,并保持两种及以上语言的著录条目在语义上的一致性。这样既可维护档案要

---

[1] M. Stevens, A. Flinn, E. Shepherd, "Newframeworksfor Ccommunity Engagement in their Archive Sector: From Handing Over to Handing on", *International Journal of Heritage Studies*, Vol. 16, No. 1, 2010, pp. 59 – 76.

素的原真性，又便于民族区域以外的受众无障碍利用该类档案。① 在著录项目的设计上，应按西南少数民族传统村落档案实存现状，增加其所有权持有者、利用权限说明、存放地点、有无数字版本及数字版本基本情况等条目，此为传统村落实体档案在著录时可考虑增加的条目。对传统村落数字档案进行著录时，著录项则不止于此，对传统村落数字档案的元数据描绘越详细，越有助于数字档案资源的全面、深度呈现以及为档案信息关联创造条件（关于不同类型传统村落数字档案的元数据内容及表现形式，请详见传统村落数字档案资源组织相关部分）。为此，可考虑由档案部门出台《少数民族传统村落档案著录细则》，对少数民族传统村落实体档案和数字档案著录作出统一、细化而明确的规定。

以上仅是对少数民族传统村落档案著录应增设语言及条目的初步考虑，应该说著录语言的丰富、条目数量和类别的增加对传统村落档案信息揭示的准确性和广度大有裨益，然而可能更需要深入思考的一个重要问题是通过档案著录对档案信息关联的深度揭示如何实现？

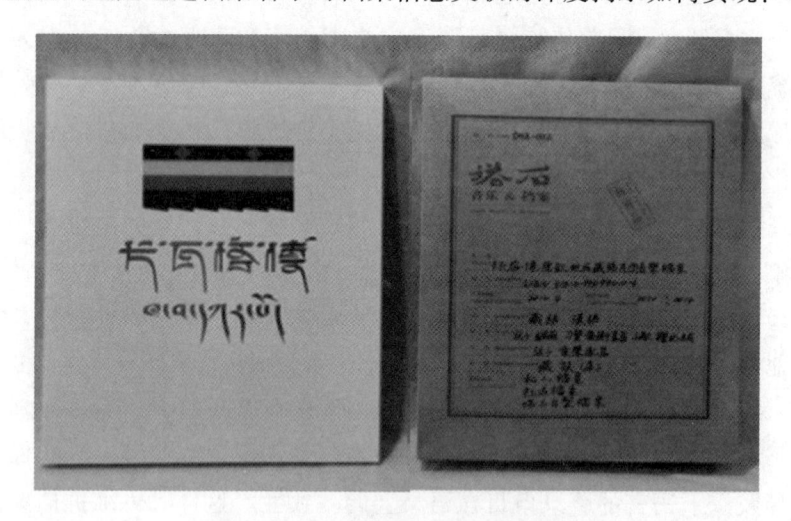

图 5-1 塔石音乐档案封面著录项

---

① 赵生辉、胡莹：《中国少数民族语言档案双语著录规范研究》，《档案管理》2019年第 2 期。

第五章　西南少数民族传统村落档案资源组织　215

　　以西南少数民族传统村落档案中十分重要的音乐档案为例，在著录方面，之前的著录方式显得过于粗糙简约，基本上只有音乐名称、类型、表演者、录音或录像者、表演时间、地点、主题简述等基本要素。这对于受众特别是处于不同文化背景的受众，深刻理解和接受是远远不够的。反观著名的美国印第安纳大学传统音乐档案馆，采风者100多年以来持续将其采自世界各地的民间音乐送到此处保存。档案工作者一方面将这些多载体的音乐档案（包括卡带、开盘磁带、蜡筒唱片、钢丝唱片、木纹唱片等）转录成CD并充分描述音乐档案细节信息以备检索利用；另一方面他们还将与音乐同时到达的采风人笔记详加著录，笔记反映了音乐采集地的乡土人情、采风人当时有何种感悟和思考，相当于为受众深度理解和欣赏民间音乐提供了语境和背景。音乐旋律、节奏与背景的完美交织使民间音乐的欣赏性和思想性大大提高。例如，民歌常常是多种艺术形式的融合，在对传统村落档案非物质文化遗存类传统音乐子类的民歌档案进行著录时，可借鉴民

图5-2　塔石音乐档案内民间艺人照片及生平简介

间音乐爱好者的举措,如独立音乐机构"塔石音乐 & 档案"的制作思路是把音乐的方方面面放进档案袋里。

在为云南德钦藏族社区民间音乐制作的档案包里,含音乐、文本、民间艺人个人生平等丰富信息,其著录项目如下。

云南德钦民间音乐

形式:手册一本(118 页),唱词册一本(176 页),卡片包(18 张),CD 两张(55 轨 123 分钟)

档案来源:塔石自录 & 社区档案

出品时间:2015 年 3 月

制作时间:2010 年 6 月—2015 年 3 月

类型:弦子、锅庄、刀赞、当谢、夏鲁、山歌、搅奶调

地区:云南德钦

语言/族群:藏语(康)

乐器:弦子、电声配器

制作方:塔石自录 & 社区档案

表 5-2　　　　　　　　木沙江音乐档案内容简介

册子一	类型	对德钦的八类民间音乐和口语民俗——弦子、锅庄、刀赞、当谢、山歌、夏鲁、搅奶调和羌姆进行基本介绍和描述
		关于弦子、刀赞、夏鲁、羌姆的四篇文章。中国社科院民族文学研究所降边嘉措回忆刀赞在他童年生活中的印迹;木梭从德钦本地文化人的角度讲述鲁传播到家乡的历史过程;昆明民族音乐研究者白帆用学术化的语言讲解弦子乐器(兵庸)的来龙去脉;云南省社科院人类学教授郭净谈羌姆仪式文化
	介绍卡瓦格博文化社	回顾卡瓦格博文化社过去所做的民间音乐工作,重点是文化社策划并制作德钦县羊拉乡萨荣村弦子音乐的过程以及文化社举办弦子擂台赛和"恢复"锅庄的故事
	江坡村的弦子传奇	梳理了两位著名弦子艺人年永赤列和徒弟白玛达西的生平。读者可从中了解江坡村(德钦县的文化名村)的人文生态以及基层村落的弦子艺人与周边的互动过程
	口述	十位民间艺人或文化社成员关于音乐与人生的亲身讲述

第五章　西南少数民族传统村落档案资源组织　217

续表

册子二	唱词	通过对歌词这一音乐文本的细致阐释帮助读者理解音乐的内容与内涵。通过藏汉双语的呈现，着重于音乐的修辞、典故及藏语文化的空间感
	附录	未被收录于CD中的弦子、锅庄和刀赞的词，作为延伸阅读素材使用
CD 两张		八种文化类型的试听片段
特写卡片		德钦民间音乐相关特写（图片）
汉藏名称对照表		为档案集中人名、地名等藏文名称提供统一的名称对照工具

该音乐机构为都塔尔大师木沙江·肉孜老师制作的木沙江音乐档案袋含手册121页、唱词册672页（歌词读本双语呈现，有详细的制档人提示）、肖像卡片27张、CD五张和插画一张。他们非常具有特色的创意思路是"听档案，读音乐"，通过文本讲述音乐人如何去解释自己的人生，他的同伴怎样去回忆他的人生（有其人生时间轴，有他的学生回忆口述他的文章），文献资料又如何去呈现他的人生。此外还绘制了汉语地图，在地图上标注木沙江老师人生中出现过的一些地点；收集了一些木沙江老师家乡流传的谚语来展现当地的风情，当地维吾尔人用什么样风趣的语言描述他们的家乡，试图引导听众从描述木沙江老师音乐人生的文本中深入理解他的音乐风格，而且每期档案的最后还列有参考文献，可延伸阅读。

以上案例严格来说并非档案领域的著录实践，但可给予我们有益的启示。对档案相关材料收集得越充分，细节揭示得越细致，背景建构得越全面，档案利用的增益效果越好。由此观之，对当下传统村落档案中的著录项需花大力气优化完善。例如，传统村落档案中的刺绣工艺类，实物档案应著录其时代、质地、纹理、颜色、图案、文化或象征意义、绣者基本情况、工艺流传过程等。照片档案除上述项目外，还应添加照片格式、像素、拍摄所用器材、拍摄者情况〔如中国传统村落保护中心在《中国传统村落立档调查（图片）登记表》中要求摄影家附一份200字个人简介和一张工作照〕等基本信息，而非现在简单的实物档案或者无任何说明或只有"精美异常、名闻遐迩"等空洞溢美之词；拍摄的刺绣工艺照片只有照片录音或录像编号、拍摄对象名称、拍摄时间、拍摄内容说明（经常为空白）。又如，民歌类的著录项应包括民歌概述、歌种释文、歌词方言土语注释、曲谱、民族文字（如有的话）汉语歌词对照、照片和凡例、图表以及曲谱同步录音。有相关材料的话，还应包括演唱者的基本情况。口述史料类的著录项应该包括口述文本（用民族语言讲述的需要准备民族语言文本和汉语文本）、口述同期录音或录像、口述时间和地点、口述人基本情况、讲述语境、文件格式等。

还有一点值得提及，在国外社区档案，特别是少数族裔社区档案管理实践中，"强调吸纳少数族裔社区居民参与档案著录工作，充分尊重其对自身形成的文件、档案在来源主体、术语运用、传播方式等方面的看法和要求，从而制定充分反映民族和本土文化的少数民族档案著录元数据方案，深层次揭示少数民族档案资源的特点。据报道，目前，澳大利亚和美国的原住民社群已经制定相应条款，阐述如何对本群体形成的各种类型的记录及知识进行获取、标识、保存及可视化展现"。[1] 本研究多处多次强调，高度尊重村民在传统村落档案工作中的文化权利和权益是建档的最终目的，因此，在少数民族传统村落档案著录过程中，积极动员、吸纳原住民归纳整理、解读阐释档案材料，既是准确理解异文化的刚需，又是档案工作范式转型的必要尝试和突破。

四 立卷与保管

在鉴定与分类方案制定完成后，归档材料的筛选和保管期限的确定即可依序进行。传统村落档案是以村落为全宗聚合材料的，全宗下按分类方案采用问题分类法，将档案材料从大类到小类层层加以细分和聚合，形成案卷、编写案卷目录、依规则排列案卷并上架。这一套

---

[1] A. Gilliland, "Neutrality, Social Justice and the Obligations of Archival Education and Educators in the Twenty-firstcentury", *Archival Science*, Vol. 11, No. 3 – 4, 2011, pp. 193 – 209.

处置方法也同样适用于传统村落档案整理工作，故此不再赘述。

目前，传统村落实体档案在保管方式的选择上，主要有两种观点及做法。

一种观点认为，乡村档案机构不健全，档案保管条件不成熟，加之档案人员严重不足，因此将乡村视为传统村落档案收集工作的主体，乡镇则是鉴定、保管工作的主体。各档案馆（室）工作人员要合理进行档案的鉴定工作，明确案卷的保管期限，实行分级保管，并建立传统村落档案保管体系和科学合理的存放秩序。① 各级各类公共档案馆是少数民族村落历史建筑档案归口管理的理想单位。在条件允许的情况下，将分散在各部门的少数民族村落历史建筑档案依法向相应的公共档案馆移交，为这些珍贵的历史建筑档案提供一个良好的保护条件和环境。②

实践层面，有的传统村落立档单位选择将全部或部分传统村落档案移交到档案部门统一管理。以住建部门传统村落档案为例进行说明。据了解，由住建部门形成的传统村落项目建设资料在本单位保存一两年就要移交档案馆，土建资料必须要等项目竣工后保存一到两年才移交；而传统村落调查资料（包括规划）等则不移交，一般上传电子版到本单位的数据库。③ 例如，湖北省住建厅联合湖北省档案局，对湖北省共计89个国家级传统村落进行规范建档，并将相关档案资料全部收集进省档案馆。④ 又如，浙江省松阳县电视台《村村行》栏目制作完成了松阳县157个传统村落视频档案，记录了当地传统村落的基本面貌、传统建筑、农林水产业情况以及各村的民俗民风、村落特色及发展变迁。该批档案亦全部送往松阳县档案馆统一管理。

在民间，有部分村民因担心珍贵档案保管不善，主动将其寄存到档案部门。例如，四川省阿坝州茂县沟口乡羌族释比老人肖永庆收藏

---

① 王云庆、韩桐：《传统村落档案的收集整理》，《中国档案》2014年第7期。
② 王婷婷：《少数民族村落历史建筑档案保护研究》，《档案管理》2017年第5期。
③ 笔者在调研四川省阿坝州理县档案馆时，在库房内发现理县住建局近五年内传统村落项目建设成套档案。据介绍，住建局在需要使用该类档案时会到档案馆调阅。
④ 《湖北89个传统村落档案收集进馆》，《中国档案报》2016年5月26日第1版。

有释比图经《刷勒日》原件，平日以香木板作为封面、封底包夹存藏，①后老人将《刷勒日》寄存在茂县档案馆。《刷勒日》是羌族人民的"圣书"，有丰富的民俗文化内涵，记载了古老绘画技艺。茂县档案馆将其和陆续征集到的23件相关实物档案一并进行安全保管。2015年，《刷勒日》文献成功入选第四批《中国档案文献遗产名录》，这也是阿坝州有史以来第一次有珍贵档案入选国家档案文献遗产名录。可以说，如果没有茂县档案馆精心保管《刷勒日》原件并积极征集相关档案形成系列，该原件的珍贵价值也许没有机会为人所知。作为孤件，其价值也许会大打折扣。

另一种观点截然相反，反对将村落档案整理移交入馆。李健、王运彬认为，档案部门按照一般工作流程（档案—管理—进馆）征集村落档案进馆的方式，恰恰破坏了村落档案连续记录村落自然面貌和文化脉络之间的有机联系，会不可避免地使村落档案脱离原有的、整体性的村落文化环境，使得村落文化生态走向失序。②任越认为："传统村落文化建档的出发点并不是将传统村落中具有文化价值的实物与文字记录征集入馆，而是要采取以传统村落自建自管、文化行政部门负责指导与监管的管理机制。"③以上学者的观点与国外社区档案研究者的观点不谋而合。有国外学者认为，社区自主收集和保管档案对保障社区正确记录他们的历史、形成社会更加具有包容性的历史叙述、体现更广泛社会群体的利益等方面有重要意义。档案工作者应当与社区合作，支持和指导社区收集和保管档案，而不是坚持让官方档案机构来保存社区档案。④

实践层面，目前传统村落档案（除村务管理档案外）绝大多数保留

---

① 何永斌：《西川羌族特殊载体档案史料研究》，巴蜀书社2009年版，第196页。
② 李健、王运彬：《传统村落档案管理路径转型——从人文引导管理到文化生态复兴》，《浙江档案》2018年第10期。
③ 任越：《传统村落文化建档问题探究——以黑龙江省少数民族传统村落为例》，《档案学研究》2017年第2期。
④ Andrew Flinn, Mary Stevens, Elizabeth Shepherd, "Whose Memories Whose Archives? Idedpendent Community Archives, Authnomy and Mainstream", *Archival Science*, No. 9, 2009, pp. 71-86.

在各立档案单位，既没有移交给档案部门，也没有在传统村落档案原生地就地保管和利用。但也有少数地区档案部门积极作为，以联合发文的形式强制要求将各相关单位形成的传统村落档案副本移交到村档案室，由村落统一管理。例如，前文提及的贵州省《安顺市传统村落档案管理办法（试行）》明确规定：村"两委"是传统村落档案工作的责任主体和立档单位，应将传统村落档案工作纳入村落管理工作范围，设置村落专门档案室（有条件的村落还可根据需要，采取不同的保管存放方式，设置除档案室外的实物档案陈列室、活态档案室等），建立健全档案管理制度，明确档案工作岗位责任制和相关责任人，负责传统村落档案的收集、整理、归档、保管、利用和移交等工作，统一要求、统一管理，切实加强和维护传统村落档案完整与安全。各相关部门单位在实施传统村落保护和建设过程中产生形成的各类文件材料，按照相关规定和要求，除本单位留存归档外，应移交一套完整的文件材料给相关村落档案室归档保存，便于村落建设、发展档案材料的开发利用。

笔者认为：一方面，对传统村落的保护涉及众多政府职能部门，这些部门在履职活动中形成的传统村落档案按法律规定应该按期及时向档案馆移交，以避免在非遗工作中已经出现的重申报、轻管理，重现实、轻长远的现象。此举一来可以减轻职能部门的档案管理工作压力，将精力投入主要职能活动中；二来亦有利于传统村落档案的系统化、专业化管理并丰富档案馆馆藏。另一方面，传统村落村民是传统村落文化最大的权力主体和利益主体，建档的终极目的除了抢救固化文化基因和要素外，更重要的是扎根村民的生产、生活场——村落，利用村落档案文化信息构建乡土文化场域，以润物细无声的方式加强对村民日常生活的全面渗透。此外，活生生的民俗文化实际存在于一个个具体的村落中，不仅多民族民俗文化作为群体传统的起点与终点，是一个个具体的村落，而且它的生成、传播与传承都与村落的历史命运紧密相连，所以最鲜活的民俗活动上演的舞台实际上是一个个具体的村落。况且非物质文化遗产具有独特的生命力和变化性，而非静态的文化意向。一旦将档案抽离，一方面会使村落非物质文化遗产因脱域而无法活化传承，另一方面将侵害村民的文化所有权和阐释权。况且当下对传统村落档案的建构及利用均可通过数字技术的运用生成数字化档案成果，其最大的优势是可共时性地提供利用。故一方面由村民自治形成的村落档案成果毫无疑问应由村民在地化管理和使用；另一方面，无论是行政部门、学术精英还是民间团队出于各自目的对村落文化遗产收集、整理而形成的村落档案，都应该为村落留下副本，充实到以村落为单位形成的立档全宗里去，避免仅将村落视为"收割"对象。

第二节 传统村落数字档案资源的组织

"传统村落建档的最终样态是实体档案全宗与档案数据库相结合的形式。实体档案全宗是按照传统村落建档归档范围要求，登记与采集传统村落遗存信息，以项目为单位组成实体全宗的档案形态；档案数据库是将采集的信息数据加以整理，以数据库的方式集中管理传统村落遗存信息的档案形态。实体档案形态与数字档案形态并非双套制的管理形式，实体档案形态更侧重档案内容的原汁原味，以及利用时的视觉感受，而数字档案形态更侧重档案信息的关联呈现与信息资源的网络推广与使用。"[①] 数据库的搭建主要是为依托于传统村落之上的大量、多样、复杂的文化资源提供存储和利用的平台，其建设目标主要包括长期保存、有效开发利用传统村落文化资源两方面。

一是长期保存。传统村落为传统民居等文化空间提供独具特色的自然环境与社会环境，同时为以非物质文化遗产为主要象征的文化表达孕育传承人。与传统的存储手段相比，借助数字存储技术能够搭建一个较为稳固的半封闭式资源"仓库"，在实体形式的传统村落文化表达和利用过程中，可以有效应对内外部环境的影响，规避风险。在运营过程中，也可以借助数据备份和云存储等方法弱化技术风险。

二是开发利用。过去的文化资源保护更注重静态保存，偏好数字化复刻。随着社会力量不断涌入，传统村落文化保护的队伍日渐壮

[①] 任越：《论我国传统村落文化建档的实践诉求与现实困境》，《档案学研究》2018年第2期。

大，人们的文化意识和诉求日益增强，在保护传统村落文化的同时共建与共享数字资源，可以实现文化价值的深度挖掘和表达。

如前文所述，当前传统村落数据库建设已初步形成了一批实践成果，同时亦面临着一些亟待解决的难题。首先，传统村落数据库由于多元的建设主体，其在资源结构、建设模式、技术规范等方面不易整合，异构信息资源难以与数据库共享与集成的建设目标相兼容；其次，传统村落数据库尚处于起步阶段，以数据导入为主要任务，数据清洗和数据标引等工作未来得及及时跟进，造成数据积压；最后，相较于其他领域内类似的数据库，已建立的传统村落数据库在资源结构、信息利用和应用延伸等方面差异显著，短期内难以望其项背。虽然经普查、采集、整理的传统村落文化数字资源尚处于累积状态，学理层面研究不深，但也形成了一些可供借鉴的研究成果。邓运员、代侦勇等指出，传统村落文化遗产数字化保护的一个重要方向是利用 GIS 技术建设村落民居建筑数据库和管理信息系统。[①] 靳金、黄锰钢基于开放性 BIM 技术、利用 IFC 属性集进行信息交换，分析了建设传统村落建筑数据库的可行性。[②] 曾艳、黄家平等提出构建传统村落文化地理数据库，从而对传统村落及民居"群"和"链"进行动态保护等。[③] 上述研究将为西南少数民族传统村落档案数据库的建设提供理论参考及智力支撑。

一 传统村落档案数据库建设原则

(一) 多元建构

建设传统村落档案数据库应充分考虑内容、主体、技术三个方面。一是多元内容生成。传统村落文化囊括了厚重的历史人文及复杂

[①] 邓运员等：《基于 GIS 的中国南方传统聚落景观保护管理信息系统初步研究》，《测绘科学》2006 年第 4 期。

[②] 靳金、黄锰钢：《基于开放性 BIM 技术的传统建筑数据库建设中的信息交换研究》，《土木建筑工程信息技术》2010 年第 3 期。

[③] 曾艳等：《基于文化地理研究的传统村落及民居保护策略——以广东梅州为例》，《小城镇建设》2015 年第 5 期。

的自然地理，应从多个维度对其资源内容进行理解。在类型方面，它可以简单地分为三类，包括物质文化、非物质文化和二者之间的文化。在时间方面，它可以归类为过去的文化遗产及当下的文化表达。因此，在研究过程中不仅要关注村落民居、祠堂等物质文化遗产，也要理解蕴藏其中的伦理规范、美学和其他非遗文化；在回顾过去的同时也要把握现在。二是多元主体建构。一直以来，传统村落文化的抢救和保护都由政府机构主导，并得到了以知识精英为中坚力量的社会群体的支持，却很少考虑村落民众对传统村落文化保护工作的影响，村民的自我文化书写权被束缚，难以融入主流的文化叙事体系，可能会导致传统村落文化资源建设和村落的真实情况不匹配。在数字时代，每个人都享有充分表达自我的机会，因此，村民群体理应回归并深度参与传统村落数据库建设。三是多元技术应用。传统村落数据库集成了海量异构信息，为顺利实现信息的录入、存储和利用，在建设过程中应充分利用"融技术"体系，即借助后台数据库技术、前端（用户端）网站技术、移动互联技术搭建技术框架；同时，通过使用关联数据聚合和信息检索工具等对网页中的信息资源进行组织。

（二）全面整合

在构建传统村落档案数据库的过程中，需要对内容生成和表达、信息技术进行整合，从而实现多元内容、主体和技术的融会贯通，而非简单的堆砌叠加。一是整合内容生成。以档案学中客体全宗概念作为理论指导，根据新来源原则，以某一特定文化资源为中心，对打破类型、时间和形成者等制约因素的有关信息进行系统的集成。二是整合内容表达。基于元数据标准、信息著录准则、数据格式规范等，将差异显著的传统村落文化数字资源整合成为标准化的信息表达。三是整合技术，即前文所述"融技术"体系的运用。

（三）开放应用

传统村落文化资源是一种蕴含着丰富文化、社会价值的地域性信息资源，具有信息资源稀缺性、共享性等特点。只有通过资源的开放共享才能充分彰显传统村落文化的价值，在传承传统村落文化的同时延续文明记忆。传统村落档案数据库的建设与共享将成为数字资源库

"开放数据运动"的有力支撑，在一定程度上推动数据驱动型经济的形成，可通过数字资源跨域收集、免费访问、法律允许的基于数据端口的开发和利用等方式，使各类资源公平地应用于整个社会范围内。

二 传统村落档案数据库架构

（一）资源来源

传统村落档案数据库的资源来源包括传统来源、新来源两种类型。

一是传统来源。传统村落文化由于内容多样、零散，分布广泛，主要依靠行政权力救助和保护。例如，由住建部、文化部和财政部三方共同推进的"传统村落名录"工程，根据部门性质分工合作，在对传统村落全面系统的保护过程中形成了大量传统村落文化信息资源。其中，文化部侧重于获取和保护非物质文化遗产资源；国土、测绘部门通过土地测绘和资源勘查，储存了一定体量的、专业性强的传统村落地理信息资源。经处理加工后，以上大多数信息资源均可以用作数字资源。另外，博物馆、图书馆、档案馆等非营利性的公共文化机构也储积了一些较优质的传统村落文化资源，如图书馆的古籍、图书、报纸和期刊，档案馆的村落地图、地方志等。部分该类资源已初步完成数字化，经由简易的数据加工和标引便可输入传统村落档案数据库中。

二是新来源。随着传统村落文化保护宣传的进一步推进，大众文化意识和文化自信逐渐觉醒与回归，社会力量蜂拥而至，在传统村落文化保护过程中形成了独特、珍贵的数字资源，映射出传统村落的社会、文化和历史价值。首先是民间组织。例如，由中国传统村落保护与发展研究中心等非政府机构发起的"一村一档"工作，建立了效果显著的村庄信息资源库；另外还有一些传统村落文化资料散落在民间艺术团队、乡村爱好者和收藏家手中，可广泛收集该部分资料并进行数字化处理。其次是新闻媒体。各类媒体依托图像采集的优势，掌握着与传统村落文化相关的影像信息，是数字资源库重要资源来源之一。最后是普通大众。信息技术的不断革新，使得相机、手机等数码设备具有卓越的拍摄和录制功能，公众可利用移动终端结合各类应用软件便捷地记录和刻画村落记忆，为多姿多彩的传统村落文化数字资源提供更多潜在的、人性化的视角。

(二) 资源内容

传统村落数字档案资源的内容主要包含村落概况类、村落管理与保护类、物质和非物质文化数字档案资源。多样的乡土建筑和公共空间等构成了物质文化，此类文化资源可以借助数字文本录入、图像捕获等方式转换成数字资源。非物质文化则是一种价值独特、难以转换为实体形式的传统村落文化资源，蕴藏其中的信息只能借助一定的媒介手段转化为实体信息资源，再进行文化表达。例如，火龙钢花等非遗技艺可以借助文字、图像、音视频等方式，记录其外观和主要的工艺流程，借助具体的信息存储介质提取抽象的非物质文化资源内容要素。

(三) 资源结构

由于来源和种类的多样性，传统村落文化数字资源包含了大量结构化、半结构化、非结构化信息，异构性突出。其中，结构化数据主要指村落建筑参数、村落自然地理数据等侧重于文化空间表达的信息，具有层次结构清晰、可操作性较强的特性，可通过数据库直接进行有效管理。非结构化信息在传统村落文化数字资源中占比较大，由于其多样的格式和标准，需要经过一定的数据处理才能被数据库存储和管理，主要包括历史文献、民俗图像、音频与视频、HTML 与 XML 格式的网页信息等，蕴藏着丰富的文化价值。半结构化信息则是一种处于结构化信息与非结构化信息两者之间的自描述的信息。

(四) 资源组织

传统村落文化数字资源库组织结构如图 5-3 所示。

1. 数据库

传统村落文化资源经多个并行端口先输入数字资源预存库。数字资源预存库介于前端数据端口、原生数字资源和后端数据库之间，可理解为数字资源的"加工厂"，其作用是为了在基础数字资源导入数据库之前进行数据加工和标引，规范数字资源。一旦完成了传统村落文化数字档案资源的采集，就应将数字档案资源输入预存库，并进行数据加工、数据标引相关工作。通过清洗、转换、匹配和汇总等方法，可以对形式多样的数据进行标准化处理。数据标引指根据元数据标准规范和信息著录规则对异构数据的内容特征进行揭示，以便于统一存储和检索利用。在标引过程中，可选用确切的检索标识，如题名、关键词、主题、类型、来源等，在结束数据标引工作后将相关资源输入后台数据库，形成可被存储、检索和利用的传统村落文化数字档案资源。

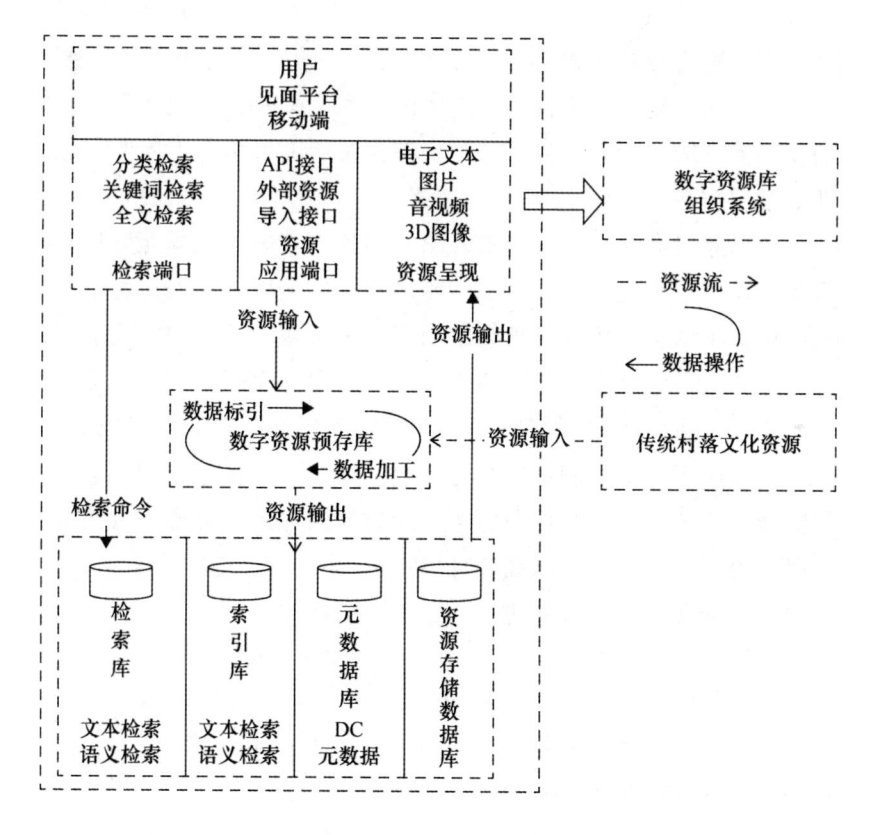

图 5-3 传统村落文化数字资源库组织结构

资料来源：王萍、卢林涛：《我国传统村落文化数字资源库建设初探》，《图书馆学研究》2018 年第 9 期。

后端数据库是传统村落档案数据库的基础。该数据库存有传统村落数字档案所有的基础数字资源、DC元数据信息、索引信息、检索信息，同时在计算机应用程序的帮助下，可实现信息的著录、标引、管理和利用等功能。具体可划分为资源存储数据库、DC元数据库、索引库、检索库四部分。

资源存储数据库可分为三级。一级目录包括村落概况、物质文化、非物质文化、村落管理与保护、特色专题五部分。村落概况可分为村落自然环境和村落社会环境两大部分；物质文化可进一步划分为二级目录，如器具、纺织（绣）品、传统民居和村落公共空间等；非物质文化则可囊括风俗节庆、表演艺术、传统工艺美术等二级目录。再继续向下划分子类目录，具体的文本、图片、音视频等信息内容则表现为三级目录。特色专题版块较为灵活，可结合不同的主题和时期要求拟定。

元数据库包含的内容有文档、图片照片、音频、视频元数据。需要说明的是，在确定西南少数民族传统村落数据库元数据方案时，一方面要确保不同类型传统村落数字档案资源必备的元数据收集、著录齐全完整；另一方面也需充分考虑实际工作中各建档主体的理解执行能力和工作量，使元数据方案得到最大限度的接受和执行。故此，本书设计的元数据方案可满足传统村落数字档案资源在存储和共享上的一般需求，待条件成熟时可考虑增加元数据的数量和类型，对档案资源予以更深层次的安全保障和信息揭示。

（1）传统村落文档元数据

传统村落文档元数据应依照中华人民共和国档案行业标准DA/T46—2009《文书类电子文件元数据方案》确定。因在格式、要素与要求上与其他类型文档没有大的区别，故在此不再具体详述。

（2）图片照片档案元数据

根据西南少数民族传统村落建档工作现状以及中华人民共和国档案行业标准《照片类电子档案元数据方案》（DA/T 54—2014），笔者认为，西南少数民族传统村落图片照片档案元数据的取值范围和参数应包括以下15项：聚合层次（照片类电子档案在全宗整理结构中的位置标识，如宗、类、卷、件等）、档号、题名、摄影者、摄影时间（或数字化时间）、主题（包括地点、人物、背景）、保管期限、生成方式、获取方式、权限（照片类电子档案安全利用及其版权）、捕获设备、软件信息（创建并形成或处理照片类电子档案的软件名称、版本等信息）、格式信息、图像参数、参见号（见表5-3）。

表5-3　贵州省松桃苗族自治县盘信镇大湾苗寨照片档案元数据取值

元数据名称（第一级）	元数据名称（第二级）	元数据值
聚合层次		件
档号		X190—ZP·2018-002-00014（虚拟）
题名		中国档案报记者采访贵州省松桃苗族自治县盘信镇大湾苗寨活态档案馆
摄影者		＊＊，＊＊市档案局副局长
摄影时间		2018-7-25 T11：43：34
主题	地点	大湾苗寨
	人物	左一：铜仁市副市长刘岚；左二：铜仁市档案局局长安婵娟；右一：《中国档案报》记者崔珍珍
	背景	照片画面木楼为杆栏式木结构苗族风格古建筑
保管期限		永久
生成方式		原生
获取方式		拍摄，接收，征集，获赠，购买，寄存，下载，其他
权限		国内外公开
捕获设备	设备制造商	Apple
	设备型号	iPhoneX
软件信息		Adobe Photoshop CS4 Windows
格式信息	格式名称	JPG

续表

元数据名称（第一级）	元数据名称（第二级）	元数据值
图像参数	水平分辨率	400
	垂直分辨率	400
	图像高度	5378
	图像宽度	2103
	色彩空间	sRGB
	YCbCr 分量	4∶3∶4
	每像素样本数	5
	每样本位数	7
	压缩方案	JPEG Compressed
	压缩率	3
参见号		TYD020-WS·2018-001，2018年9月27日《中国××报》第四版（与铜仁市档案局2018年发布的《传统村落档案管理办法》及《中国××报》新闻稿存在关联关系）

（3）音频档案元数据

西南少数民族传统村落音频档案元数据的取值主要参考中华人民共和国文化行业标准《音频资源元数据规范》（WH/T 62—2014），但一来该标准规范的是"音频资源"而非"音频档案"，故该规范中对保障音频资源档案属性的元数据强调不够；二来还要考虑各建档主体的执行能力和工作量。综上，笔者经实地调研听取意见和反复权衡后认为，西南少数民族传统村落音频档案元数据的取值范围和参数应包括以下16项：聚合层次；档号（指立档单位分配的档号，而非进馆后由档案馆统一给定的档号）；题名；创建者；责任方式；创建时间；创建地点；主题描述（摘要、唱法、声部、演唱形式、演奏形式等）；出版者（正式出版物需著录）；保管期限；生成方式；获取方式；权限；格式（物理形态：篇幅、体裁、技术细节等载体类型，资源篇幅，操作资源所需的软硬件或其他设备）；语种；关联（包含、包含于、参照、被参照、其他版本、其他格式），具体情况详见表5-4。

表 5-4　贵州省松桃苗族自治县盘信镇大湾苗寨音频档案元数据取值

元数据名称 （第一级）	元数据名称 （第二级）	元数据值
聚合层次		件
档号		X190-ZP·2018-002-00014（虚拟）
题名		贵州省松桃苗族自治县盘信镇大湾苗寨村民芦笙合奏
创建者		腾某，大湾苗寨村委会主任
责任方式		演奏
创建时间		2017-10-25
创建地点		大湾苗寨小广场
主题描述		曲目为××××，表现了村民喜庆丰收的欢快心情。
保管期限		永久
生成方式		原生
获取方式		录制，接收，征集，获赠，购买，寄存，下载，其他
权限		国内外公开
格式	格式名称	MP3
	大小	4.3MB
	时长	04：23：00
	音频采样频率	48kHz
	声道格式	立体声
	音频编码格式	MPEG1 Layer2
关联		包含于松桃苗族民间音乐合集（现藏于松桃县文广新局非遗中心，调档号：×××），被《中国影像方志》第178集贵州松桃篇用于背景音乐

（4）视频档案元数据

基于与音频档案元数据取值同样的考虑，笔者认为，西南少数民族传统村落视频档案元数据的取值范围和参数应包括以下 15 项：聚合层次、档号、题名、视频类型、创建者、创建时间、语种（对白语种、字幕语种）、主题描述、出版者及出版日期（正式出版物需著录）、保管期限、生成方式、获取方式、权限、物理特征（片长、格式、大小、载体)、相关资源(见表5-5)。

表5-5 贵州省松桃苗族自治县盘信镇大湾苗寨
视频档案元数据取值

元数据名称 (第一级)	元数据名称 (第二级)	元数据值
聚合层次		件
档号		X190-SP·2018-002-00014(虚拟)
题名		贵州省松桃苗族自治县盘信镇大湾苗寨苗历新年"打鬼"活动
视频类型		纪录片
创建者		腾某,大湾苗寨村委会主任
创建时间		2017-10-25
语种	对白语种	苗语
	字幕语种	汉语
主题描述		大湾苗寨的苗历新年"打鬼"活动可追溯至建寨早期,一直延续至今,成为方圆三十里苗寨里唯一坚持不辍的苗族新年民俗活动。活动中,打鬼人由寨老担纲,其余人手持火把走家串户,通过仪式和祷词将苗寨里家家户户的大小鬼在新年之际全部赶出寨门。打鬼前各家也要先做全面清洁扫除工作,以配合打鬼活动
保管期限		永久
生成方式		原生
获取方式		拍摄,接收,征集,获赠,购买,寄存,下载,其他
权限		国内外公开
物理特征	片长	35:06:00
	格式	MPEG-4
	大小	45MG
	载体	光盘
相关资源		《中国影像方志》第178集 贵州松桃篇,http://tv.cntv.cn/video/VSET100342627204/933aada065374b37b3ef2a3ebe8007dc

检索和索引数据库均以文本信息为基础,通过语义信息实现更深

入、交互式的查询与定位。

2. 网页

前端网页是实现数据库资源检索的访问页面，也是面向公众的资源导出端口。为了匹配传统村落档案数据库的结构，可在网页上同步配置一、二、三级目录，并在网页的显眼位置建立相应的检索入口，同时配备关键词、摘要、主题、分类检索等多类检索工具。此外，为方便用户清楚了解数字档案资源的层次以及快速精准地定位信息，可在二、三级页面中的适当位置建立目录层级下拉菜单。在网页设计过程中，信息如何呈现也是需要考虑的关键要素之一。为了帮助用户更加深刻地理解传统村落文化，可以调用关键词、标签生成聚合页，全面集成与特定信息相关的分布式异构信息资源。另外，基于关联聚合，还可利用 Tableau、GeoDa 等软件促成数字资源可视化，动态展现数字资源。① 除文本、图片、视频等传统载体外，还应寻求新的方式来呈现信息。3D 建模、VR、AR、AI 等技术均可用于传统村落文化资源（如手工艺品和民居等）的数字修复和还原，为用户提供全面生动的文化体验。

为了实现开放共享的建设目标，可在前端网页建立资源应用端口。一方面，专业的开发人员可借助 API 接口获取传统村落档案数据库的原始资源，用于资源开发和应用；另一方面，前端网页可考虑设外部资源导入接口，以充分接纳多元主体形成的档案资源。公众可通过访问页面端口上传信息，管理员在数字资源预存库内对上传的传统村落文化数据进行数据清洗、格式转换等加工和标引之后再导入后端数据库。另外，移动互联网覆盖范围日益扩张，移动端与 PC 端网页的部署应"两手抓、两手硬"。为实现基本信息的呈现、检索和利用，可使用 HTML5 协议构建便携式终端的网页，甚至还可开发基于 H5 移动终端的传统村落文化数字资源 App，从而提高资源利用的便利性和平滑性。

目前西南少数民族传统村落文化数字资源库仍处于建设阶段，提

---

① 陈涛等：《关联数据的可视化技术研究与实现》，《图书情报工作》2015 年第 17 期。

供的利用方式亦主要以基础利用为主。"基础利用指基于数字资源库的一次开发利用，提供诸如类型、主题等检索工具进行的信息检索即是基础利用的典型代表，它是建构整合的数字资源平台、促进传统村落文化资源共享开放的主要途径和基本考量。拓展利用应该是将来基于数字资源库平台的主要外部应用开发方式，如设置面向使用者的接口、开展公众宣传教育活动、与用户进行基于社交媒体的交互、建设移动端口等。传统村落文化数字资源库的开放内核，客观上鼓励使用者基于平台深度利用，因其更能有效释放数字资源价值，真正体现传统村落文化在促进身份认同、构建集体社群、推进乡村振兴等方面的深层价值和效用。例如，大众可借助 Wiki、Historypin 等对资源库内数字资源进行一定程度的个性化评论、著录等编辑加工。社交媒体具有及时性、互动性、社群性特征和共享、开放的空间营造能力，数字资源库与社交媒体的技术关联将在一定程度上改进单纯数字资源库'传而不播'的不足。通过开设微信公众号、微博等社交媒体平台，发布传统村落文化数字资源资讯，一方面拓宽信息传播面，提升传统村落文化影响力；另一方面半封闭的网络空间也有利于营造传统村落文化共时性平台，使更多受众特别是青少年通过获取利用传统村落文化数字资源，实现'缺席的在场'，活态传承乡土文明。"[1]

---

[1] 王萍、卢林涛：《我国传统村落文化数字资源库建设探究》，《图书馆学研究》2018年第9期。

第六章　西南少数民族传统村落档案资源利用

凡是过去，必属序幕。文化是一个连续统一体，是一系列事件的流程，它穿越历史，从一个时代纵向地传递到另一个时代，并且横向地从一个种族或地域播化到另一个种族或地域，决定文化的因素就在于文化流程自身。① 如果说对西南少数民族传统村落档案管理体系的构建是对民族村寨文化进行系统化抢救和存储，那么更为重要的工作也许是立足于当下语境，对档案中蕴含的传统村落文化信息进行提取、组织和再现。传统村落档案中蕴藏着丰富的村落原生态文化和历史价值，对构建独特的乡土记忆，增强村民集体认同，建构基于地域、族群等的共同体社群，活态化传承农耕文明具有重要意义。档案总是因解释与想象而激活，而如何将这种基于档案的解释和想象富有创意地传达给广泛的公众，是目前西南少数民族传统村落档案资源利用工作要解决的首要问题。住建部等四部委在《关于切实加强中国传统村落保护的指导意见》中也要求挖掘传统村落的社会、情感价值，延续和拓展使用功能。挖掘历史科学艺术价值，开展研究和教育实践活动；挖掘经济价值，发展传统特色产业和旅游。

传统村落档案的收集、整理和开发利用是村落文化完整性、科学化、活态性传承的基本保障。反观当下，传统村落档案工作更多地关注前期、中期环节，如归档范围的确定、收集和整理工作等，对开发利用工作关注不够，集中表现在传统村落档案中，诸如村务档案、传

---

① ［美］L. A. 怀特：《文化的科学》，沈原等译，山东人民出版社1988年版，第2页。

统村落保护工程档案等管理类、过程记录类档案信息公开程度不足；传统村落档案中历史、文化类档案信息开发利用形式较为单一；在开发利用过程中村民主体作用发挥不足，部分开发利用脱离了乡土生活。另外值得注意的是，档案机构限于财力、体制、自身建设等原因，在传统村落档案利用方面的能动性和优势未能充分体现。

总体而言，在西南少数民族传统村落档案开发利用工作中，一方面应认识到既有的档案开发利用形式现实存在的必要性和独特作用，从而对其进行优化；另一方面应在强调多元构建、注重文化内核、回归乡土、关注服务、借力科技等原则的指导下，充分借助数字时代记忆保存、再现与分享的创新思路与技术手段，通过深化和创新传统村落档案资源开发利用的模式和方法，积极探索新形式、新载体、新方向，将承载于其上的民族村寨文化的影响力向外全面推广，向内向下深度浸润。

第一节　传统村落档案资源利用的现状

一　利用目的与对象

传统村落档案资源基于不同建设主体的建设目标，主要有以下几种利用路径。

第一，以住建部门为主体建设的传统村落档案在前期以申报档案为表现形式，其作用是为申报传统村落名录提供评价依据，为后期维护修缮提供原始面貌的记录以便比对。在后申报时代，对传统村落的资金拨付、维护修缮等都将生成相关文件记录，汇入前期的村落档案中共同形成对村落建设发展轨迹的真实记录。这类传统村落档案资源主要服务于政府职能部门的管理职责，大部分档案资源在行政系统内部流动。例如，住建部等四部局已建立中国传统村落保护管理信息系统，登记村落各类文化遗产的数量、分布、现状等情况，记录文化遗产保护利用、村内基础设施整治等项目的实施情况。推动建立健全项目库，为传统村落保护项目选择、组织实施、考核验收和监督管理奠定基础。当然，政府职能部门除了履行行政管理职责外，还有重要的服务公众的任务，因此住建部正在积极建设中国传统村落数字博物馆，以期用先进数字技术，依托传统村落建档的成果，向全社会开放共享传统村落文化保护成果。

总体而言，传统村落档案极大地保证了相关政府部门行政管理活动的科学性和规范性，从而进一步推动传统村落的保护和开发。保管导向、服务行政的开发利用在政绩考核背景下得以有效推进，但其问题和不足也极为显著。一是侧重物质层面档案的开发利用，社会层面、文化层面档案价值的开发利用不足；二是开发利用完全从属于行政管理工作，形式单一，利用程度低，档案价值发挥效度较差；三是权力机构主导开发利用，忽视了村民的主体地位，忽略了村落原生态的独特性和在地性，一定程度上不能做到因地制宜。

第二，以学术精英为主建设的传统村落档案资源，一方面主要服务于学术研究，为来自社会学、人类学、民俗学、民族学等领域的专家学者提供一手的田野调查素材；另一方面以建设网站、数据库等形式将传统村落档案资源进行社会共享。由学术精英推进的传统村落档案开发利用在很大程度上可定性为文化标本式开发利用。得益于文化精英的严谨态度和深厚学识功底，传统村落档案的文化气质得到了高度开发，文化价值得到了有效利用，如中国传统村落保护与发展研究中心在广泛立档调查后开展的"村落120"工程旨在建立体现村落独特文化内核的"一村一档"。文化样本式开发和利用在开发利用深度上具有极大优势，但其实验性使其难以大范围复制和大规模开展，在开发利用广度上受限。

第三，以档案机构为主体建设的传统村落档案，其建设的主要目的是为传统村落固化历史记忆，故其注重档案资源积聚和长期保存。当然保存最主要的目的是利用，现阶段主要用于档案编研和乡村记忆展演。

第四，以商业机构为主体建设的传统村落档案资源，客观上拓宽了村落档案收集的范围和资源积聚的厚度，但其主要目的还是用于商业开发。村落档案文化资源一方面支撑如旅游开发、文创等商业活动，另一方面化身于各类历史典故、民间故事、民俗等出现于传统村落的旅游景点说明、解说词、宣传册中等。

第五，以文化事业单位为主体建设的传统村落档案资源主要服务于公共文化事业，以公益性为主。例如，图书馆、博物馆的传统村落图片、摄影作品巡展，图书馆通过拍摄传统村落纪录片并加以传播等都同时起着传统村落面貌记忆和营造乡愁氛围的双重作用。

第六，以社会公益组织为主体建设的传统村落档案资源主要用于有文化底蕴和保护价值的传统村落文化的建设和复兴。例如，社会公益组织通过自建网站为村民编修家谱、族谱开展众筹；筹建家史馆用于展陈村民家谱、祖训、家族人物的传记、生平事迹、老照片、老物件、过去的用具物品、家族纪录片等，家族所在村子的村史、村貌、村姓、村贤、村风、村俗、村物、村艺、村训、村愿都可以进行实体展示。通过上述方式可为家族提供内生力量凝聚的载体，促进家族的团聚与文化传承。

第七，以村民为主体建设的传统村落档案资源在形成上具有内生性，利用形式也趋于内向性，目前主要是为村民对传统文化的传承提供记录和代际传递的工具。村民在自觉意识趋向下，对所在村落形成的档案材料的开发利用站在自我书写的视角，开发利用内容更丰富、形式更灵活，更为重要的是基于村民、村落原生体系，开发利用具有前述几种推进力量难以比拟的本土性，更能适应当地的社会环境，最大化档案效用。同时，不足也显而易见。一是极大地受限于财力、人力等要素，档案开发利用力度较小，开发利用实践散见于广阔乡村；二是开发利用工作随意性强，缺乏规范引导，难以形成完善的开发利用体系。

二 利用方式与手段

（一）线下利用

1. 档案编研

档案编研是当前包括传统村落档案在内的大多数档案资源的主要开发利用方式之一。编研建立在对档案材料深度分析和梳理的基础上，极大地保留了档案的原始性和有机联系。目前，传统村落档案编研主体以政府职能部门、学术精英、传统村落文化爱好者为主要力量，编研成果以纸质出版物为主。较具代表性的编研成果如下。

2016年贵州省住房和城乡建设厅基于开展传统村落调查的成果，编撰而成《贵州传统村落》（共两册），从总体概况、村落特色、人文史迹、传统建筑、民族文化、保护价值6个方面系统介绍201个贵州传统村落的现状、价值及其生存状态，为构建科学有效的保护体系提供了重要的依据。入编的201个传统村落中，绝大多数是少数民族传统村落。

《20个古村落的家底：中国传统村落档案优选》由冯骥才先生主编，文化艺术出版社2016年1月出版。该书精选了重庆市涪陵区大顺乡大顺村、重庆市綦江县东溪镇永乐村、重庆市涪陵区大顺乡大田村、四川省泸州市叙永县分水镇木格倒村、四川省巴中市通江县泥溪乡梨园坝村、宁夏回族自治区中卫市沙坡头区迎水镇北长滩村、北京市房山区水峪村、山西省晋中市榆次区后沟村、河北省邢台市邢台县英谈村等20个村落。除了考虑选取最能体现地域性特征的村落外，该书还站在一个更为广阔的视角，从中华广袤大地上几千个名录内外的村落中提选。这其中既有入选国家名录的村落，也有大量名录之外却具有极高价值的村落资料，每个村落附最能体现自身气质的40—60张照片及一份翔实的文字介绍。除却从体现村庄基本构成因素的村落面貌、历史见证、物质文化遗产、非物质文化遗产、民俗生活、生产方式、人物等方面筛选照片外，也根据村庄不同的性格，着重突出其特质与内涵，在选择上不过分追求画面的精致与美好，而是在遵从全面科学严谨的标准下，将村落最原生态的信息进行展示。文字归档表也经过斟字酌句的书写，不但将村落中的各类重要信息提取分类与量化，也是对村落图片更为充分的说明与补充。表格中既包括与村落有关的诸如形成年代、姓氏、人口、物质、文化遗产，非物质文化遗产简介，现状等资料，也包含档案编号、调查时间、图文调查者姓名、个人信息等背景信息，力求呈现于世的是一个村庄的现实与轮廓，以及它的精髓与根脉。①

---

① 冯骥才主编：《20个古村落的家底：中国传统村落档案优选》，文化艺术出版社2016年版，第508—509页。

如果说《家底》是从海量的传统村落中万里挑一，集精荟萃的传统村落珍藏之作的话，另一部《中国传统村落图典》则是兼收并蓄的大部头传统村落档案资源集成作品。该图典由肖家摄影，著名学者、作家王鲁湘从美学理论上对各民族生活形态与建筑进行提炼与概括形成配文，由浙江大学出版社2018年出版。作者30年辗转于我国西藏、云南、贵州、湘西、福建、广西、安徽、浙江、山西、陕西、北京等地，用古老但可靠的光学成像技术——反转片，记录了各民族传统村落的民居建筑、活生生的人文气息、土生土长的原生态景观。这是中华人民共和国历史上首部较为全面收录各地各民族传统村落的建筑形态与人们生活状态的大型图典，为研究我国农村民族文化的发展与变革以及传统建筑的演变，提供了较翔实的影像与文字资料，对民族学、社会学、建筑学等都具有一定的参考价值。

除了上述较为综合的档案编研成品外，汇聚单个村落自然景观、历史人文、民情民俗等的出版物数量较大，在此不再一一列举。总体而言，这些关于传统村落的出版物有的选取大量传统村落历史文书、实物档案、村落地理、生产、人口、经济等数据，翔实描述村落风貌，更具档案汇编色彩；有的则在运用档案材料的基础上，更多地增添体悟、抒情等感情成分，意向描绘较明显，文学性、抒情性更为突出。

2. 村史编纂

从严格意义上讲，村史编纂归属广义的档案编研活动，似不应该与档案编研并置两处，并列阐述。但当下村史村志编纂特别是西南少数民族部分文化自治式的村史编纂活动，与传统意义上的档案编研从档案材料来源、体例、内容甚至话语风格等差异都比较大，故此处将其单列讨论。

村史是乡村历史的原味档案。由于广袤乡村的基层性和长期的自治性质，长期以来，官方编史修志的正统文化活动几乎从来不涉及莽莽田野。当下，中国正面临"百年未有之大变局"，随着城市化进程的不断推进，村落实体的日渐衰败，农村千百年来形成的社会情感纽带和生活文化传统正面临断裂的可能，因此当前不少村庄在文化发展中都十分重视关于村史与个人生活史的记述，体现一种自下而上的文化自觉精神。例如，在文化昌明且经济实力雄厚的长三角、珠三角地区，村史编写蔚然成风。上述地区乡村经济稳步发展，村落面貌欣欣向荣，无衰败消失之风险，也无抢救之需要，且村民爱乡守土之情结普遍。反观西南地区，经济落后，空村现象严重，村落处于濒临消失的边缘，村落历史亟须记录。但一无资金，二无情怀，为一个村落留史存照的文化实践虽然在个别西南地区尤其在西南少数民族地区有所探索，但总体数量极少，影响力也极其有限。

3. 档案展演

在传统的档案工作领域，通常将档案展出活动称为档案展览。展览与展演仅一字之差，但我们认为，其中的差别绝非字面上的表意区别。展览即受众对展出品的观览，强调接受性；而展演更多地突出了展方的主观干预和表现空间，即在展现的基础上加以演绎或者说是表演，在展品与受众的交流中更多地突出展方的倾向性和引导性，或者更直接地说，展方希望通过展演给受众留下什么样的印象。目前传统村落档案展演主要有以下几种方式。

一是脱离村域环境，将村落档案文化元素提取出来，以专题展的形式在某个特别开辟的固定空间展出。例如，图书馆、博物馆、档案馆举办的××传统村落展、文化活动现场的传统村落图片或民俗风情展等都属于该类形式。与网络浏览、欣赏相比，此类布展形式的优势在于借助文化场所的氛围，将传统村落文化元素分类、分时段系统呈现，部分实现情景交融。例如2017年11月，由中国传统村落保护与发展研究中心、天津大学冯骥才文学艺术研究院、天津大学图书馆共同主办的"乡土精神为每一个传统村落留下家底——中国传统村落立档范本展"在天津大学北洋园校区图书馆一层展厅开展。本次展览从现已建成的223个传统村落档案中选取5个村落为范本进行展示，通过一幅幅专业拍摄的图片，力求为参观者呈现传统村落的魅力，吸引社会各界的广泛关注与自发保护。①

---

① 《留住乡愁！传统村落立档范本展览在天大举办》，2017年11月20日，央广网，http://www.cnr.cn/tj/jrtj/20171120/t20171120_524032946.shtml。

二是在地展演。这类展演方式目前主要以各类"乡村记忆馆""村史馆""乡风馆"等形式开展。例如,笔者的调研对象之一——贵州省黔东南州黎平县堂安村在村域一幢老建筑内设立信息资料中心及侗族文化展示馆,对诸如歌舞、节庆、生活方式等文化空间中的非物质文化遗产进行保存、整理、展览及研究,具体包括各种器具、物件、服装、歌曲、舞蹈、神话传说等。位于云南省红河哈尼族彝族自治州石屏县异龙镇的符家营村于2013年11月入选第三批国家传统村落保护名录之后,利用普查收集的档案材料建设了古文化展览室。笔者的合作者在致电石屏县异龙镇文化站工作人员后得知,目前展览的内容主要包括典型建筑的老照片、名人照片、村史村志、新拍摄的照片和整理后的明清两代考取功名的学子资料等档案材料,以期通过展览使村民更加了解自身的文化与历史。

这类展演方式除深度展现村落农耕文化历史厚度、民俗风情,为村落旅游增添文化吸引力外,最大的优势是对村民文化自觉自珍意识的唤醒。例如,堂安村村民在与专业人员一起对传统村落档案材料进行收集整理、归类造册时,浓郁的文化氛围增强了村民的文化自觉。而浙江省德清县莫干山在乡村改造试验时,筹备"庚村百年影像展",以一张张20元的面包券向村民换来一批老照片,激发了很多村民参与的积极性。展方收集了大量民间老照片,进行扫描输出,在展览上呈现,村民在展览上看到自己或乡邻都很激动,布展方试图以这样的影像激活他们对这片土地的回忆。徽州碧山村在对村史进行整理时,把搜集到的老照片放在碧山粮库里展出,这些照片大多数村民都没看过,当他们第一次看到自己多年前的老照片时,都特别兴奋。①

与之前传统民俗风情表演不同的是,村民之前是表演者,是"被看"的对象,有时为了迎合看客的猎奇需要,村民机械地唱歌、跳舞,"三日一小节,五日一大节",甚至为了展现所谓的"原生态"刻意自我丑化,表演一些野蛮、格调低下的伪民俗风情。而在乡村记忆馆中,村民不用刻意逢迎,展出的物件都真实地来自生活,如农耕

---

① 罗德胤:《传统村落从观念到实践》,清华大学出版社2017年版,第310—315页。

工具是自己长辈使用过的，族谱、家谱记录的是自己族系的生命树，照片里的人物和场景记录的就是自己最真实存在过的生活状态，这种代入感、体验的真实感只有在地化展演才可能达到。与之相比，城市里的田野牧歌、民族风情主题展（其实是带有某种滤镜效果的）与村民的真实生活没有多大关系，最多算是城里人对乡村生活的意淫和想象。

4. 开展乡土教育

目前，乡村文化几近荒芜，亟须通过乡土教育重拾和培养乡民特别是乡村少年对本土文化的自信，因为村落年青一代的文化态度是决定传统村落文化能否绵延不绝的关键。随着大批青壮年外出打工，留守儿童仍在乡村接受教育，但现行中小学教材中特别是国家级教材中极少有乡村文化显现的因素，缺乏对乡村价值的阐释与弘扬。我国早在清末《奏定初等小学堂章程》中就曾规定历史"尤当先讲乡土历史"，地理"尤当先讲乡土有关系之地理，以养成其爱乡土之心"；①清末民初开始用传统地方志中的《乡土志》作为小学生乡土教材，"盖以幼稚之知识，遽求高深之理想，势必凿枘难入。惟乡土之事，为耳所习闻，目所常见，虽街谈巷议，一山一水，一木一石，平时供儿童之嬉戏者，一经指点，皆成学问"。② 可见对农村儿童教学而言，乡土教材既亲切熟悉，又能激发守土爱园之情。

将传统村落文化元素纳入乡土教育的尝试一直在进行。例如，普通高中课程标准实验教科书《世界文化遗产荟萃（历史选修）》第七单元《多姿多彩的中国古城和古村落》安排的第二课是"清新典雅的皖南古村落"，单元最后设计了一节探究活动课——"本居住地区人文自然环境的考察和保护建议"，提供"扬州小秦淮河的考察和保护建议"的案例，建议"各个学校可选择自己居住城市的某个街区或某个景点，农村的某个村庄或某段河流作为考察和研究

---

① 璩鑫圭、唐良炎：《奏定初等小学堂章程》，载《中国近代教育史资料汇编·学制演变》，上海教育出版社1991年版，第295—296页。
② 黄绍箕：《学务大臣奏据编书局监督编成乡土志例目拟通饬编辑片》，《东方杂志》1905年第9期。

对象，参照案例的探究步骤和办法展开活动"。① 又如，拥有众多古村落的浙江省永嘉县教育局在编写教材《魅力永嘉》时，将"古朴村落"纳入其中，从地方文化的视野定位古村落文化，指向地方人的文化自觉。② 除将传统村落文化元素纳入教材的探索外，组织中小学生参观乡村记忆馆、非遗体验馆、博物馆等也是开展乡土教育的重要补充形式。

（二）线上传播和推广

传统村落档案资源线上利用最主要的方式是依托数字环境和网络技术开展数字化传播和推广。需要说明的是，在线上推广和传播的传统村落文化总量中，属于真正意义上的传统村落档案并不多，大量的传统村落文化资源零散承载于档案材料中。然而随着时间的推移和网络归档技术的完善，这些资源终将完成从档案材料到档案的转型。因此，这里探讨宏观意义上的传统村落文化线上传播和推广对传统村落档案线上利用也有很强的指导作用。总体而言，传统村落文化传播肇始于传统媒体，勃兴于当下数字传播环境，呈现全媒体共时传播的大格局。例如，基于乡村文化资源制作的影视文化作品作为一种中国传统影像类型，从发端伊始即展示了乡村优美的自然景观与丰饶的乡土文化资源。由中宣部等四部委联合发起，中央电视台拍摄的大型纪录片《记住乡愁》选取了全国百余个传统村落进行拍摄、制作、播出，可谓"一集一村落，一村一传奇"。该节目开播的第一个月，在央视网各终端的收视次数超过1371万次，微博话题阅读量超过1969万次，在Facebook等海外媒体平台发布的主题帖子达到1301万次，引起了全社会的广泛关注；《岭南最后的古村落》《徽州村落》《探访中国最美古村落》等专著的相继问世引发一轮"纸上乡愁"的文化热潮。而网站、微博、博客、公众号、App等数字化平台为传统村落文化的传播营建了一个多维、自

---

① 朱汉国：《世界文化遗产荟萃（历史选修）》，人民出版社2005年版，第114页。
② 张华龙：《古村落文化校本课程的性质及开发的类型与策略》，《教育科学研究》2013年第4期。

由、开放、互动和共享的广阔空间，大大激发了传播主体的创造力和想象力，传播的传统村落文化更是以前所未有的丰富性、生动性、对青年一代的渗透将其影响力推向全新高度。

1. 传统村落文化资源数字化传播的主体

从传播主体领域分布来看，现有的传统村落文化资源数字化传播主体主要有政府机构、事业单位、学术团体、NGO组织、商业机构、个人六类。政府机构主要指与传统村落文化抢救保护相关的行政职能部门，如推动传统村落名录项目的住建部门，推动乡村记忆工程的文化部门、档案部门等。事业单位主要指与传统村落文化资源有对象性关联的图书馆、档案馆、博物馆等文化机构。学术团体由对传统村落文化有情怀、有责任感，将其作为学术研究对象和文化保护对象的知识精英组成。NGO组织如"古村落之友"等民间团体，主要由传统村落文化保护志愿者组成。商业机构主要是从事传统村落旅游、文创产品开发等营利性公司或企业。个人主要是对传统村落文化有审美能力和保护意愿的个体。上述主体基于各自的职责、资源、情怀等对传统村落文化资源进行普查建档、收集整理，形成数量可观的数字资源，并以此为基础利用数字媒介展开传播活动。

从传播主体地域分布来看，虽然我国入选国家级传统村落名录的村落主要聚集于西南少数民族地区（如贵州、云南两省入选村落数量列全国第一、第二位），但囿于相对落后的经济实力和信息技术能力，该地区的传统村落数字化传播平台建设相对滞后，西南较知名的仅有发布展示贵州入选全国名录村落信息的"云上村落"网页版和手机App版。而入选全国名录传统村落数量也比较丰富的中东部地区，如浙江、安徽等省在建设需要耗费大量人力、物力、资金的村落文化数字化传播平台上的财政投入能力更强，资源采集、存储、开发、展示的技术手段更先进；村民的文化素养更高、文化保护意识和支持力度更大，其传统村落文化数字化传播比较活跃，突出表现在发布传统村落文化信息的网站数量丰富、数据量大、更新及时、数字展示技术比较先进和多元。

2. 传统村落文化资源数字化传播的内容

综览各类传播主体建设的传统村落文化资源数字化传播平台，内容比较丰富，基本涵盖了传统村落的物质文化遗产、非物质文化遗产以及介于两者之间的文化事象。其传播内容可归纳为以下几类：（1）简介类。包括机构简介、组织架构、与传统村落相关的工作内容及取得的成果等。（2）村落文化类。此部分是重点内容，包括村落选址与格局、传统建筑、民俗文化、历史文化、村落分布地图、名录信息，村落组织概况、户籍、人口、会计、生产、土地改革等数据，村落领袖人物信息、家庭档案、家谱姓氏、村训家训、地名由来等信息及村落文献史料、多媒体资料；村落当下的人文活动动态、情趣杂谈、景区旅游动态。（3）学术资讯类。包括传统村落保护的政策法规、行业资讯、保护经验、优秀规划案例等。（4）活动类。与传统村落保护相关的会议、调研、展览、征文、摄影等活动信息。（5）旅游服务类。提供村落的旅游路线、门票及导游信息，推介当地的美食特产、客栈、景点等攻略。（6）建档指南与通道类。提供田野手册、立档范本、工作表格、线上培训等，提供上传图文信息、传统村落申报和建馆入口等。（7）志愿者类。介绍志愿者活动动态，提供志愿者、合作者、捐助者等申请入口。（8）互动类。提供投稿、留言、投诉通道，开设论坛，提供订阅、转发、分享功能等。

以上是基于数字化平台的传统村落文化资源传播内容的总体情况。基于传播主体不同的传播目的和不同数字化平台相异的技术能力和传播偏好，具体的传播活动在内容全面性和倾向性上存在差异。

第一，不同的传播主体传播目的不同，传播内容也各有侧重。例如，政府部门主导的传播主体一般比较系统地介绍传统村落文化形态、村落保护政策及官方动态。学术团体主导的传播主体更偏重对传统村落保护理论文章及学术资讯的发布。事业单位主导的传播主体重点传播其存藏的传统村落文化数字资源。NGO组织主导建设的传播主体除传播传统村落物质和非物质文化资源外，有的还将其作为众筹平台，为一些村落编修村史村志、村落宗族修撰族谱等自觉的文化活动呼吁宣传，提供融资渠道。商业机构主导的传播主体重点推介有商业价值的旅游景观、美食特产及旅游服务指南。个人建设的微博、博客及公众号等发布的内容带有强烈的个人色彩，以乡村旅游见闻、乡愁情感描绘等微内容直指人心，产生移情和代入感。

第二，基于不同的数字化平台传播的传统村落文化资源在倾向性上也有所不同。一是传播传统村落文化资源的数字化平台类型较多，分布零散，无法将其全部纳入定量研究范畴；二是在2012年住建部等四部委启动传统村落名录项目之前，传统村落文化资源数字化传播行为零散，影响力微弱。经过8年左右时间的项目推进，传统村落文化影响力日益提高，社会关注度亦与日俱增，数字化平台上传播的传统村落文化资源量与质都有显著提高，故笔者选取2015年1月1日至2019年1月1日这个时间段，对传统村落文化资源传播的内容比较集中、覆盖范围广、影响力较大的微博、微信、传统村落数字博物馆进行数据抓取及定量分析，试图进一步厘清目前传统村落档案文化资源内容在数字化平台上的分布情况。在提取传统村落高频特征词时，使用NLPIR-master开源工具的新词发现功能，发现微信、微博、"中国传统村落数字博物馆"在该时间段内传播内容中的词语。在此基础上，通过人工筛选获得各平台上传统村落领域的词集形成词典。使用TextRank方法分别计算出排名前100的文档关键词作为描述传统村落特征的重要词语。遵循数据科学性、准确性的原则，将近义词合并，避免不必要的数据冗余和误差，同时亦保留在情感上存在细微差别的词汇。

通过提取微博、微信、传统村落数字博物馆网站文本中的前100个高频特征词，有以下发现。

在微博平台上，高频词主要集中在村落位置、村落保护情况、文物古迹、生态环境、历史传承、文学艺术6个方面。其中，表现村落位置的高频词主要包括黄山市、陇南、浙江、河南等，展现村落保护情况的高频词主要有入选、保护、名录、公示、国家、省级、建设、开发、资金等，与文物古迹相关的高频词有古建筑、石头、古朴、古城、房子、长城、街道等，宣传自然生态高频词包括环境、生态、自然等,刻画历史传承的关键词主要集中在历史、遗产、千年、百年、古老、明清、传承、时光上,对文学艺术的描述词汇包括民俗、乡愁、家乡、故事、姑娘、白马等。

微信文本中的高频词主要集中在自然风水、社会结构、民居建筑等方面。具体而言,有关自然风水的高频词汇包括风水、环境、自然等,涉及社会结构的高频词有老人、社会、人家、士族等,代表民居建筑的高频词汇有建筑、民居、古道、房屋、祠堂等。

传统村落数字博物馆网站的高频词则聚集在工艺特产、民俗节庆、历史传承、社会结构、文物古迹5个方面。与工艺特产相关的高频词有美味、服装、生产工具、服饰等,代表民俗节庆的高频词有民俗、祭祀、新娘、死者、仪式、表演等,涉及历史传承的高频词包括乾隆、民国、清代、保存、口述、方言等,与社会结构相关的高频词有族谱、家族、祖先、规训、村规民约等,有关文物古迹的词汇包括古迹、祠堂、遗址、宗祠等。

表6-1 各平台传播内容词频分析

微博				微信				中国传统村落数字博物馆			
排序	词汇	排序	词汇	排序	词汇	排序	词汇	排序	词汇	排序	词汇
1	村落	12	建筑	1	村落	12	价值	1	村落	12	特色
2	传统	13	美丽	2	传统	13	地方	2	文化	13	民俗
3	收藏	14	民居	3	文化	14	村里	3	历史	14	物产
4	中国	15	黄山	4	保护	15	形成	4	传统	15	形成
5	文化	16	发展	5	历史	16	位于	5	建筑	16	展示
6	保护	17	中央	6	建筑	17	时期	6	环境	17	位于
7	历史	18	村庄	7	村民	18	自然	7	格局	18	祭祀
8	入选	19	公示	8	发展	19	古道	8	村民	19	民居
9	旅游	20	位于	9	中国	20	特色	9	中国	20	村内
10	乡村	21	建设	10	民居	21	保存	10	美食	21	苗族
11	名录	22	陇南	11	仙居	22	遗产	11	旅游	22	博物馆

第六章　西南少数民族传统村落档案资源利用

续表

微博				微信				中国传统村落数字博物馆			
排序	词汇	排序	词汇	排序	词汇	排序	词汇	排序	词汇	排序	词汇
23	旅行	50	故事	23	文物	50	清代	23	地方	50	死者
24	安全	51	自然	24	旅游	51	古老	24	公里	51	丰富
25	财政	52	山东	25	国家	52	年代	25	发展	52	工具
26	歙县	53	建设部	26	房屋	53	明代	26	文物	53	集市
27	国家	54	明清	27	至今	54	老人	27	面积	54	布局
28	遗产	55	古建筑	28	传承	55	研究	28	风貌	55	家族
29	村民	56	石头	29	利用	56	保留	29	选址	56	生产工具
30	民俗	57	保留	30	记载	57	人家	30	保护	57	人物
31	保存	58	建设部	31	千年	58	结构	31	自然	58	古迹
32	古镇	59	四川	32	环境	59	资源	32	民间	59	时间
33	项目	60	资源	33	社会	60	村内	33	时期	60	国家
34	特色	61	福建	34	规划	61	古建	34	族谱	61	智慧
35	城乡	62	资金	35	建设	62	明清	35	民国	62	各种
36	公布	63	广州	36	政府	63	房子	36	保存	63	俗称
37	景区	64	山东省	37	公里	64	时代	37	服饰	64	形式
38	浙江	65	开发	38	项目	65	面积	38	口述	65	每年
39	乡愁	66	完整	39	传说	66	风水	39	自然环境	66	侗族
40	家乡	67	姑娘	40	完整	67	修缮	40	新娘	67	祠堂
41	省级	68	小镇	41	居住	68	交通	41	民族	68	交通
42	游客	69	传承	42	布局	69	经济	42	年代	69	人民
43	当地	70	国家级	43	祠堂	70	精神	43	当地	70	建设
44	千年	71	部门	44	农业	71	百年	44	路线	71	习俗
45	环境	72	白马	45	遗址	72	石头	45	村寨	72	服装
46	文物	73	时光	46	土族	73	老屋	46	人口	73	中心
47	古老	74	古朴	47	赣州	74	物质	47	风景	74	人家
48	文明	75	规划	48	故事	75	开发	48	方言	75	美味
49	生态	76	古城	49	名录	76	民族	49	工艺	76	运输

续表

微博		微博		微信		微信		中国传统村落数字博物馆		中国传统村落数字博物馆	
排序	词汇	排序	词汇	排序	词汇	排序	词汇	排序	词汇	排序	词汇
77	房子	89	公里	77	艺术	89	景观	77	艺术	89	使用
78	价值	90	北京	78	民国	90	单位	78	记载	90	遗址
79	博物馆	91	洛阳	79	人口	91	规模	79	清代	91	社会
80	江南	92	经济	80	时间	92	诸葛	80	完整	92	地形
81	甘肃	93	一批	81	曾经	93	设计	81	道路	93	种植
82	河南省	94	百年	82	民俗	94	民间	82	分布	94	图案
83	感受	95	周边	83	游客	95	岁月	83	仪式	95	老人
84	走进	96	江西	84	改造	96	程洋岗	84	结构	96	表演
85	文县	97	房屋	85	丰富	97	美丽	85	全村	97	节日
86	利用	98	脱贫	86	中心	98	风景	86	占地	98	独特
87	长城	99	街道	87	公元	99	温州	87	传承	99	名胜
88	时期	100	丰富	88	建造	100	遗迹	88	组织	100	村规民约

3. 传统村落文化资源数字化传播的对象

传播受众类型数据虽无法从数字化传播平台直接获取，但大多数传播平台在简介中均会对预期传播对象有所设计。综合来看，基本分为内部受众和外部受众两大类。内部受众包括普通村民和村落管理者，村民的主要需求是村落的历史沿革、基层治理、生产生活信息，以便其更好地认识所在村落的文化价值并自觉传承和弘扬，了解落实有关政策，更好地开展生产生活。村落管理者的主要需求是村落保护与发展经验，外部对本村落的认知、评价数据。外部受众主要包括学术研究者、相关政府部门、商业机构、村落文化爱好者、游客。学术研究者需要了解传统村落文化保护领域内最新学术观点与成果、村落保护与发展动态。相关政府部门需要及时掌握行业动态、村落现状，以便其更好地制定相关政策规划、部署工作。商业机构需要从传统村落文化资源中寻找商机。村落文化爱好者更关注村落非物质文化遗产和物质文化遗产。游客对村落旅游攻略与评价类信息更为青睐。

由于仅有少量网站提供中英双语浏览界面，客观上把传统村落文化传播的受众限定在国域范围。在无障碍浏览方面，几乎所有平台均未提供无障碍浏览入口和语音讲解。

4. 传统村落档案文化资源数字化传播的手段

现有的传统村落档案文化资源数字化传播平台主要包括网站、微博、微信、手机 App。

从传播技术手段而言，传统村落网站的信息量大、类别丰富。从建设主体来看，由于网站建设涉及内容广、工作量大，需要一定的人员和资金支持，目前建设相对完善的传统村落相关网站都由政府主办。例如，由住建部承建的中国传统村落数字博物馆一期建设项目，包括 165 个优秀中国传统村落单馆和 4153 个传统村落名录，后续还将把已列入中国传统村落名录，具有地区或民族代表性的、保护成果显著的中国传统村落纳入数字博物馆展示范围。该平台定位如下：百科式、全景式展示传统村落的权威化平台，传统村落学术资源的交流分享平台，传承中华传统文化的线上线下互动平台，中国传统村落品牌的推广传播平台。[①] 利用多媒体、虚拟现实、可视化展示、大数据、移动互联网等技术，向社会各界乃至全世界宣传传统村落文化、传播传统村落魅力。

微博、微信总体来说具有互动性、自主性强的传播优势，其内容篇幅简短、便于阅读、更新及时，是传统村落吸引关注、展示形象、提升服务的重要平台。就传播途径而言，微博和微信提供了一个成本较低、相对自由和开放的空间。编辑、发布微博和微信的方式十分灵活，传播者不仅可以免费借助微博、微信发布传统村落文化相关的文字，还可以添加图片、音视频等，具有较强的延展性与可读性。此外，微博、微信具有较高的国民度和活跃度，为传统村落文化传播起到了一定的促进作用。受众可通过在微博与微信平台上转发、评论、

---

① 《中国传统村落数字博物馆建馆编制和系统开发》，2017 年 12 月 2 日，https://www.sohu.com/a/248257050_611316。

点赞等方式参与传统村落文化传播，从而扩大传统村落文化的影响力。值得注意的是，尽管已有不少官方机构和民间协会入驻微博、微信平台，传统村落文化得到了进一步关注，但上述机构在微博和微信平台的活跃度、内容的传播质量及传播力度等方面均有待提高。例如，由中国城市规划设计研究院注册认证的传统村落电子博物馆官方微博，其微博内容主要以文字、图片或视频等形式简要介绍传统村落文化，内容较零碎，缺乏专题性、持续性，其微博粉丝数量不足300，微博的转发和评论数几乎为零，互动量寥寥无几，传播力度较弱，传播特色亦不够鲜明。

手机 App 是当下移动社交媒体中最方便易用、伴随性最强的媒介类型，其互动性较微博、微信而言更强。对村民而言，手机 App 既可作为接收村情、在线社交、售卖农产品和手工艺品的线上平台，又可作为发布平台，发布与传统村落文化有关的文字、图片、声音、影像等多媒体资料。对旅游者而言，手机 App 可用于旅游目的地信息获取、村落导览、旅游纪念品购买等，但目前面临开发力量不足、更新不及时、开放获取难度大等问题。

例如，由清华同衡技术创新中心 2014 年完成的"传统村落 App"号称包含全国 2555 个传统村落的详细信息，拟通过众筹收集传统村落信息并推动分享传统村落故事，未来将逐步整合全国传统村落的位置和基本信息，建立起全国性的村落信息分享平台。听上去理念很美，但该 App 在手机应用市场上没有下载通道，在该中心的网站上提供了二维码扫描下载，但笔者多次尝试均以失败告终。在一些软件下载通道里提供了下载路径但均无法下载，或下载后因有病毒被杀毒软件拦截无法安装。另外，较有区域代表性的"云上村落"（贵州传统村落云平台的 App 版）"传统村落""徽州古村落"这三款 App 仅在少数几个专业软件网站上提供下载通道，在一些常用软件应用市场如手机助手、腾讯电脑管家等均没有下载通道，下载次数少。由中国城市规划设计研究院、清华大学建筑学院联合建设的"随形"App 则主要是为服务大学生"随行"传统村落调研实践大赛而设计，参赛的高校团队可通过该 App 随时上传调研实践过程中拍摄的图片、视频或录音，收集调查数据、分析村落情况。除参赛团队外，该 App 并未对外开放，但入选前四批国家级传统村落名录的每个村落有唯一专属的独立账号，多数由村支书保管，具体使用情况不得而知。

从数据类型来看，文字、图片、音频、视频、地图、动画、电子书、三维影像等均在各传统村落文化数字化传播平台得到不同层次的运用，其中，文字、图片、音频、视频、地图是各平台最普遍的数据类型。

5. 传统村落文化资源数字化传播的效果

数字化平台的传播效果一般可从其开通时间、访问量（或点击率）、粉丝量、转发量、评论量这 5 个指标简要测评。从开通时间上看，大多数传统村落文化数字化传播平台开通于中国传统村落立档调查项目启动（2012 年）后，传播时间不长。从访问量上看，如目前汇聚了最大体量传统村落文化数字资源的中国传统村落数字博物馆于 2018 年 4 月 28 日正式上线，截至 2020 年 4 月 13 日，其网站访问量为 156578 人次，日均约 219 人次，访问量并不理想。四川省古镇古村数字博物馆作为全国首个省级层面成立的古镇古村落数字博物馆，根据 Alexa 排名统计数据，截至 2020 年 4 月 13 日，该网站的"人均页面浏览量"为 0.18，说明访问者对网站内容的感兴趣程度较低，网站用户黏性较低。其他如由在学界影响较大的中国传统村落保护与发展研究中心建立的中国传统村落网、由民间组织古村落保护与发展专业委员会建设的中国古村落网等均未公布网站访问量，故无法系统统计。与网络大 V 们动辄数十万计的粉丝数量相比，传统村落微博、博客、微信公众号类粉丝普遍较少，活跃粉丝量基本均在 10 万人以下。由于普遍关注度不够，所以线上评论和转发量也不高。

综上所述，虽然国家投入大量资金建设以中国传统村落数字博物馆为代表的专业网站，汇聚了体量较大的传统村落档案文化数字资源；微博、微信、手机 App 等社交媒体有较强的议程设置能力和技术优势，但囿于社会整体乡愁氛围不浓，上述平台吸引的受众和关注度着实有限。相较于传统村落文化悠久浑厚的历史底蕴、博大精深的文化内涵而言，现有的传播形式和传播效果远远不能与其文化体量和潜在的影响力相匹配，仍有诸多问题需要开展学理层面的探究和实践层面的探索。

第二节 传统村落档案资源利用的问题

总体而言，由于对传统村落开展整体性建档式保护时间不长，形成的系统性的传统村落档案资源数量远谈不上丰厚。虽然如前文所述，建档各方积极开展了文化推广、资源利用等工作，但客观来看，仍处于探索阶段，需要总结分析的问题不少。

一 线下利用的问题

（一）档案编研成果的影响力有待提高

在档案工作实践中，通过档案编研活动激发档案信息的潜在价值、拓宽信息的受益面已累积了丰富的工作经验，亦形成了相对成熟的工作套路；但是档案编研成果的社会化、市场化不足，曲高和寡一直是困扰档案工作者的问题。目前对传统村落档案资料的编纂似乎也未能找到解决之道，陷入同样的困境。

目前传统村落档案编研的主体仍然较为单一，主要是各建档单位在档案普查和汇聚的基础上，对各自档案资源进行二次开发；编研方式仍以手工编研为主，编研成果以通过传统渠道出版的纸质出版物为主，这类出版物通常图文并茂、用纸讲究，但最大的问题是售价高昂，因此影响了销量和覆盖范围。例如，前文提及的《家底》和《中国传统村落图典》都是从海量的传统村落中精挑细选、倾力打造，图典运用精美的村落照片、抒情温馨的叙述文字把传统村落的质朴古拙美几乎推到了极致，《图典》里展示的一些传统村落建筑照片，因原建筑垮塌消亡已成绝版，为已消失的物件固化了曾经存在的印迹，可谓弥足珍贵。但由于成本的原因定价偏高，如《家底》定价498元、《中国传统村落图典》定价580元，除了图书馆、研究所等文化事业单位购买收藏以及少量传统村落文化爱好者购买欣赏外，普通民众很难阅及，只能在小范围内传播。

（二）村史编修的力度有待加强

"村落的文化传统和历史记忆是村落的灵魂及持续发展的精神动力。保护传统村落必须修复散落的文化传统和历史记忆，而这部分可从梳理、书写村史入手，由此引发村民关注村落的历史人物、历史事件、文化传统、日常生活和历史变迁，形成对于一个共同体的文化身份感。"[1] 从记录村落史脉、文脉、人脉的重要性考虑，从激发村民对村落的责任与关切、对乡土文化自珍自爱的紧迫性考虑，当下业已开展的村史编修特别是西南少数民族的村史编修工作，无论是政策面向的驱动力、村史编修对象的覆盖面、影响力、参与主体的多元化程度、参与积极性，还是编修活动的创造力、创新性还存在着相当大的问题。

（三）档案展演的个性化和呈现深度有待加强

目前利用传统村落档案材料布置展陈的记忆场所遍地开花。其中既有地域特色、民族特色、乡土特色鲜明的成功范例，亦不乏在行政命令的驱动下，在争先评优的刺激下，未经科学论证和长期规划即大干快上的"应景式"乡村记忆项目，这类项目往往因诸如展馆场地位置规划不当、[2] 展品文化底蕴不足或未经充分挖掘，展陈形式落后、缺乏资金和运行机制科学设计等问题在短暂的喧嚣后长期归于沉寂。从当下诸多传统村落档案展演手段来看，主要有以下问题。

一是同质化严重，地方特色不足。大多数乡村记忆馆、村史馆等展演场的布展手段相对单一。一般来说，陈列物有以下几种：农具、旧物件、手工艺品、家谱、民俗等，对展品的选择和布展方式有随大流之嫌，没有深入挖掘本村独有的最具本土特色的代表性外化符号，

---

[1] 张勃：《传统村落与乡愁的缓释——关于当前保护传统村落正当性和方法的思考》，《民间文化论坛》2015年第2期。

[2] 《中国传统村落保护调查报告（2017）》披露，梅江村致力于开办各类非物质文化遗产的档案室、博物馆，搜罗当地的非物质文化遗产甚至包括日常生活用品、生产农具、社火民俗用具、古纱灯等用于布展。由于博物馆是封闭的且馆址没有直达班车，远离村民生活场景，前来观展的人基本没有。

如本村选址的风水、村名的来历、代表性人物等，陷入同一种模式、同一种框架，沦为生产流水线上的精神产品，失却了乡村档案资源开发的主旨与本意。

二是深度欠缺。笔者在四川省阆中市老观村（中国传统村落名录）、贵州省黔东南州黎平县黄岗寨、地扪寨等地调研时，通过实地走访观察当地的村落文化展示室（有的称传统村落档案室），发现为展而展，形式化强烈，内容空洞的现象比较普遍，如传统农耕用具、生活用品的简单摆放；诸如剪纸、布艺等民间工艺象征符号的随意拼贴；民俗风情、手工技艺表演形式呈现：手工技艺偏于奇巧，民俗表演有取悦猎奇者之嫌。例如，展墙上一幅四川省阆中市老观村（中国传统村落名录）商业老街的照片，虽然取景角度、拍摄技巧、照片精度都没有什么问题，但如果没有当地村长陪伴笔者调研时的现场解说，我们只能看到一字排开的商铺和被行人脚底踩得溜光的石板路，这与不少中国古镇古村老街的街道高度相似，无任何出彩之处。后经村长提示，才注意到商铺门前无一例外地预留了尺幅相当宽大的门檐和门前走道，为此商家门面集体往里缩进数尺，好处是宽大的、户户相连的门檐在雨天会形成一道天然的遮雨篷，方便行人、游商和挑夫路人过往，这一牺牲商业空间为营造宽松舒适行走环境的做法体现的是浸入古村道德体系中的仁、德思想。加之老观村古来就是水陆运输之枢纽，商贾云集、商业繁茂，这类儒商精神、以道取财的经商理念在该村其他古建筑和文化事象中还有生动的体现，实在是提炼村落文化特质、凝练特色的极好题材。如果仅仅拍摄、展示建筑空间照片，而不深入观察和记录蕴藏在建筑中的内涵和精神，不从文化层面补充并讲述建筑背后的故事，仅从建筑样式上来讲，其文化传承和弘扬价值会大打折扣。

以当下各类乡村记忆场馆必展的农耕生产用具为例进行说明。虽然它们是村民再熟悉不过的日常生活事象，但这些本来应该是以随意自然的姿态出现于田间地头，与泥土融于一体的物品被整齐摆放在洁白发亮的瓷砖地面上，或者让"农民们隔着玻璃罩观看他们祖辈曾用过的生产工具"，这类简单复现过往物质空间的做法抽离了农耕用具曾活跃于其中的历史语境,"将民间文化、民众的生活方式等对象从具体的时空坐落中制取、剥离出来,无视具体时空坐落中的语言与制度体系,人们的行为方式以及人们对制度和行为的看法,更不考虑文化与创造文化的人的之间的关系"。① 农耕工具的外形、材质、用法均是由产生之时的生产工艺、生产资源、农耕惯习共同决定的,不加以有关当时社会、农业、经济、技术状况的档案材料佐证阐释,对观者而言,极有可能仅形成原始、落后、笨拙之类的负面印象,其农耕文明的承载和见证价值大打折扣。

(四)与乡土教育的结合有待深化

在当下中国乡村环境,乡土文化几近荒芜。单一现代化诉求中的功用价值席卷而来,使乡土价值中宝贵的但不具备功用性的部分被遮蔽与隐匿。复兴乡村文化的逻辑起点必须是乡土价值的激活与显现,但目前:一是乡土文化进社区、进校园由于没有行政命令强制推行,仅靠民间文化自觉,规模小、形式单一,影响力还相当有限;二是坐拥在数量上占优的传统村落档案资源的住建部门、学术精英对其的利用更加倾向于完成职能任务和开展学术研究,并未将利用该资源服务于乡土教育纳入议事日程,而肩负振兴乡村文化使命的文化部门意识虽然到位,但苦于所掌握的传统村落档案之类的承载根性文化的资源数量又极其有限,心有余而力不足;三是承载了大量乡村文化元素的传统村落档案由于内容分散、形式多元、话语风格多样,如果要在乡土教育中充分发挥作用的话,对传统村落档案信息必须进行深度加工。例如,依需求主体进行专题汇聚、阐释解读,更重要的是选取合目的需要的输出方式等,而目前传统村落档案刚刚完成初步的系统化收集和整理,还没有时间充分考虑其价值实现的方式,况且要完成以上工作,特别需要对乡土教育理念、需求和科学教育方法的深刻认知以及对档案价值实现的专业技能,这方面的人才目前相当缺乏。

---

① 刘晓春:《仪式与象征的秩序》,商务印书馆2003年版,第32页。

二 线上利用的问题

（一）广度尚可，深度不足，传播影响力有待提高

目前数字化传播平台已基本完成全国、省级、市级、乡镇级、村级村落纵向覆盖，既有涵盖全国传统村落名录的数字博物馆，也有各省、市、乡镇、村建立的地方传统村落传播平台，但碎片化、浅表化、断裂化传播现象严重。例如，一些旅游网站将古村信息分为简介、美图、景点、旅游指南等，在村落介绍、情趣杂谈、美图等部分零星散落一些村落景观介绍。大多数传播平台对传统村落文化事象、民间工艺、民俗活动等的展示仅限于图片拼贴、简单的文字描述，未对其背后的历史背景、沿革演变、内蕴的人文精神等相关文化资源进行深入挖掘和展示，使访客只能形成对传统村落文化浮于表面的片断式印象。一些微博、博客、公众号的传统村落文化信息发布比较随意，缺乏计划性、连续性、系统性，使村落文化产生的冲击力和触发情感体验的能力不能持久发挥，以致无法通过持续引导和给予系统的体验增强用户印象。

（二）单向为主，双向不足，传播互动能力有待提高

大多数传统村落网站和数据库中，仅少量设有咨询、评论和留言功能且多设在较隐蔽的位置，其中尚有对留言无回复或此类功能无法使用的情况。有些平台的互动只能通过其他社交平台实现，即时性不强。这表明我国传统村落文化信息基本呈单向线性传播模式，缺乏与公众的互动，使公众无法获得深刻的文化体验和参与感，传播效果大打折扣。线性传播模式是静态、孤立的，忽略了周围环境因素，而传统村落文化作为依托于特定自然与人文环境的活态文化，恰恰是一个动态发展的过程，需要传者、受众及文化环境间持续发生广泛深入的互动才能使这一宝贵的文化链不断延续下去。

（三）静像为主，动态不足，传播感染力有待提高

囿于建设资金、技术能力的局限，目前只有中国传统村落数字博物馆、云上村落 App 等少数国字号、省字号的数字化传播平台能够运用 VR、AR 等数字技术大手笔打造 360 度全景式呈现、浸入式体验的

传统村落文化奇观，大多数传播平台的数据类型比较单一。笔者随机抽取覆盖东部、中部、西南地区，由不同主体面向不同受众建设的36个数字化传播平台①进行调研，上述传播平台呈现的数据类型包括文字、图片、地图、音频、视频、动画、电子书、三维场景等，各平台采用的数据类型数量见表6-2。

表6-2　　　　　36个数字化传播平台数据类型数量　　　（单位：种，个）

数据类型	2	3	4	5	6	7
平台数	4	15	9	5	2	1

总体而言，包含5种以上数据类型的只有8个。在调研对象中，能利用三维成像技术展示传统村落场景的只有中国传统村落数字博物馆、金滩镇燕坊古村、竹桥古村、流坑古村4个平台，有动画效果呈现的只有松阳古村落网、金华古村落数据库2个平台。大多数平台在对传统村落进行介绍时，主要应用简单的文字+图片描述将传统村落文化要素孤立、静止地呈现，缺乏意象营造和互动体验，无法使用户沉浸其中、激发情感共鸣并产生持续性影响。

（四）传统特色有余，时代气息不足，传播融入力有待提高

"斜阳照墟落，穷巷牛羊归。野老念牧童，倚杖候荆扉"的村落景象是现代人的梦中天堂、精神家园，现有的传播平台也在通过图片、视频等传播手段极力营造这一传媒景观，但如果把田园牧歌仅仅理解为田野、老牛、牧笛就过于肤浅了。这种低层次的文化消费制造

---

① 选取的数字化传播平台包括中国传统村落数字博物馆、浙江乡村记忆网、松阳古村落、中国传统村落保护与发展研究中心、清华同衡传统村落研究所、中国传统村落与建筑文化传承协同创新中心、中国村落文化研究中心网站、中国古村落、古村之友官网、流坑古村、中国传统村落网、金滩镇燕坊古村官方网站、婺源源头、竹桥古村、魏集古村落、塱头古村16个数据库，温州古村落数据库、金华古村落数据库、张乐天联民村数据库3个微博（博客），中国传统村落数字博物馆官方微博、西河古村落、中国传统村落的博客、走进传统村落的微博、宁波古城古镇古村落的博客5个公众号，佛山古村有约、文化襄垣、缙云地名、抚州古村、烟霞深处、传统村落、太行人家、魏集古村落、揭阳玉湖新寮古村落9个App等。相关统计数据截至2018年12月3日。

出来的只是梦幻式的精神乌托邦，当梦想照进现实时，它脆弱得不堪一击。传统与现代实现对接、融合才是传承传统村落文化的根本。要涌起时代浪花、发挥当代价值，必须以国家文化战略要求为导向，与当下的时事热点、重大事件充分融合，深入挖掘农耕文化中蕴含的优秀思想观念、人文精神、道德规范，对最能触及人心、最能传达文化精神内涵的村落文化事象深度呈现和诠释，通过传播放大其凝聚人心、教化群众、淳化民风的重要作用。

（五）主流话语有余，底层视角不足，传播赋权力有待提高

现有的传统村落文化数字化传播平台上呈现的内容主要由政府机构、学术团体等采集和上传，其存在的一个普遍问题是疏离村民生活世界，缺乏沉浸式观察的文化视角。例如，在主流媒体上宣传的村落名人名家，几乎都是生长于乡村，成名在外，且多为符合主流社会对成功人士的判断，如官员、学者、商人等。虽然毫无疑问，这些名人对乡村的声誉、经济发展做出了卓越的贡献，但在村民的日常生活中，对他们影响更大的是村里那些德高望重的意见领袖，如地方的乡绅、侗寨的寨老，他们在自治历史悠久的少数民族村寨往往起着道德标杆、秩序维护、文化领袖的作用，但在目前的传播平台上他们往往是失语的。由于普通公众特别是村民这一重要的传统村落文化形成者和传承者参与建设、传播传统村落文化的机会和途径严重不足，数字资源的建设与传播缺乏底层视角，主要是基于"他者"的文化背景和"打量"视角而营造的传统村落文化景观，对最能触及人心、最能传达文化精神内涵和活态生存发展状态的村民生产生活的展现严重不足。

第三节　西南少数民族传统村落档案资源利用的原则

从全国范围来看，西南少数民族传统村落档案在资源规模和多样性上有优势，但开发利用水平低于经济发达地区，主要原因是开发利用意识、资金投入、技术条件不足，亦与部分档案资源需跨语言、跨文化解读阐释的难度有关。要优化西南少数民族传统村落档案资源利

用，首先应对利用原则加以明确，因原则是开发利用工作的路径指引，是关于传统村落档案开发利用工作模式、工作方法的根本要求和核心指向，更是破解当前传统村落档案开发利用窠臼的要义。

一 传承与传播并举

在西南少数民族，可以说传统村落档案资源最重要的利用方向是向下的文化传承和向外的文化传播。传统村落档案的传承性表现在以时间为主的纵向流动，重在向内向下传递承载于其上的村落史脉、文脉和人脉，一方面熔铸和灌输村落记忆；另一方面实现传统村落文化在村民内部的传承与更替，维持村落文化的绵延和村落共同体的稳固，树立文化自信。传统村落档案的传播性表现在以空间为主的横向流动，重在向外传播传统村落的民族风情、文化特色和人文意蕴，在多元的文化舞台上展示自己的文化形象。传统村落档案资源实现向内向下的传承和向外传播的方式和途径应有所差别，需根据不同的利用目的科学设计。总体而言，在西南少数民族传统村落档案资源利用工作中，在坚持传承传播并举的同时，要更加重视其传承功能，充分发挥濡化作用。

二 主体与利用多元

西南少数民族传统村落档案的开发利用要更加强调多元社会力量共同参与、互相协同。在引导开发利用实践中必须充分认识和利用多元力量，一是在既有开发利用基础上更加呼吁和重视村民的主体参与，如通过入户访谈、宣传教育等形式增强其文化自觉和文化自珍，提升主体意识；二是借助住建、文物、财政等部门优势资源，强调部门间合作协同，开发利用档案资源；三是与社会力量展开合作，如档案机构可提供相对丰富完整的档案资源和开发经验，民间力量提供创意、孵化应用平台等。

多元构建不仅体现在组织力量上，也体现在开发利用的内容和形式上。当前传统村落档案开发利用形式单一、内容匮乏，整体水平较低。形式单一体现在相当数量的村落档案开发利用仅限于为乡村记忆展演、民俗展览等提供原始材料。内容匮乏则是集中表现为所开发利用的档案信息大都来自民俗档案、建筑档案材料等，缺乏对村落深层次历史文化机制档案的内容挖掘。因此，传统村落档案的开发利用应当在内容和形式上更趋多元。

三　回归乡土

回归乡土是西南少数民族传统村落档案开发利用取向的基础，回答了传统村落档案是为谁开发利用的问题。乡土文化的复兴关键是让村民意识到并提升文化自觉和主体意识，从而打造有利于文化传承的开发利用环境，这一环境是包含传承者、传承内容、传承空间、传承时间和传承方式的有机整体。有机整体的建构显然应是内生的，它必须根植于传统村落的原生态中，要通过各种形式的开发利用"激发"。开发利用环境的营造也必须体现乡土的回归，即开发利用要结合当地实际、为当地服务，要以传统村落自身为导向。包括档案开发利用在内的传统村落文化开发长期以来是脱离乡土的，是以外来开发者为建构导向的开发模式，忽视传统村落实际，无视村落原生态，不理解村民的诉求，在档案开发利用层面上表现为前文谈及的大规模、不加辨别的上马民俗馆、民俗记忆展演等项目。西南少数民族传统村落档案开发利用更应强调活化传承，不应该局限于静态的罗列，况且当地村民每日都生活在展览所示的民俗环境中，何来去民俗馆参观的需求呢？

四　彰显内在

彰显内在是西南少数民族传统村落档案开发利用价值导向的基础，回答了传统村落档案应该侧重开发利用的真正方向和内容。在城镇化的剧烈冲击下，西南少数民族传统村寨本就式微，加之经济导向侧重观光旅游的开发模式，传统村落开发过分注重经济效益，日渐偏离文化导向，较少关注原住民、原生态的文化传承和创新发展。在此影响下，支持、辅助性的档案开发利用也随之偏离深层次内在的应有价值导向。文化导向体现在对民族村寨原生态文化的自觉、自珍、自爱的形成和巩固，挖掘传统村落档案中优秀内核的现实利用等，更丰富的社会效益体现在档案促进身份和族群认同和村落共同体构建上，因此西南少数民族传统村落档案开发利用始终坚持的价值导向是更加彰显档案资源背后的传统村寨文化价值和丰富的社会效益。

五 发挥档案机构的专业优势

部分西南少数民族的档案机构积极作为，在传统村落建档环节发挥了重要作用，在传统村落档案利用中应继续发挥专业优势。第一，档案机构不仅在长期的档案工作实践中积累了成熟的档案资源开发利用经验，探索出已经实践检验的档案开发利用模式，而且在档案记忆观、档案多元理念的启发和引导下，正进行着建档为民、以档惠民、用档兴民的档案工作理念和实践的转型，因此更加坚持传统村落档案利用的在地化、本土化，更加注重基于传统村落档案资源的乡土文化传承和传播。第二，档案工作历来珍视"全宗原则""来源原则"，极为重视建构档案间的有机联系。而传统村落由于在地域空间上较为分散，档案资源分布零散，亟须以专业智慧和工作方法打造完整全面的资源链条，构建传统村落档案生态体系，全面系统地对体系内档案资源进行深度发掘和价值发现，以更好地发挥档案对民族村寨村民实现身份认同、建构族群记忆等维度的作用。第三，与其他主体相较而言，档案机构在 60 年的村级档案工作中，通过建档和后期的整理、保管、利用，对档案所记录的乡村地理环境、人文生态、政治格局、经济发展、文化变迁、个体生存等均有较深的体察，有可能把准乡村根系文化的脉搏，精确对接村民文化需求，实现西南少数民族传统村落档案资源的靶向开发，做到定制化、精准化、动态化，紧紧跟随和服务于乡村振兴这一国家重要的战略规划。

第四节　西南少数民族传统村落档案资源利用的策略

如前文所述，西南少数民族传统村落档案资源虽然量大质优，但在开发利用的广度、深度和技术手段运用上不如发达地区。这在某种意义上也形成了后发优势，即在着手规划、设计西南少数民族传统村落档案开发利用时，充分借鉴、吸收先进地区的工作思路、经验，避免少走弯路，同时结合自身资源特色及开发利用的指向对象，创造性地开展工作。

一 优化线下利用

（一）档案编研

档案编研是传统的档案资源开发利用方式，有成熟的流程、模式和推广套路，理应历久弥新，在坚持的基础上积极拓新。基于西南少数民族传统村落档案管理体系的建构和运作，档案编研在编研力量、编研资源、编研成果类型和推广方式上都将有大的突破。当下传统村落档案编研成果的形成主体较为单一，以政府部门或知识精英、个体为主，西南少数民族传统村落档案编研在各建档单位有充分的协作意识和完备的协作机制的基础上，完全可能走联合编研之路。比如依托政府部门较为充裕的资金、资源和政策优势，借助知识精英对传统村落档案资源的深度解读和阐释，依靠档案部门丰富的档案编研选题经验和编撰技巧，借助新闻媒体强大的宣传推广能力以及网络媒体的传播优势，共同对各建档主体共建共享的内容全面丰富、类型齐备多样的传统村落档案资源加以挖掘，产出的编研成果在资料的全面性和关联性、叙述的专业性和诠释的深度性上都将有长足进步。

除此之外，要充分考虑拓宽档案编研成果的传播途径，线下线上并重，传统的纸质编研成果和数字化编研成果要同步推出。纸质编研成果相对来说，内容以文字加图片为主，适合线性阅读或以读图为主，文字为辅的阅读模式，类型比较单一，可以继续走出版发行之路。数字化编研成果因可集成文字、图片、网页、声像等多媒体数据类型，可运用动漫、场景漫步、虚拟现实、增强现实等呈现方式，更适合在网络上传播推广，吸引年轻一代的目光。故此，在编研成果的类型上也应该而且尽可能丰富，如传统村落微电影、微视频、村落故事会等微题材都是值得探索和尝试的编研体裁。

如果把单个西南少数民族传统村落视为一个立档单位，则该全宗所蕴含的丰富文化资源从体量、广度、深度、开发的可能性而言当之无愧地可被称为"大 IP"。如果再把眼光放远放长，则一个省域范围内的少数民族传统村落档案资源集合，甚至整个西南地区少数民族传统村落档案资源集合，则可构成区域大 IP 和地区大 IP。围绕着如此之大的 IP 进行文化资源开发，如果仅限于出版行业且只编辑出版一部或几部编研成品，则不免有暴殄天物之憾。以省域范围内的少数民族传统村落为例，当前的通常做法是选择部分有价值、有特色的民族传统村落出版单行本，进行点描式的传统村落文化宣传推广。如果围绕区域大 IP 能够汇聚有志于保护弘扬传统村落文化的专家学者、规划设计人员等，则可以以"一村一书"的方式出版传统村落全景录的丛书，这样做的好处：一是对省域范围内的传统村落文化进行全景式描绘，形成融史料性、可读性、实用性为一体的集大成之作；二是来自不同领域的专家学者、规划设计人员因具有不同的知识背景、专业视角，可多层次、全方位深度解读传统村落历史、生态、人文、民俗等不同的文化面向，避免单一主体开展编研工作时既面面俱到又点到为止式的"全面的肤浅"。

围绕此类 IP 的文化开发绝不应仅局限于出版领域，进行全媒体开发应该是今后的努力方向。所谓全媒体开发，指以 IP 为资源基础，将文化资源跨媒体运用于多领域，当下比较流行的是在文学、影视、游戏、动漫、文创、综艺、旅游等领域围绕同一 IP 开发不同的文化产品，通过发掘不同文化产品之间的关联和共性，互相支持、优势互补，形成打通文化门类的全产业链深度整合。具体到西南少数民族传统村落档案编研工作，如果以"大编研"的大视角、大胸襟来看待编研对象，西南少数民族传统村落档案资源的应用场域和前景应十分宽广和光明。以阿诗玛为例，作为长期流传于云南省石林彝族自治县彝族撒尼人聚居区的传统民间文学，这一 IP 早已跨领域开发，衍生出《竹叶长青》《放羊人小黄》等叙事长诗，脍炙人口的电影《阿诗玛》，京剧、滇剧、歌剧、舞剧、撒尼剧《阿诗玛》，曾经的云南红塔集团著名香烟品牌、现在的云南省旅游商标以及一大堆相关文创产品。又如贵州省黔东南州肇兴侗寨作为侗乡代表，亦已频频出现于春节联欢晚会分会场、CCTV 海外频道的纪录片、舞台剧场、画册等诸多场域，跨媒体的频频亮相为肇兴侗寨积攒了超高的人气，但总体而言，多以背景呈现和自然人文风光描述为主，少有对侗寨深层次精神产品的拓展性开发，各领域也基本上是各自为战，互补共赢意识缺乏，没有形成深度整合。今后对西南少数民族传统村落档案资源的全媒体开发，应重点在跨界合作和深度上做文章。

（二）村史编纂

在日渐空心化的西南少数民族传统村寨，传统文化几近凋零。文化复兴是乡村振兴的根本路径和必由之路，但华中师范大学中国农村研究院等实施的全国性田野调查发现，"农村公共文化服务在政府主导之下仍频频遭遇农民的冷漠相对，此类问题在中西南农村尤为严重"。[①] 有不少学者和地方政府已意识到，乡村文化复兴不能简单依靠外来文化的输送或移植，根性文化复兴才是文化复兴最基本的抓手和推动力。要实现根性文化复兴，必须培育村庄价值自生产能力。所谓村庄价值，指村庄这一生活和精神家园在村民生命体系中所占据的地位和分量。杨华在其博士学位论文《隐藏的世界》中写道：村庄价值可从"历史感"和"当地感"两个维度生产出来。历史感指村落生活能够为村民提供"生从何来，死向何处"的想象，当地感指农民之于村庄形成的主体意识。二者叠加起来，就将农民的个体生存状态与村庄时空之间建立了联系。[②] "历史感"的获得需要对村庄的前世今生了然于心，方知"生从何来"；"当地感"的获得需要作为个体的村民在村庄的时空坐标中找到自己的位置，找到个体生命与村庄这一生命共同体的关联，方能身虽游离、心向往之，在精神有所寄托、灵魂有所归依的满足中，明白"死向何处"从而坦然地活在当下。从这个意义上讲，村史集历史感、当地感于一身，编纂村史是目前应大力倡导和支持的乡村文化复兴活动。

从政策导向上来看，目前极为提倡为传统村落编写村史，扶持力度不断加大。例如住建部要求，"至 2020 年每个传统村落都要完成村

---

① 颜玉凡、叶南客：《我国现阶段农村公共文化服务困境解析——以 H 社区为例》，《艺术百家》2014 年第 6 期。
② 贺雪峰：《新乡土中国》，北京大学出版社 2013 年版，第 23 页。

史的整理编辑，鼓励利用现有房屋建立村史室"。① 由住建部承建的中国传统村落数字博物馆在甄选入馆村落时，其申报村落材料制作要求之一是"要整理村志、家谱、村规民约等文献，展现村落宗族文化、村民的精神追求和良好的精神风貌"。② 从地方的政策性文件来看，浙江省的"千村档案"、贵州省黔东南州的"传统村落建档"等都提出为村落修史的工作要求。

根据西南少数民族传统村落的实际情况，结合政策导向和其他地区村史编纂实践，笔者认为，目前在西南少数民族利用档案材料编写村史的文化实践可考虑采用以下几种模式。

1. 传统模式

由档案史志部门为村落收集或记录档案材料，为其编史修志并出版。例如由南充市档案局编撰的《乡村记忆·南充四合院的故事》一书，把即将消失的乡村古院落资料编辑成册并收入档案馆。全书从拍摄的100多个古院落中精选了43个古院落，覆盖9个县（市、区），6万余字，近500幅照片。该模式下编修的村史优点是体例规范，系统性强；缺点则是其最主要地表现为与上一层级的乡志、镇志甚至县志高度相似，四平八稳地综述村落自然、地理、气候、农业、经济等要素，自上而下写史，说教气息浓郁，"烟火气"不浓，缺乏特色和个性。

2. 复合模式

由村民利用当地档案馆馆藏的村落档案材料，结合在村落寻访、记录的口述或文字、图片等资料，有限接受档案史志部门的业务指导编纂而成。该模式下编修的村史优点：一是档案支撑材料比较丰满，既有主流话语系统中的文献，亦有采集自田间地头的民间材料；二是编修人一般都是村寨里的乡贤、寨老、文化人等"意见

---

① 赵晖：《传统村落保护方兴未艾——住房和城乡建设部赵晖总经济师在浙江义乌中国传统村落保护发展培训班上的讲话》，《小城镇建设》2016年第7期。

② 《住房城乡建设部办公厅关于做好中国传统村落数字博物馆优秀村落建馆工作的通知》，2017年3月10日，中华人民共和国住房和城乡建设部网站，https://www.mohurd.gov.cn/gongkai/zhengce/zhengcefilelib/201703/20170310_230937.html。

领袖",作为本地人,他们既熟悉乡俗民情,又能接受相对正统的编修技术教育和培训,故而编修而成的村史既接地气又大致符合传统村史村志体例和格式要求。缺点是编修人与部分村民的文化意愿和诉求还是有差异的,突出表现在对村史里哪些人物、哪些事情作为村里的大事应被记录,哪些是无足轻重或有伤大雅的小事不予记录等,在内容的取舍上村寨里的"知识分子"与"草根阶层"并不能完全取得一致意见。

3. 文化自治模式

完全由村民按照自我意志记录或挑选、编排、汇聚形成。例如,前述的《勐马档案》《从江档案》《阿尔档案》以及寨头村杨光全寨老组织村内寨老及小学老师编写的《寨头村志》等,都是这一类模式下的村史成品。该模式下编修的村史最大的优点就是实现了村民文化表达的权利。如果说之前的乡村文化复兴运动赋予了村民一些文化安全感、文化信任感、文化认同感的话,文化表达权利的赋予则是更高级别的赋权,因为它保证了村民通过自我书写、自主确认历史的真实面貌并以自己的话语方式将之记录并原汁原味地进行代际传递,这是其他村史编修模式达不到的效果。缺点是毕竟村史不管内容如何鲜活,如何覆盖生活世界,从归属上看仍是一类文本。如果只熟悉村内情况而欠缺历史意识和比较意识,文本对村落生活的映射将长期停留在表象层面,无法将物质的、观念的、生活世界的、精神世界的东西加以全面统摄。

以上三种村史编纂模式各有优劣,需根据民族村寨实际情况斟酌选用。从中国台湾、日本等地区和国家乡土文化实践的情况来看,文化自治的修史模式获得了较为普遍的认同。例如,中国台湾1998年推出"大家来写村史"计划,强调人人参与,由社区人自己动手书写自己的历史。通过人人写史运动,"最底层的居民取得了诠释自身经验和建构共同记忆的权力和机会,尊严得以恢复;草根文化创造力得以开启,有助于丰富社会的多元文化。透过民众参与建立村史的过程,居民有机会去省视彼此的关系,珍惜共同生活、成长的经验,从而产生或增进相互的认同,并对社区有更多的

第六章 西南少数民族传统村落档案资源利用

义务感。对村史的发掘和珍视也激发了居民对地方的自信,产生了地方的荣誉感"。① 当然,这一模式的缺点也需要尽力加以克服。如果将第二种与第三种模式结合起来,以村民为修史的绝对主力,档案部门或史志部门仅提供材料支撑和编写辅导,村史的材料将更丰满、体系感更强。

需要强调的是,人人写史不是要求人人写作。在不少西南少数民族传统村寨,有成熟写作技能的中老年人并不多见,而正是这批人,特别是老人掌握了村寨最多的历史故事和秘密。因此,村史中口述史的分量要加大,可采取村寨老人口述、执笔人记录的方式,将口述历史转化成文字记录在案,同时在村史的附录部分可补充口述部分的录音、录像资料。另外,自下而上的村史编纂在遵循基本编纂要求的同时,要尊重村民修史的底层视角和草根情结,在入史材料范围划定上更加开放。在材料类型上,除文字材料外,照片、图片、音像等承载有村史信息的应收尽收;在材料内容上,要强调人人入史,每一个村民在村史中都应该拥有自己的位置,所以村民世系表的编写应是村史的重头戏,用于记录每家每户村民生老病死、迁移、外出工作、上学、参军等基本情况,以保持村寨的形散神聚;在编纂体例上,更加强调灵活多元,以村民喜闻乐见、接地气的方式凝聚村史记忆。例如,山西省临猗县耽子镇后土营村的村史由村民王世平、张清洋合编,采用七言韵句,由甲乙双人表述,以民间演唱形式快板编演,以时间顺序分别记载了该村的地理沿革、政治演变、经济发展、人物志、大事记、轶闻传说等,通俗易懂、朗朗上口,在当地的传播效果极佳。另外,以故事体、演义体等体例编纂村史的尝试也时常见诸报道。以上探索都可为少数民族编修村史提供有益的借鉴,加之少数民族村民自古以来就拥有极具原创性和丰富性的叙事话语、手段和叙事技巧,完全可以因地制宜、各展所长,编写出令人耳目一新的富有少数民族文化气质的村落史录。

---

① 陈板:《大家来写村史:民众参与式社区史操作手册》,唐山出版社1998年版,第16—20页。

(三) 档案展演

如果说乡土记忆中的"记"是靠档案来记录和承载，那么"忆"则要通过与档案的亲密接触来触发。档案展演是目前档案对受众在场进行乡土记忆叙述和传递的直接方式，它不仅将积淀于档案中的文化传统、地方性知识、经验等记忆内容不断激活与提取，推开历史的厚重之门，再现一方热土的前世今生；而且使受众沉浸体验于展演场所，领略农耕文明的艰辛与伟大、民族风情的烂漫与奇异、乡土文化的质朴与充盈。于游客而言，传统村落档案展演使其在饱览村寨今日秀美宁静风光的同时，更从记录村寨缘起、建筑格局、生活方式等档案材料中深度领悟"处于文化圈层下方"的村民与自然融为一体的选址智慧、高超的营造艺术以及在穷山恶水的生存环境中砥砺奋进、生生不息的伟大精神，从而产生对脚下这片土地及人民应有的尊重。于村民而言，如果说村落全体村民构成一棵扎根于田野、枝繁叶茂且不断开枝散叶的生命树的话，传统村落档案展演中的家谱、族谱则让他们找到自己在生命树中的位置，感受到个体生命在家庭、家族、村落共同体中的归依；祖先的生存奋斗、村落名人的成长经历和成就则能给予人催人奋进的精神力量和自豪感。总之，西南少数民族传统村落档案展演具备建构和谐乡村、振兴乡村文化、促进旅游发展等多重功能。

反观当下，乡村记忆馆、非遗博物馆、民族文化展示馆等展演场所在西南少数民族村寨还相当稀缺，只有少数村寨凭借外界援助或仅凭一己之力建成了村落文化展演场所，但运营情况很不理想。在笔者走访的贵州、四川、云南省几个入选国家级传统村落名录的民族村寨中，位于贵州省贵阳市镇山村的中国·贵州花溪布依族生态博物馆系2001年由挪威作为国际生态文化项目援建，除落成之初喧嚣一时，现在因成本问题无法雇专人看管维护，干脆长年（包括十一、春节等旅游旺季）大门紧锁，闭门谢客。四川省阿坝州理县桃坪羌寨作为汶川地震后的热门村寨，至今无主流打造推广的村寨文化展演场所，现有"羌族博物馆"和"桃坪羌寨文化博物馆"，分别由桃坪羌寨龙小琼女士、王嘉俊老人私人建设。龙小琼女士的羌族博物馆主要收藏羌绣、族谱等实物和民间文书,《羌族情歌三百首》(中英双语本)、完整记录龙小琼女士长达一周的羌族传统婚礼的画册(配套有光盘)等文献资料。王嘉俊老人的桃坪羌寨文化博物馆是中国羌族博物馆私立第一家,大门有一副对联:出土文物光耀羌族几千年历史,乡间器具辉映尔玛数百载民俗;横批:溯源古羌。据门口张贴的简介,该博物馆现有藏品近千件,包括部落图腾、释比法器、图语、陶文、生产工具、生活用品、礼器、兵器;服饰、炊具、红军文物等,内容涵盖本地区原生态古歌、舞蹈、神话、传说、重要历史人物、重大历史事件、风物、建筑、狩猎、民间法(乡规民约)、绝技等。从两处博物馆藏品来看,可用于挖掘展现羌寨民族文化风情,增加旅游目的地浏览内容和深度的档案材料非常丰富。例如,笔者在桃坪羌寨调研期间,有不少羌寨村民抱怨"现在的民俗变味儿了","以前要热闹一周的婚礼现在一两天就搞完了",别说是打卡式旅游的游客,就是土生土长的羌寨年轻人也未必有机会目睹最原汁原味、最传统的羌家婚礼。又如在羌寨石桥上,有的桥边上刻有渲染羌文化的民间诗歌,遍览之后,觉得虽然具有羌文化特色,但取材略显平庸。如题名为"羊角花儿朵朵红"的羌家民歌:"羊角花儿朵朵红,今天阿妹大不同。看见别人眯眯笑,一见阿哥脸儿红。"对比在龙小琼女士创建的羌族博物馆里意外被惊艳到的《羌族情歌三百首》选辑,其中不少情歌火辣而直白,嘹亮而憨实,如"姐家门前路不光":姐家门前路不光,鞋儿跑烂两三双。再等三年缠不上,吊死你家大门上。"远看阿妹白漂漂,好像玉米打伞苞。心想变个蚂蚱子,抱着腰杆摇几摇。"这些对原始情欲毫不遮掩,火热奔放的羌族情歌更符合拥有游牧民族剽悍热烈血统的羌寨文化风格。如果对以上藏品加以整理挖掘,羌家传统特色婚礼能得以真实再现,羌寨文化特质能得以更为准确逼真地展示。可惜由于个人精力和财力有限,龙女士的羌族博物馆仅作为个人收藏品的仓库,并不对游客开放。王嘉俊老人的桃坪羌寨文化博物馆在笔者调研期间一直关闭。虽其在简介里称博物馆面向公众开放,要进一步完善互动式的展出模式,但经了解该馆几乎长年闭馆,仅对特殊群体开放。例如,"坚持为大学生、研究生及科研考察服务,向专家学者提供所需的素材和资料，提出羌学研究和旅游中的新课题，搜集展示学者的研究成果，使博物馆成为羌学研究的交流平台，为藏羌文化走廊服务"（来自该博物馆门口张贴的简介）。可见其定位主要还是致力于学术研究，并不承担为游客和村民服务的义务。

  笔者曾走访贵州省黔东南州黎平县县辖数个民族传统村落。由于该地传统村落资源密集且丰富，当地对传统村落文化保护和宣传高度重视，故几乎入选国家级传统村落名录的少数民族村寨都建成了各自的村寨文化展演场所，并常年开门迎客。其中有的展演场所非常有特色，如贵州省松桃苗族自治县大湾苗寨创造性地打造传统村落活态档案馆，将整个村落作为展演场所，使人们能进入一个全息的语境体验活的文化。不仅苗寨里的民居建筑都贴上了铭牌，有关于建筑结构、建造年代、层数、所有权人、保存状况及简介等信息；而且通过与寨子村民的交流，能得到关于苗寨历史、民俗、艺术等方面的文化普及。实现"村即是馆、进村即入馆，房即是档案、观房即阅档，人即是志书、交谈即读史的美好愿景"。① 除此之外，贵州省从江县岜沙村（苗寨，被称为"世界上最后一个火枪部落"）打造的岜沙传统村落生态档案馆，亦在档案馆与村落生态环境相融相衬上独树一帜，具有相当浓郁的地域和民族特色。但必须承认，除极少数大胆的布展形式探索外，大多数已建成的传统村落档案室内展演场地空间狭小，展陈手段单一，展品不够丰富且多为静态陈列或象征符号简单拼贴的布展模式，吸睛效果极有限，亟须科学统筹规划，精心布置展陈，突出民族性、地方性和特色性。具体而言，应该从以下方面寻求突破。

  1. 展演形式力求生动

  档案展演的成功与否不仅取决于展演内容是否独特而丰富，还取决于展演形式是否新颖生动。从某种意义而言，如果说"太阳底下无新事"，那么寻求"新瓶装旧酒"亦是策展人员必备的基本功。村史馆、乡村记忆馆等展演场所很难具备大都市博物馆布展时所运用的

---

① 《贵州省松桃苗族自治县 "大湾村传统村落活态档案馆"》，2018 年 9 月 10 日，福州档案信息网，http://daj.fuzhou.gov.cn/zz/daxw/yjdt/201809/t20180910_2600511.htm。

3D 动画、虚拟现实等高大上的技术条件，但也可以因地制宜、创造性地开展工作，如有的镇村在策划展陈时将沉睡的民间文化记忆以乡土歌曲的形式向社会推广；有的与当地农民画创作中心合作,[①] 将村域环境用活色生香的手绘地图生动呈现；有的直接将档案材料融入村域环境和村民生活，把整个村寨变成生态档案馆。上述展陈方式虽然没有声光电营造的光怪陆离效果，但充满泥土气息，温暖质朴的气质有打动人心的力量。又如，记忆展演是近年来在各地普遍兴起的档案开发利用方式。山东、浙江等地利用当地丰富的档案资源开展了内容扎实、形式多样的记忆展演项目。但就整体而言，城市记忆展演项目多，乡村记忆展演项目较少或开展力度不够，传统村落的记忆展演项目则几乎处于空白状态。记忆展演项目是民俗展演、档案编研等多形式充分结合的综合系统的开发利用体系。记忆展演通过展览演绎的方式，能生动形象地展示特定群体、地域、事件等在社会实践过程中的全领域活动。可以从西南少数民族档案材料中深入挖掘乡村记忆，将其中具有较大历史文化和现实价值的重点记忆点（如历史文化名人、标志性建筑、特色技艺等）经过处理和重组，建构主题性记忆地图。"记忆地图能够将记忆资源结构化、体系化，建立历史记忆关联，并通过可视化方式展现，便于人们理解、认知和记忆。"[②]

2. 展演内容力求独特

虽然总体而言，处于同一民族聚居地、同一地理地域的民族传统村落之间相似性大于相异性，但村落个体多多少少总会有区别于其他村落的独特文化要素，这需要在少数民族传统村落档案材料中精心挑选并予以呈现。例如对民族村寨而言，村寨的名称及由来有哪些故事？为什么先祖选址于此而不另觅他处繁衍生息？村寨里出过哪些名人或独特的个体？有的村寨可能缺乏世出的名门望族、劳动模范或文人墨客，但这并不意味着村寨里缺乏可以叙述的精彩人生，村民的个

---

① 吕永明:《以"乡村记忆档案"项目建设推动村级档案工作高质量发展》，《档案与建设》2019 年第 1 期。
② 牛力、王烨楠:《基于档案的城市记忆资源建设全过程模型及应用研究》，《档案学研究》2017 年第 1 期。

人生活史、村寨的家谱、族谱、村规民约等一定是本村寨独有的文化元素，围绕着这些文化元素所讲述的村落故事不仅精彩而且独特，从物的展示转变为对人的展示能在一定程度上避免千篇一律。况且我国西南少数民族有不少传统村落在文化资源的独特性上非常突出，如云南省东莲花村回汉合璧的建筑式样，贵州岜沙"最后一个火枪部落"人树合一的树葬习俗等，只要深度挖掘，展演亮点的营造就有了希望。

3. 展演深度力求拓展

不少西南少数民族传统村落的文书、挂图、实物等档案除了摆放形式可以平面呈现外，其背后的典故、意蕴、风俗习惯等应该得到解读、诠释，通过讲述档案里的故事，展现农耕文化和历史的鲜活、有趣和细节美。例如，农用器具是生产力发展的符号，是历史进程的见证。虽然大多农耕用具使用的场景确已逝去，其生产性功能亦已丧失，但借助档案材料的虚拟还原和能动性建构，是可能编织出农耕工具所依托的那些岁月的时代氛围的。也许一段意蕴深长的农耕故事、一曲悠远高亢的劳动号子、一首活泼欢愉的乡村民谣就可以使观者产生代入感，去感受当时农具如何尽其可能地去获取土地的赐予，感受农具与耕者强烈而深沉的互动关系，激励受众了解农民的辛勤劳作过程。又如在山西省晋中市榆次区后沟村，民间习俗是新生儿10个月大时家人给做第一双鞋，两色拼成，男孩红黑配色，绣老虎；女孩红蓝配色，绣花朵。出嫁姑娘的结婚鞋垫不用红色、绿色，大多使用富贵的黄色。若姑娘嫁的是家中弟兄中的弟弟，则在婚鞋表面别一只老虎。如果在展演现场只陈列小儿鞋、婚鞋和鞋垫，观者只能对鞋的配色、纹样和制作工艺产生浮光掠影的表面印象。实际上，这些看似艳俗的撞色、土气的图案所蕴含的质朴信俗与想象被完全遮蔽了。男孩红黑配色，女孩红蓝配色是源自"红配漆（黑），好配妻，红配蓝，好配男"的民间说法；婚鞋垫不用红色、绿色是因有俗语"红踩哥，绿踩弟"；在婚鞋表面别一只老虎则是要借老虎的威风，防止因为嫁的不是家中的老大而婚后在婆家被欺负。这些充满了对生活美好向往的民间信俗托身于服饰、歌舞、仪式等，千百年来一直弥漫在村民生活世界中。这些飘零的民间记忆和文化碎片不仅需要用档案来记录和固化,更需要在展演现场获得讲述的权利、传播的机会,故传统村落档案展演应力求对展品进行立体呈现,揭示展品生成的社会语境、深藏的文化意蕴、建构的符号意义,以充分发掘其档案价值。

4. 展演场所力避空洞

目前大多数传统村落档案展演场所存在的普遍问题:一是展陈手段单一,以静态陈列为主,显得空寂;二是人气不旺,除了周期性的游客到访参观,村民很少涉足,难以实现浸润教化功能。鉴于此,为使展演场所更活跃生动,更有烟火气,可在以下方面做文章。第一,除平面静态陈列外,丰富档案类型和展陈手段,如增加记录村落自然风貌、民俗风情、歌舞表演等影音资料的播放,口述史讲述的录音或录像播出等都可以用声音和画面填充展演场所的空间,增加生动感、产生代入感。第二,将档案展演场所与其他场所功能叠加,产生集聚效应并提升与农村社群生活的关联共享性。例如,目前有的村史馆与当地农民画创作中心整合到一起,并将其打造为非遗文化传承与市场开发基地;有的将村史馆与村民议事场所建设相结合,成为村民民主生活的一个重要场所;[①] 有的将村史馆与农村文化大礼堂打造相结合,通过阐发传统村落档案里蕴藏的文化渊源、精神实质和当代价值,充分体现村史馆既保存历史传统又对接当下文化精神的大格局。这些尝试和探索都可以充分借鉴。强调与日常生活的融入也是乡村记忆场所避免空洞化的途径,如乡村记忆馆里的重头戏"非物质文化遗产"展示必须请民间工艺高手现场制作、表演,由政府提供制作原材料和学习场所,村民自发云集于馆场,边作边唠。除了承担"教授""表演"角色外,还可以获取各类生活信息并完成社会交往,满足其聚集、归属、交流、满足的需要,从而使其成为阐释乡村共同体的重要场域。如此,"乡风馆"一类文化场所一方面展演乡村记忆;另一方面触发乡村社会交往,产生具有凝聚性的场所精神,这一功能与乡土

[①] 吕永明:《以"乡村记忆档案"项目建设推动村级档案工作高质量发展》,《档案与建设》2019年第1期。

社会村民的日常交往需要深度契合。①

(四) 开展乡土教育

开展乡土教育是传统村落档案资源价值实现的一条重要途径。在非常重视乡土文化的中国台湾地区，在对兰屿原住民非物质文化遗产档案数字化的基础上建立了"兰屿原住民媒体资料库"，计划朝着提供兰屿语言学习、传统技能学习、知识学习等数位学习内容的方向发展，通过为当地中小学提供辅助教材及为大人提供网络学习课程对档案所蕴含的教育资源开展进一步的开发应用。② 如果基于西南少数民族传统村落档案工作体系的成功建构，则在西南少数民族利用传统村落档案资源开展乡土教育最大的利好是，可用于乡土教育的传统村落档案资源来源广泛、内容丰富多元。例如，村史可用于开展历史教育，族谱、宗谱等可用于开展重亲守序的伦理教育，村规民约可用于村落自治的自律教育，乡贤名士、和谐家庭等可用于见贤思齐的道德教育，③ 民俗民风、歌舞戏曲可用于文化教育，宗教仪式、信俗等可用于信仰教育。可以说，通过传统村落档案建构钩沉出的乡野史料、沉淀出的本土记忆为传统村落文化留住了种子和基因，如果予以适当的扶植，假以时日，使其具备自我生存与发展的能力，乡村文化的"造血"功能将逐步恢复，乡村本土文化的复兴将克服目前主要依赖"输血""文化扶贫"而导致"血型不合""文化越扶越贫"的困难。

面对丰厚的资源基础，利用传统村落档案开展乡土教育应有创新的思路和手段，具体如下。

1. 开拓乡土教育的范围

目前档案用于乡土教育的一个重要对象是学生。不可否认，村落中的青少年群体是传承村落文化的主力军，重点对其开展村落文化教

---

① 王萍、满艺：《以村民主体的传统村落文化建档策略研究》，《档案学通讯》2018年第5期。

② 林素甘等：《数位典藏应用于学位学习之初探：以"兰屿原住民媒体资料库数位典藏计划"为例》，《台湾图书馆管理学刊》2008年第7期。

③ 例如，贵州省安顺市档案局出台《传统村落档案管理实施办法（试行）》，提出重点建设传统村落档案中的好人事迹档案并积极推进其进新时代农民讲习所、村级道德讲堂、农村党员干部现代远程教育站点、万村千乡网页平台等，以强化其教化效果。

育是题中应有之义。但除此之外，从事传统村落保护的政府部门工作人员、技术人员等都应该适时接受乡土教育。比如前文提及的住建部门中负责制定传统村落保护规划的相关人员，对他们而言，如果对传统村落的历史文化底蕴、民族村寨的风俗、宗教禁忌等知之甚少，规划或许在技术层面上符合一般要求，但规划的适宜性、针对性、对地区和民族特色的全面保护性值得怀疑。"有强烈文化遗产保护意识的法国在乡村文化遗产教育中，职业教育文化部和行业协会每年都会为地方政府公务员和议员进行遗产知识的培训，内容包括遗产保护法规、档案建立方法、博物馆管理、手工艺传统遗产风险和公众安全等内容，培训成绩也作为公务员上岗和晋升的参考条件。"① 这一做法值得借鉴。又如当下数字化技术广泛运用于传统村落档案资源从采集、整理、组织到利用的全过程，技术人员的强项是对数字技术的掌握和娴熟运用，普遍欠缺的是对数字技术所试图保护和呈现的对象——传统村落文化的认知，技术和文化的失衡容易走向技术沙文主义，文化容易因炫技的需要而遭到断章取义式的肢解甚至阉割。故此，对技术人员应该加强乡土教育，重点向其传递传统村落文化的文化样态、文化价值、文化背景、历史传承等知识，特别是应使其对村落中非物质文化遗产的活态性、场所性、口耳相传或仪式展演传承的特殊性有所认知，从而在确定数字技术运用方案时全面考虑，综合呈现传统村落文化精彩纷呈的物质面向和博大深邃的精神内涵。

2. 创新乡土教育的形式

目前针对学生的乡土教育最普遍的形式是专门编写乡土教材或在通用教材中增加乡土文化的内容。例如，四川省理县甘堡藏寨是阿坝州藏区最大最集中的村寨，其独有的大型叙事锅庄舞"博巴森根"，记录了清道光年间五屯地区的屯兵历史和甘堡藏民远赴沿海抗击英军，血战沙场的光荣历史，已入选中国非物质文化遗产名录。为弘扬爱国主义民族精神，当地文化部门借办特色学校之机，收集整理了"博巴森

---

① 杨辰、周俭：《乡村文化遗产保护开发的历程、方法与实践——基于中法经验的比较》，《城市规划学刊》2016 年第 6 期。

根"材料，编辑成理县甘堡小学校本教材《博巴森根——国家非物质文化遗产》，配合该小学专门开设的传习教程。据理县文广新局同志介绍，该教材虽然取得了一定收效，但总体而言文字加图片型教材的生动性、直观性仍有不足。其文字主要源于网络等，多为成人话语；图片除了介绍屯兵武器及装束时有少量（四幅）手绘插画展示，其余多为甘堡藏寨风光宣传照片及博巴森根表演现场资料照片，对该舞蹈较复杂动作的动态和拟态展示不足，加大了学生传习的难度。况且已成形教材缺乏学生的参与，仍以灌输性教育为主，吸引力有限。

综上，利用村落档案资源开展的校园乡土教育可考虑从以下维度拓新。

第一，提倡乡土教材的多元性。除文字型教材外，多媒体资料、动画、动漫等形式都因贴近青少年的触媒习惯而更受欢迎。例如，在云南省迪庆藏族自治州德钦县明永村，当地藏族诗人扎西尼玛拍摄了社区影视教育片《冰川》，反映在旅游发展进程中当地社会生活及传统文化经历的巨变，记录了自己和村民的心路历程以及对家乡剧烈变迁的思考。村里的学校收藏了这部纪录片，作为当地乡土教育的影视教材。[①] 与此类似的反映村落自然人文的纪录片、影视片等音像资源都可以通过档案管理体系内各协作主体的资源共享得以利用。

第二，提倡乡土教育的生动性。除文字型叙事外，记录和输出传统村落文化的形式都应该力求多样和生动。例如，山西省襄垣县从国家级非物质文化遗产襄垣鼓书中精选曲目，将其以动漫形式呈现，受到民间曲艺传统影响范围之外的青少年的追捧。云南勐宋哈尼族青年妹兰则通过手绘的方式和社区工作者一起记录了本族濒临失传的轮歇农业及其耕作方式，并用动画片的方式探索传统知识传承的影像表达，丰富了当地的乡土教材。[②] 甘堡藏寨的博巴森根因含有大量屯兵、作战等战争元素，非常适合用游戏手段加以呈现。通过开发战争类游

---

① 陈子丹：《民族档案研究与学科建设》，云南大学出版社2016年版，第94页。
② 韩鸿：《参与和赋权中国乡村社区建设中的参与式影像研究》，《国际新闻界》2011年第6期。

戏，将博巴森根舞蹈的士兵装束、兵器、战争场景等元素巧妙融入游戏场景，营造一种身临其境之感，以视觉化呈现的方式寓教于乐，在游戏中体会甘堡藏寨嘉绒藏族不屈不挠的斗志气节和大无畏的爱国主义精神。除此之外，在青少年群体流行的艺术形式，如说唱、小视频、美图秀、Cosplay 等都可用于传播传统村落档案文化元素，将"过时了的"乡土文化重新带回当下年轻人的生活圈子。

传统村落文化的口耳相传历久弥新，即便是在网络媒介如此全面占有生活世界的当下，村域里的人际传播也从未缺席。因为面对面传播时，声音、表情、肢体动作等传递的信息既丰富又生动，其现场感染力强于其他传播方式。故此，将民间艺术家请进课堂、口传心授、现场演绎，是配合书本教育的理想做法。例如，贵州省黔东南州地扪侗寨的生态博物馆与当地学校合作，将每周六定为侗歌侗戏传承日，邀请侗族歌师来馆教唱，在耳濡目染中让孩子们领略侗歌侗戏悠扬的旋律，在心中播下民族艺术的种子。2012 年，该传承计划荣获美国国家艺术委员会的国家青年艺术活动奖。[1]

第三，提高乡土教育的参与性。一方面，对乡村学校学生而言，根据村寨的民族和地域特色，可在教师的引导下，组织学生成立探索村寨古建筑、民俗、节日等专题的兴趣小组。通过实地勘测、走访老人等田野调查获得一手资料，结合网络资源的搜索获取加以整合，以提交照片、手绘地图、海报、诗歌、散文、调查报告等形式，将学生眼中、心中的民族村寨加以记录、描绘和呈现。既可从学生视角对村寨历史资料予以补充，又可择优将其陈列于乡村记忆馆等记忆场所。不仅丰富展馆内容，亦帮助游客了解民族村寨和生长生活于其中的青少年之间的关系。另一方面，以村寨为立档单位建立的传统村落档案全宗相当于村落的史料库、知识库，村民可较充分地享用其中的资源，满足寻根、寻求情感慰藉、获取知识、开展民俗活动等多元需求。从某种意义上讲，满足村民随时的、在地化的利用需求，就是在

---

[1] 《生态博物馆：只有开始，没有结束》，2018 年 4 月 5 日，http://www.lotour.com/zhengwen/2/lg-mt-25844.shtml。

持续开展润物细无声式的乡土教育。

二 开拓线上利用

如前文所述，西南少数民族传统村落文化资源的线上利用与发达地区相比，仍处于相对滞后状态。不仅提供线上利用的数字化传播平台数量稀少、影响力有限，而且已建成使用的传播平台也同样面临之前所列举的传播效力不足等问题。客观来讲，西南少数民族由于地缘和历史原因，观念趋于保守，资源更加缺乏，民众数字素养普遍滞后，那么，如何立足现有的客观条件，在资源有限的情况下搭上互联网＋的快车？笔者认为，一是要深入研究当下主要数字化平台在传统村落文化传播方面的传播力、优势和局限，从中优选适宜西南少数民族传统村落文化资源传播的数字化平台进行建设；二是要对当下传统村落文化传播行为进行深入研究，以期进一步提升传统村落文化资源传播的影响力、互动力、感染力、融入力和赋权力，打造西南少数民族传统村落文化资源高效共享与展示的平台，形成全媒体共时传播和全社会共同传承利用的大格局。

（一）优选线上利用的数字化传播平台

1. 西南地区传统村落文化数字化传播平台现状

西南地区传统村落文化数字化传播平台主要是网站、微博、微信公众号、手机 App。笔者对西南地区传统村落文化数字化传播平台做了调研，主要应用情况具体如下。

（1）网站

检索方式：以地域（省、自治区、市名称）＋传统村落/古村落＋数字化平台/数字博物馆/数据库/数字化建设为关键词在百度、必应检索。另在贵州、云南、四川、重庆、西藏人民政府的网站以"传统村落""古村落"为关键词进行检索，以免遗漏。检索时间截至2020年4月11日。

开通情况：西南地区迄今为止尚未建成传播传统村落文化的专门网站，目前主要依靠搜狐、网易等门户网站和旅游、文化等专题性网站传播传统村落文化资源。不过，西南地区已开始着手建设传统村落数字博物馆,如贵州省传统村落数字博物馆、黔东南州传统村落数字博物馆、桃坪羌寨数字博物馆等,以上数字博物馆以展示当地传统村落自然风貌和建筑特色为主,因这部分资源主要集中在住建部门,故均由当地住建部门承建。西南除四川、贵州外,未见其他地区建设当地传统村落数字博物馆,这些地区传统村落中有代表性的精华村落部分被住建部建设的"中国传统村落数字博物馆"收录和展示(见表6-3)。

上述三个由西南地区地方政府建设的传统村落数字博物馆中,只有"黔东南传统村落数字博物馆"和"聚焦贵州传统村落"网站有在线反馈功能,只有"黔东南传统村落数字博物馆"有资源上传功能,只有"四川古镇古村落数字博物馆"没有分享功能。

(2) 微博

检索方法:利用微博"发现"功能,首先以"地名+传统村落"为检索词在"用户"栏中检索,若未找到相关内容,则在"综合"栏中逐一查看微博内容,选择符合条件的博主进行记录。筛选标准如下:第一,若该博主发布的微博数量与传统村落相关的不多,不予选取;第二,该博主关于传统村落的内容以旅游广告为主,未涉及村落的文化、历史等方面,不予选取;第三,该博主只发布当地入选传统村落名录的名单,未作进一步介绍,不予选取。检索日期截至2020年4月11日,具体情况详见表6-4。

(3) 微信公众号

检索方法:首先以"地名+传统村落"在微信公众号中检索。若未找到相关公众号,则选择"文章",输入同样的内容检索,之后逐一查看发布相关文章的公众号,并利用公众号搜索功能,以"村落"为检索词,查看该公众号发布的相关文章,记录符合标准的公众号。筛选标准:第一,相关文章数量不多的,不予选取;第二,相关文章为新闻发布或旅游广告的,不予选取;第三,公众号作为某一村落的村务服务号,主要功能是村务公开和提供便民服务,对村落文化等内容未深入介绍的,不予选取。检索日期截至2020年4月11日,具体情况详见表6-5。

表 6-3 西南地区传统村落文化数字化传播平台——数字博物馆建设情况

	建设单位	单位类型	网站名称	内容	信息类型	检索途径	特色或创新点	开通时间
贵州省	贵州省住建厅	政府	贵州省传统村落数字博物馆	村落合集/建筑风情/古村映像/政策动态/村落活动/建设管理/交流服务	文字图片地图视频音频VR全景	导航专题地图一框式检索	(1)VR全景技术+精美视频+定位导航展示724个村寨细节。(2)专栏展示传统村落建筑溯源与结构特征。(3)多端互动全平台自动适配	2019年
	黔东南州住建局	政府	黔东南传统村落数字博物馆（兼游网）	村落自然地理/传统建筑/历史环境要素/民俗文化/村志族谱	文字图片音频视频360度全景	导航地图一框式检索高级检索	界面动态效果,自动播放语音介绍/自动链接百度地图,可在线查询村寨交通	2018年
四川省	四川省住房和城乡建设厅	政府	四川古镇古村落数字博物馆	村落动态/特色村落/产业聚焦/镜头下的村落	文字图片视频音频VR	导航地图一框式检索	介绍四川1040个传统村落情况,图文并茂,信息类别丰富全面	2019年

第六章 西南少数民族传统村落档案资源利用 283

表6-4 西南地区传统村落文化数字化传播平台——微博建设情况

	建设单位	单位类型	微博名	内容	信息类型	检索途径	特色或创新点	开通时间
云南省	建水县委宣传部	政府	上善若水	美食美景民俗文化传统村落介绍	文字图片视频	导航一框式检索	村落介绍配图丰富/引用游客感受、视角新颖	2016年
	腾冲市滇滩镇人民政府	政府	腾冲滇滩	美食美景民俗文化传统村落介绍	文字图片视频	导航一框式检索	村落介绍详细、原创内容多、科普性强	2012年
	个人	个人	彭博视野	摄影作品个人随笔传统村落游记	文字图片视频	导航一框式检索	从游客视角介绍传统村民俗及文化	2009年
	安顺市平坝区政府	政府	黔中平坝	美食美景传统村落介绍	文字图片视频	导航一框式检索	传统村落介绍内容来源广泛	2012年
贵州省	个人	个人	饱饱盒子	传统村落/当地文化非遗	文字图片视频	导航一框式检索	视频记录传统村落文化制作精美/原创丰富	2017年
	个人	个人	纪实者——龙叔	个人摄影作品/当地传统村落文化和习俗介绍	文字图片视频	导航一框式检索	游客视角介绍村落,更加生动	2017年

续表

	建设单位	单位类型	微博名	内容	信息类型	检索途径	特色或创新点	开通时间
四川省	四川省非遗保护中心	政府	四川非遗	四川非遗传统村落文化介绍	文字,图片,视频	导航,一框式检索	官方消息准确,内容丰富	2015年
	个人	个人	西部雄仔——雄俊杰	旅行记录,传统村落介绍	文字,图片,视频	导航,一框式检索	文字、图片与VLOG结合,游客视角记录传统村落行旅	2011年

表6-5 西南地区传统村落文化数字化传播平台——微信公众号建设情况

	建设单位	单位类型	公众号名称	内容	信息类型	检索途径	特色或创新点	开通时间
云南省	云南省保山市规划局	政府	保山市规划局	传统村落介绍	文字,图片,视频	导航,一框式检索	"传统村落巡礼"详介传统村落历史文化特色	2015年
	云南众景文化传播有限公司	商业机构	云南众景	旅行笔记、传统村落介绍	文字,图片,视频	导航,一框式检索	"图文直播"记录高校调研乡村建设过程,云南调研村介绍村落的文化	2018年

第六章 西南少数民族传统村落档案资源利用 285

续表

	建设单位	单位类型	公众号名称	内容	信息类型	检索途径	特色或创新点	开通时间
贵州省	贵州东凤鼎立文化体育产业有限公司	商业机构	多彩贵州文化万里行	传统村落宣介及活动宣传	文字图片视频	导航一框式检索	展示约100个传统村落自然风光、人文故事	2017年
	贵州中寰科技有限公司	商业机构	贵州传统村落信息中心	贵州非遗、传统村落介绍	文字图片视频	一框式检索	传统创原创性强,内容丰富,有一定深度	2016年
	贵州小黑科技有限公司	商业机构	贵州数字乡村	传统村落/民俗文化特色建筑	文字图片视频	导航一框式检索	介绍详细,内容原创性强,更新频率高	2019年
	个人	个人	黔东南传统村落和民族建筑	村落民俗文化和建筑介绍	文字图片视频	导航一框式检索	村落宣介每条整理清晰有一定深度	2020年
四川省	四川日报报业集团	事业单位	四川农村日报	民俗/文化	文字图片视频	导航一框式检索	内容丰富原创性强	2019年
	四川省摄影家协会	民间团体	四川省摄影家协会	摄影作品展示本土文化介绍	文字图片视频	导航一框式检索	摄影师视角下的四川传统村落特色,观赏性强	2018年
	四川尚风文化传播有限公司	商业机构	四川传统村落	传统村落介绍	文字图片视频	一框式检索	展示生动原创性强	2017年

续表

建设单位		单位类型	公众号名称	内容	信息类型	检索途径	特色或创新点	开通时间
重庆市	重庆市规划和自然资源局	政府机构	重庆规划自然资源	传统村落介绍	文字图片视频	导航一框式检索	介绍由其评定的"重庆市历史文化名村"	2018年
	重庆市南岸区巴渝公益发展中心	NGO	重庆老街	传统村落介绍	文字图片视频	导航一框式检索	记录传统村落调查过程/介绍村落文化地理环境	2017年
	重庆市城市规划协会	社会组织	山地城乡规划	传统村落介绍	文字图片视频	导航一框式检索	介绍重庆市74个传统村落,内容丰富有深度	2018年

(4) 手机 App

目前西南地区开发较为成熟的传统村落手机 App 只有贵州省的上述两个 App，主要情况详见表 6-6。另外，两个 App 均有分享功能，均没有在线反馈功能。"云上村落"有资源上传功能，"贵州数字乡村"无此功能，且仅支持安卓系统。从用户数量来看，"云上村落"于 2017 年 8 月 1 日上线，截至 2020 年 4 月 13 日，在安卓系统的累积下载量为 696 次。"贵州数字乡村"于 2019 年 12 月 12 日开放下载，截至 2020 年 4 月 13 日，在安卓系统的累积下载量为 709444 次。[①]

表 6-6　　　西南地区传统村落文化资源传播平台
——手机 App 建设情况

建设单位	建设单位	单位类型	App 名称	内容	信息类型	检索途径	特色或创新点	开通时间
贵州省	贵州省住房城乡建设厅	政府	贵州数字乡村	展示贵州村寨建筑/风情/村志族谱/民族服饰/自然生态等	文字图片视频地图	导航地图一框式检索	集介绍村落/建设乡村/治理乡村/游览乡村等多功能于一体	2019 年
贵州省	贵州溪山科技公司	商业机构	云上村落	贵州省 546 个传统村落信息展示/用户互动与反馈/村落保护上报/志愿者申请	文字图片地图视频	导航地图一框式检索	开发了非遗体验小游戏，提供村落保护上报和志愿者申请通道	2017 年

---

① 上述 App 数据由"酷传"查询，查询地址：https://www.kuchuan.com。

2. 西南少数民族传统村落文化资源数字传播平台优选策略

由于网站建设对软、硬件设施要求较高，资金投入大；微博、微信都需专门力量建设、更新、宣传及维护；手机 App 需投入专门的研发力量且要与手机屏幕方寸间众多其他功能的 App 抢占空间，故仅从以上不完全统计可见，上述四种主要数字平台在西南地区都还有很大的建设空间。西南少数民族传统村落文化的传播必须搭上"互联网＋"这趟快车，那么在资源及建设经验都有限的情况下，需要对每一种数字平台传播传统村落文化的能力作出评估，以制定科学合理的西南少数民族传统村落文化线上传播方案，争取后来居上。

（1）网站

网站无疑是传播村落文化最佳的线上载体之一，利用网站传播传统村落文化资源已是较成熟的开发利用方式。从传播效果看，传统村落专门网站很大程度上是普通民众获取传统村落文化资源最直接检索和最常利用的平台，今后在西南民族地区应加大建设力度，在建设上要突出内容丰富、更新及时、针对性强的特点，应突出信息资源平台属性，提供更丰富和优质的传统村落文化资源。如果暂时没有能力建设专门网站，亦可与新浪、腾讯、搜狐等综合性门户网站加强合作，开设传统村落专题或特别报道，推出更多体现村落文化特质的材料，最大限度借力门户网站的传播力。

在传统村落数字博物馆建设方面，由于数字博物馆可以"虚拟馆藏"的形式，全面展现传统村落物质文化和非物质文化遗产的各个面向，可利用三维成像、360 度全景漫步等技术手段强化展示效果，应成为西南少数民族传统村落档案资源网上展示和利用的主要平台。从已有实践来看，不同等级、档次的数字博物馆建设水平参差不齐。例如笔者调研了解到，四川省住建厅已下拨 16 万元专项经费，责成阿坝州理县住建局建设桃坪羌寨数字博物馆，目的是借助信息技术建设展现传统村落风貌。数字博物馆建设除了基于前期的一些普查数据，还有一些实地的拍摄，展示的内容主要是房屋结构，人文的东西几乎没有，主要功能是为以后房屋修缮提供原始蓝本。展示手段是二维静态，没有任何动态效果。而由贵州省住建厅主建的"贵州传统村落数

第六章 西南少数民族传统村落档案资源利用

字博物馆"共涉及省域范围内9个市州、64个县、331个乡镇、724个村落,拥有数据分发共享和信息发布功能。正如其广告语宣称的"向世界开启贵州传统村落文明的实境之窗,让悠久的贵州传统文化被看到、被传播、被创造"那样,其内容比较丰富,首页分村落全集、建筑风情、古村映像、政策动态、村落活动、建设管理、交流服务七大版块。在传播手段上选择了由微信、QQ、微博、微信公众号组成的传播矩阵。客户端的设置充分考虑了用户的媒体偏好和使用便利性,包括VR、手机、PC、TV、景区大屏,利用多终端全平台实现自动适配,打造无缝流畅体验。在交流服务版块还细分了优质农家、村落商品、便民服务、金融服务四个子版块,为村民提供商品销售和融资的渠道。

从数字博物馆内容展示的丰富性、传播手段的多样性、客户端覆盖的全面性及建设周期和成本来综合衡量,贵州传统村落数字博物馆从某种程度上可作为西南少数民族该类型数字博物馆建设的一个范本。当然,该博物馆建设也仍存在一些问题。一是限于行业偏好和资源倾向性,展示内容还是偏"硬件"多一些,对传统村落"软件"(主要指非物质文化)仍有进一步挖掘和展陈的空间。二是与访问者的互动手段仍显不足,基本还是"我展你看"的模式,缺乏吸引访客深度沉浸体验的设计。① 三是宣传和推广力度仍需进一步加大。"贵州传统村落数字博物馆"于2019年5月19日正式上线,截至2020年4月13日已将近一年。从访问量来看,仍不够理想。虽该网站未公布整体访问数据,但在其展示的724个传统村落相应页面上,可查看不同传统村落数字博物馆的访问量。由于村落知名度差异、上线时间不一致、网站推荐顺序等原因,其访问数据总量不大且差距显著。例如,黔东南地区的堂安村坐拥中国和挪威合作共建的目前中国

---

① 在这一点上,"云上村落"App的互动游戏设计就比较巧妙。该App设计了一款拼图游戏,将反映贵州少数民族传统村落自然风光、民俗活动、歌舞表演、民间工艺等的图片上的部件一一分解并打乱顺序。用户可参照原图反复比对,尝试将各打乱部分一一归位,在反复观察并复位的过程中,对上述场景可获得更深刻的印象。可惜的是,该App设计的互动游戏只有这一款,玩多了不免单调。

唯一的一个侗族生态博物馆，在线下有很高的知名度和人气，但其在"贵州传统村落数字博物馆"平台上的数字博物馆访问量仅为1471人次，日均不到5人次，点赞数仅有49人；而同一地区相较而言籍籍无名但极具特色的乌流村，其数字博物馆访问量仅为31人次，点赞数仅为1人。综上，今后在建设西南民族传统村落数字博物馆时，需要在村落非物质文化遗产展示的丰富性、与受众互动交流的充分性、宣传推广的规模性和持续性方面进一步加强。

（2）微博

微博等社交媒体拥有其他媒体平台无可比拟的信息扩散能力，在传承文化方面发挥着越来越重要和积极的作用。得益于及时性、互动性和社群性，其能够有效、及时扩大传播面，并在长期影响下达成传承的效果。

微博已成为当下传统村落文化传播的主要线上渠道之一。为了较为准确地评估其传播传统村落文化资源的能力，本书通过搭建其传播文本的语义网络，通过找出词条之间的关联性和指向性来分析其如何完成对传统村落文化传播的宏观建构。本研究先后以"传统村落""古村落"为关键词，利用爬虫软件抓取2015年1月1日至2019年1月1日时间段内的热门微博信息，除去事务型信息和与传统村落无关的抒情信息等，获得各自的研究样本，在此基础上形成语义网络图表。在图表中，线条的粗细程度反映词汇间共现频率的高低，线条越粗则共现次数越多，词汇间的关联性越强，这对受众的认知方式会造成一定程度的影响，当这些元素在受众面前再次出现时，受众就会按照既有的网络，以捆绑的方式对新信息进行理解。从这个角度来看，语义网络的搭建也是对网络议程设置的剖析和还原。

如图6-1所示，微博文本中高频词之间的线条较为密集、共现关系复杂多样，绝大多数高频词之间均有共现联系。"传统""村落""中国"三个高频词作为主中心向外辐射。"历史""保护""旅游""文化""美丽"等词与其他高频词之间的线条数量较多，说明它们与其他词汇形成的共现次数较多，关联性较强。在图形左侧形成一层次级中心，这也与大部分微博文本的书写方式形成呼应。微博平台在

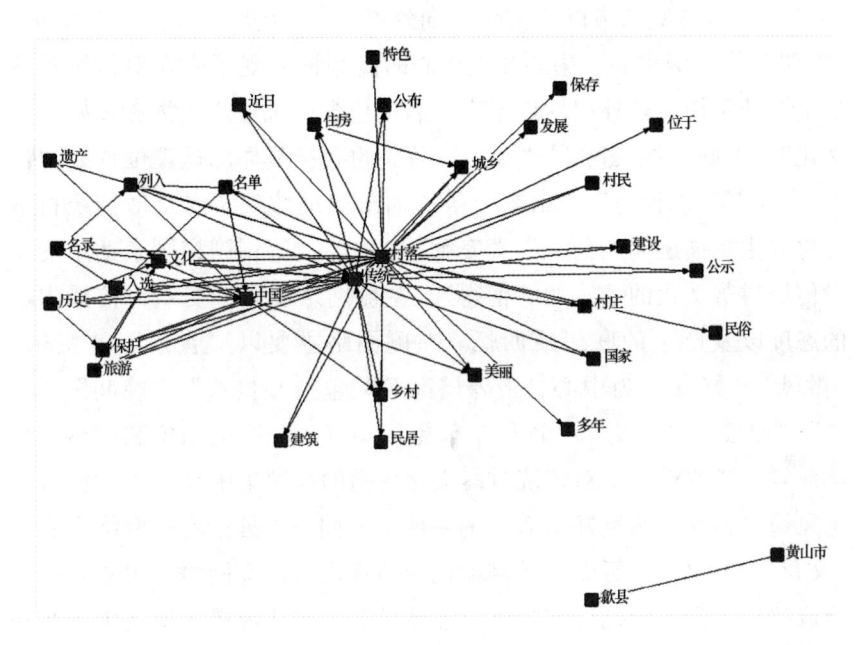

第六章　西南少数民族传统村落档案资源利用 | 291

图 6-1　微博语义网络

宣传建构传统村落文化的时候，通常从该村入选传统村落名录入手，梳理历史传承现状、介绍文物古迹和近现代史迹，写明政府参与保护的部分；接着渲染其文化氛围，凸显该地的文化旅游价值。另外，图中所显示的核心高频词属于上位概念。例如，文本中反复提及"文化"，而鲜少有对"小调""戏曲""民间乐器"等文化细节的描述，又言及"建筑"，却缺乏对"会馆""古民居""祠堂""戏台"等村域环境具体建筑样式的讲解。因此，可合理判断微博平台上对于传统村落文化的具体内容和现状的描述大多停留在表面。

从目前能够获取的微博用户反馈信息（主要是评论）入手分析，可探讨受众通过微博对传统村落文化传播的实际感知和反馈。本书以微博为信息来源，抓取与上文样本对应的评论进行整理和分析，形成语义网络，具体如下。

以微博评论为样本建立的语义网络主要分为三个相对独立的部分，左右侧高频词间的连线较多，各自形成较强的共现关系，如图

6-2所示。右侧网络以"文化"向外展开,"历史""传承""保护""文明"为次级中心,中心和次中心的高频词表现了受众对传统村落最主要的关切。最外层词性丰富,名词包含传统村落文物古迹如"茶文化""古城""古建筑""地方"等,也包括具体的地理位置如"赤壁""即墨""青岛""山东"等;而形容词体现了受众对传统村落文化的主观描述如"悠久""美丽""古朴"等;副词则表达了受众对传统村落文化的情感如"值得"。左侧网络展现了受众对传播内容的态度以及产生的联想或回忆。左侧网络主要以"音乐""快乐""微风""好友"为中心,最外层高频词包括"愉快""晚间""干杯""早安""鲜花""新月"等象征美好、祝愿的意象和情感。总体而言,微博平台上对传统村落文化传播的反馈集中在"体验村落文化风情,感受自然美好生活"的主题上。同时,处于右侧网络中心的"文化""保护""历史"等高频词与传播内容语义网络的中心高频词形成呼应,说明传统村落文化属性已显著完成从传播主体向传播受众的转移,对受众的认知产生了影响。而两个语义网络中均出现的主观形容词"美丽"显示传播内容对引导受众态度和情感倾向的作用,"守护""行走"等动词则展现了受众的行为意向。

由此观之,微博平台虽然在传播村落文化时深度不足,但胜在传播效果,特别是通过其传播的传统村落文化在受众的认知、态度和行为三个层面都产生了影响,具有较强的导向性。从目前西南地区传统村落文化传播相关微博的情况来看,如前文提到的云南省腾冲市滇滩镇人民政府的微博"腾冲滇滩",由于文章题材和内容选取得当,引发的关注度和传播效果都比较理想。例如,其中一篇博文《走进滇滩趣味研学,感受人文之美》,主要推介滇滩镇棋盘石村的生活环境、传统服饰和农耕生产工具等,阅读量达到50885人次。个人博主的微博账号"饱饱盒子"主要以视频介绍和记录贵州的传统村落文化和习俗。其中视频"第41村小黄侗寨"记录了被称为"侗歌之乡"的贵州省从江县小黄村的自然景观和居民的生活方式,观看量达到了4.9万人次。另一个个人博主的微博账号"西部雄仔——雄俊杰"从游客的视角观察和描绘四川传统村落自然景观、淳朴民风和生活方

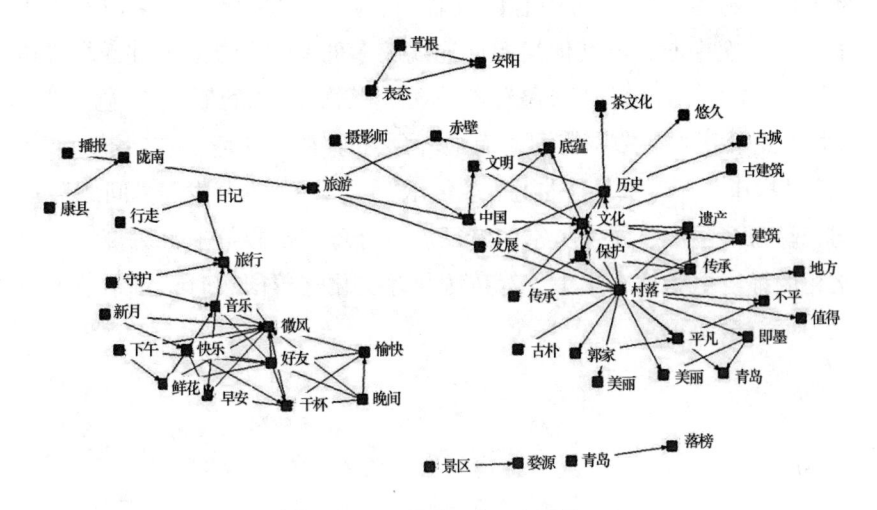

第六章　西南少数民族传统村落档案资源利用　　293

图 6-2　微博评论语义网络

式，其中视频"走甘孜——四姑娘山至中路藏寨"观看量甚至达到108万人次。

鉴于此，应着力打造微博平台来传播西南少数民族传统村落文化资源，充分利用微博的认知影响、态度改变和促发行动能力，通过微博传播将传统村落历史、文化、民俗、民族风情等切实转化为倾慕、向往，甚至意欲一探究竟的行动诉求。与此同时，要注意借助真实可信、权威性高的信息材料，深度地、具象地组织和呈现内容，克服目前微博传播村落文化的内容浅表化问题。

鉴于目前西南少数民族传播传统村落文化的微博数量太少，除了鼓励民间力量外，政府相关职能部门亦应积极开设微博，运用行政力量推动宣传；民族地区的网站和社交媒体亦需积极配合，在平台上宣传推广，积极造势，产生更大的影响。

3. 微信

相对微博而言，微信的使用者和受众都更加广泛。对微信传播传统村落文化的能力评估，本书采取了与微博评估相同的方法，具体如下。

如图 6-3 所示，微信文本的语义网络较之微博文本的语义网络涉及的高频词更加丰富多元，且高频词之间的共现关系更强。该语义网络以"村落"一词为中心向外辐射,形成"文化""保护""传统"三个次中心,与其他高频词连线较多的有"历史""建筑""遗产""发展""自然""村民"等词汇,其次是"价值""特色""利用""民居""社会"等词,而最外层环绕着"环境""村子""经济""村庄""千年""古道""传承""房屋""开发""问题"等词,呈现多层次、元素丰富的特征。可合理判断微信平台对传统村落文化的描绘更为聚合集中,对传统村落文化进行阐述时,对细节的重视程度较微博更高。

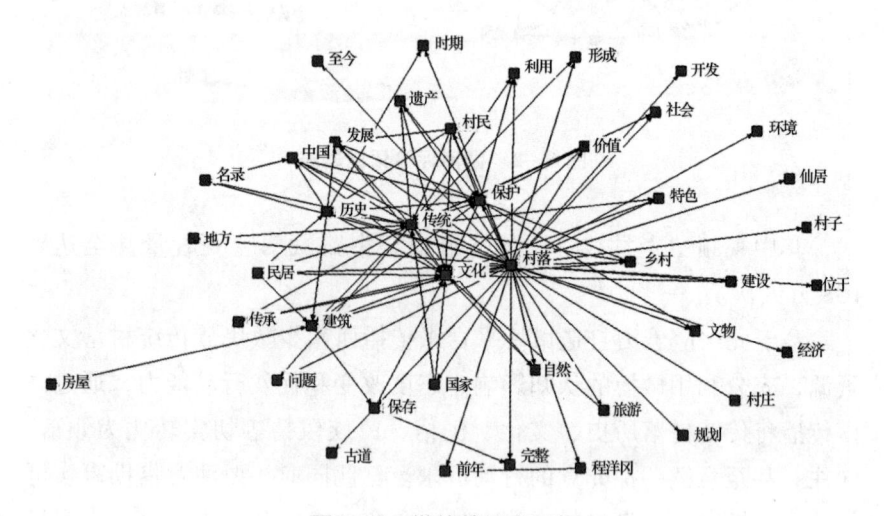

图 6-3 微信的语义网络

微信评论语义分析:如图 6-4 所示,微信评论的语义网络中,高频词之间的连线密集,共现关系较强。其中,"背景""村子""满足""原子""烤肉"等词之间的共现关系最强,"文化""历史"两词在外围形成中心,最外层则以表示宗族文化、文物古迹、乡愁回忆的高频词为主,左右两侧还散落着"儿时"—"记忆"和"风景"—"时间"—"欣赏"两组独立的连线。分析可知,微信上有关传统村落文化的主题包含旅游和宗亲两个部分。与微博评论不同,其一,微信评论中的高频词中包含许多传统村落的具体事物,且这些事物的共现关系极强,处于较为中心的位置;其二,高频词中存在

"回忆"与"记忆"、"童年"与"儿时"等相似的词汇，还存在具有明显情感倾向的"骄傲"和表示归属的"家乡"等词汇，而"旅游""风景""时间""欣赏"等词则表达了对传统村落的向往，"时间"一词与"风景"和"欣赏"紧密相连，体现受众"想去"的态度，并且思考延伸到了"行为"层面。

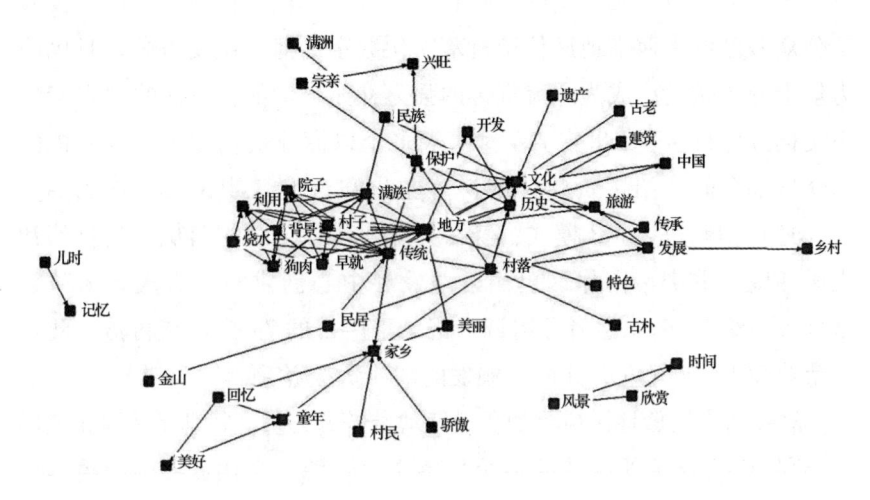

图 6-4　微信评论语义网络

在微信平台上，传播内容和评论的语义网络的中心高频词中都包含"保护""开发""传承"等，这体现传播主体和受传者对传统村落文化现状的关注。与微博不同的是，微信平台上传播内容和评论对于村内事物的认知和感情都更为细腻，特别是评论中表现了明显的"故乡"情怀。如果说微博在议程设置上取得了成功，使游客对传统村落文化产生了认知、态度和行为上的变化，那么微信平台对受众的影响主要在于认知和态度两个层面。具体而言，微信除了因为成功传递信息而获得反馈以外，其能够引导受众的原因更多的在于其成功发挥了社会功能。拉扎斯菲尔德（Paul Lazarsfeld）提出，媒体具有社会地位赋予的功能，微信平台关注各个传统村落文化历史和现状，赋予其重要地位，媒体平台的渗透性让受众明确认识到传统村落文化的意义，故而引发"骄傲"等态度的表达。另外，通过微信的传播，共享着相同文化的人群被召唤在一起，对现实进行再现和构建。在这个过程中，受众被邀请参与其中，重要的不是传受双方通过传播获得了什么信息，而是通过传播，受众与其他人获得了内在的联系，获得了对传统村落文化共同的认知和理解。

由此观之，微信不仅受众更广泛，而且在传播传统村落文化时，更注重营造细节，其产生的共鸣和共情效果要优于微博。目前开设微信公众号已成为西南地区传统村落文化数字传播的主要方式，且民间力量十分活跃，已成为主流宣传的强力补充。例如，上述的"多彩贵州文化万里行""贵州数字乡村"等多个以商业机构或个人为主体的公众号都全面介绍了贵州传统村落文化和自然景观，"贵州数字乡村"还可扫码进入 VR 模式，身临其境地体验传统村落优美的自然和人居环境。重庆市南岸区巴渝公益发展中心创建的"重庆老街"公众号曾组织 56 名志愿者分组调查记录重庆市的 74 个传统村落，此项目荣获 2018 年《重庆日报》颁发的"十大公益项目"奖项。

故在西南民族地区应更加积极地动员各方力量，特别是政府相关部门，利用微信公众平台传播传统村落文化资源。文化资源的传播单位可大可小，大到可以持续推出反映村落前世今生的档案材料，使受众产生贯通性的整体认知；小到可用一首民谣、一帧照片、一段微视频切片式展示传统村落生活局部，更加细致入微地营造乡愁氛围。除了内容上的精细选材，在传播手段上要更加注重与受众的互动，通过鼓励点赞、留言评论、转发分享等提高受众的媒体黏性，提升传播效果。

4. 手机 App

传播传统村落文化的手机 App 被誉为"口袋里的古村落"，可见其随身性和伴随性。与微博、微信相比，其特点是更综合、更专业，在页面布局、图文色彩搭配、信息传达、启动速度、用户交互、功能键的易用性、提供的服务与内容[1]等方面效果更好。例如，"云上村落"手机 App 提供了贵州 546 个传统村落的信息查询、数据整理、数

---

[1] 闫妍、张成良：《新媒体环境下传统古村落的智慧传播——以龙口市西河阳古村落为例》，《北方传媒研究》2017 年第 3 期。

据分析等功能，用户通过点击任一传统村落，可观看航拍村落全景，利用 App 提供的村落地图可 360 度全景式虚拟游览村落主要景点，每一景点均有配图和简要的文字说明。除村落实景外，该 App 对每一村落有代表性的非物质文化遗产都进行了图文并茂的解说介绍。除承担文化传播的首要功能外，手机 App 还可实现传统村落文化资源的随时采集和上传，契合西南少数民族传统村落文化资源分布零散且大多藏于民间的实际情况。此外，手机 App 在乡村振兴中亦正在发挥积极作用，如贵州省住房和城乡建设厅开发的"贵州数字乡村"App，打通了小程序、公众号等多渠道，实现移动网络多终端覆盖。通过该 App，不仅可浏览贵州传统村落数字博物馆，还能掌握村镇生活垃圾收运及分布、污水处理设施完成情况，集建设乡村、治理乡村、游览乡村等多功能于一体。综上，可以说手机 App 是西南民族地区当下最应大力开发的数字传播平台。

（二）优化传统村落文化资源线上传播效果

1. 促进传播深入化

为切实克服目前传统村落文化资源碎片化、浅表化、断裂化传播的缺陷，在开展西南少数民族传统村落文化资源线上传播活动时，应着手做好以下工作。

一是运用主题图等信息组织技术将西南少数民族村落文化各要素关联聚合，以知识图谱、文化地图等形式呈现；多建设专深型、整合型数据库，提供有关传统村落系统全面的介绍。二是深度诠释文化的内在关联，真实反映和展现少数民族村落文化生态，如对传统村落物质遗产中权重很大的传统乡土建筑的形制，在实用、审美、文化意蕴层面进行图文并茂的客观展现与主观诠释；对传统农耕工具与技艺的缘起、时代背景、农耕节气时令选择所蕴含的顺应自然理念、人文关怀精神等进行深层次的讲述，将会把传统村落文化阐释得更富质感和生动性。① 三是充分发挥不同类型数字媒介的传播优势。四是增强分

---

① 王萍、满艺：《以村民为主体的传统村落文化建档策略研究》，《档案学通讯》2018 年第 5 期。

众传播能力，提高受众黏性。各平台可开设定位功能，根据区域差异推送信息。分析受众差异，提供个性化推送服务和以多种分类方式聚合信息。例如，通过 RSS 允许用户订阅感兴趣的内容；允许用户添加标签便于发现新的主题，使资源按用户认知习惯重新聚合，方便用户检索。

2. 加强传播互动化

为突破线性传播模式的局限，应增强传者与受者、受者与受者在传统村落文化传播过程中的双向互动性。例如，重点打造论坛、QQ、微博、微信等互动平台，在网站、数据库上设置留言、评论、投稿、咨询、收藏、转载等功能并将其置于页面突出位置、扩大版面，发挥实质作用。通过这些渠道营造虚拟的社群空间：第一，可实现用户互相分享交流心得体会、共同讨论感兴趣的话题，在讨论和交流中加深对传统村落文化事象的认识。第二，便于平台内容的转载、分享，实现传者与受者的角色互换，促进文化二次传播。信息的再分发能力取决于其所能激活的人际传播网络规模。正所谓"内容如流水，关系如管道"，社交媒体网络组成的人际传播渠道已经成为公共信息传播的基础。传统村落文化的受众集中于三个群体：一是曾生活于此的居民，二是传统文化爱好者，三是有旅行意愿的人。这三类群体都具有各自的需求共性和行为共性，在相同的爱好圈子里形成了相似的信息网络。如果形成符合其期待的内容，与各个关系网络中的关键节点建立互动关系，则可以让这些信息进入相应的人际关系网络，由受众进行二次传播，形成内容的再分发，不断激活更大的人际传播规模，最终达成传播数量的裂变式增长。所以，要促进信息的再分发，扩大传统村落文化的受众，应针对不同群体形成独特内容，并与各个群体中的传播节点建立联系，将符合受众需求的传播内容投入人际传播网络之中，形成二次传播。例如，在微信公众号上生成与传统村落建成历史、生活习俗、血缘宗亲相关的高质量内容，触发受众的乡愁和情怀，使其有机会通过个人的朋友圈进入亲戚近邻的接收范围，推进二次传播，激活人际传播网络，扩大传播规模。第三，可及时获取用户反馈、跟踪分析用户需求，调整传播策略。

3. 促进传播生动化

各种数字技术的有效应用和结合能增强传统村落文化传播中的体验性和带入感，突出文化资源的深厚内涵。因此，今后的线上传播活动可大胆尝试数字展示技术的运用，如利用全景拍摄技术、图片缝合拼接技术创建三维实景并通过专门的播放软件在互联网展示，用户可通过鼠标控制环视方向和场景大小。利用高清摄影、3D 建模、3D 扫描技术实现文物数字化采集、360 度查看和分解传统建筑营建工具和建筑材料，利用各种动态图说阐释传统乡村民居的材料、工具、风俗、匠师体系、工序、图案等。① 利用 VR 技术模拟重现很多已消失或即将消失的村落旧址及重大的历史活动景象，创造一个虚拟现实空间，让受众能够全方面了解村落历史文化，甚至可以"穿越"回过去；利用 AR 技术使虚拟影像与真实世界完全匹配并实现实时互动，如设计民俗场景及故事情节并允许用户通过电子设备参与到故事中，也可自行编导故事情节"实地"参与到活动中。② 例如，由微想科技开发运营的面向全球、国内领先的 VR 全景内容创作分享平台——720yun.com，截至 2018 年 6 月，收录全景作品 500 余万组，内容覆盖全球 500 余座城市及地区，日均浏览量为 300 万人次，其中包括村落频道，精选优秀作品进行展示并允许在线评论、收藏、点赞、分享、关注。③

4. 促进传播融入化

乡土农耕文化与工业文明、城市文化绝不是昔与今、愚昧与进步的结构性替代关系。乡土文化遗产的价值无须证明，但也不能仅止于"过去的存在"。"文化记忆以两种形式存在：一种是潜在形式，即以

---

① 张剑：《文化传承视阈下的传统村落民居营建工艺数字化展示设计》，《设计艺术（山东工艺美术学院学报）》2017 年第 3 期。

② 闫妍、张成良：《新媒体环境下传统古村落的智慧传播——以龙口市西河阳古村落为例》，《北方传媒研究》2017 年第 3 期。

③ 《关于 720 云》，2017 年 6 月 13 日，http://bbs.720yun.com/forum.php?mod=viewthread&tid=4168&page=1&extra=#pid169725。

档案资料、图片和行为模式中储存的知识的形式存在；另一种是现实形式，即以这些浩繁知识中——根据当今利益尺度衡量的——可用部分的形式存在。"① 如何推动乡土文化创新性转化和创造性发展？有目的、有意味地融入化传播有可能激活乡土社会的文化想象，激活乡土社会在当下人的生命结构中不可替代的内在意义。

　　传统村落文化融入化传播的一个"融入"指融入当下生活世界，重点传播传统价值和生存智慧，以期对当代生活有所关照和启迪。古语有云："礼失求诸野。"村落文化蕴含的亲孝礼仪、邻里守望相助和社稷家国等观念无疑是当下信仰缺乏、道德滑坡的拯济良方。例如，"传统村落博物馆"的微博于 2018 年 7 月 9 日发布了一条秒拍视频，展现了黔南布依族苗族自治州牙舟镇一幕姐姐喂食给弟弟的温情画面，从细节处表达了传统孝悌文化。又如在河北省邢台市沙河境内王硇村（历史文化名村、中国传统村落）的宣传片中，镜头所及的民居都有一个共同特点：东南缺。即每一排石楼不是左右对齐成一排，而是自前向后均闪去东南角一块，错落而建。这一建筑形制是遵循"有钱难买东南缺"的当地习俗，把好的风俗留给乡邻。传统村落文化里充盈着生存智慧。村民在农业生产中总结出来的"天人合一"哲学思想、"道法自然"生活方式以及对生命本体的参悟都与当下建设资源节约型、环境友好型社会相合。再如，中国传统村落微电影《树图腾》讲述贵州省从江县丙妹镇岜沙苗寨"人树合一"的神奇生命故事。当地人在婴儿出生后即种下一棵树，人死后砍伐该树做棺材，同时在墓前再种下一棵生命树，该树即被视为是人世间生命以树的形式在苗寨里的循环和轮回。长此以往，苗寨树木参天，古树成林，完美示范了人与自然和谐相处的生态关系。

　　传统村落文化融入化传播的另一个"融入"指融入国家总体文化战略，推动乡土文化复兴。与之前乡土文化在乡村的自在自为状态不同，当前乡土文化具有传统文化、现代文化、外来文化等"场域互

---

　　① ［德］哈拉尔德·韦尔策编：《社会记忆：历史、回忆、传承》，季斌等译，北京大学出版社 2007 年版，第 37—50 页。

嵌"特征，几股文化力量纠缠角力，村落传统文化目前处于下风。习近平总书记指出，文化自信是乡村振兴中最基本、最深沉、最持久的力量，没有高度的乡村文化自信，就没有乡村的繁荣发展和乡村文明的复兴。传统村落文化传播至少可在以下两方面培育乡村文化自信：一是借助数字化传播手段浓墨重彩、淋漓尽致地向海内外展示宣扬中国传统村落绚烂多姿的风景、异彩纷呈的民俗、纯朴友善的民风；通过"寻找中国最美乡村""传统村落文化微电影大赛"等一系列线上线下活动吸引那些对传统村落有鉴赏力和深厚情感的国人前来寻找和发现传统村落的真善美，不断提高的村落知名度、关注度和美誉度对提振村民的文化自信极有帮助。例如，张祺博士谈及在对贵州西南方言苗语影像开展研究时，拍摄过程中发现参与者的强烈参与意愿："使我无法忽略的是这些被拍摄苗族妇女的兴奋、雀跃和满足！"他进一步写道："参与的途径改变，参与意识改变，参与角色改变，原住民对自身所处环境的热爱与参与就远远超乎我们的想象。"[①] 二是村民借助手机等文化生产和传播工具，在随拍随传的过程中完成对"自文化"的重新浸润与感悟。当村民随手摄于村落里的一草一木、一炊一食、一节一俗的照片和短视频在媒体上传播从而引来围观、点赞、转发时，对田园生活的静美、村落文化价值的重新发现也是唤醒文化自珍自爱的有效路径。

5. 促进传播赋权化

我国学者丁未提出："赋权作为一个互动的社会过程，离不开信息沟通与人际交流，所以它与人类传播有着天然的联系。"[②] 由于村民是传统村落文化最大的权力和利益主体，其在传统村落文化传播中的主体地位和话语权应得到高度尊重。强调赋权于民的文化传播基于以下考虑：第一，传统村落文化是村民在日常生活中代际传递、挑选、发展、演化而来的。村民由于长期受自身文化濡化，对其的了解

[①] 张祺：《草根媒介：社会转型中的抗拒性身份建构》，博士学位论文，中国社会科学院研究生院，2012年。

[②] 丁未：《新媒体与赋权：一种实践性的社会研究》，《国际新闻界》2009年第10期。

程度远高于外部，其参与村落文化传播具有先天优势，能将文化最本真、最富有生活气息地呈现出来，保证文化不被曲解、不变形，更好地表达其核心精神内涵。第二，如前文所述，村民参与式的文化建构与传播行动可在唤醒文化自觉过程中强化认同感和归属感。例如，加拿大图书档案馆（LAC）启动国家原住民照片识别项目，邀请原住民、混血儿和因纽特人群体在内的所有加拿大人参与识别和描述加拿大图书档案馆馆藏照片，分享他们的记忆、知识。参加原住民照片识别项目的因纽特人黛博拉·韦伯斯特博拉说："我在识别不知名的个人照片和提供更为准确的名称替换摄影师所提供的标题时有一种满足感。在某种意义上，在帮助识别图片的同时，也是在回收我们自己的遗产。"① 第三，智能手机在农村地区日益普及，为村民留存文化记忆、记录和分享生活事象提供了工具性可能。目前腾讯公司开发的"为村"App 为村民提供"网上晒宝"的机会，村民将平时秘不示人压箱底的镇宅之宝纷纷"晒"了出来。另一款"小随"手机 App 则为已入选前 4 批国家传统村落名单的村落设置了专属账号，对全村村民开放共享。可在手机上用"小随"采集信息，支持照片、录像、文字形式并自动识别地理坐标，有 Wi-Fi 时自动上传带地理坐标信息的照片或视频，将数据存储在云端，实时云同步。这无疑可丰富传统村落文化的传播资源，提高传播实时性、当下性，补充文化传播的底层视角。这一创新性的文化生产、传播、共享方式应该在各传统村落文化数字化传播平台上予以推广。②

---

① 于海娟等：《国外档案新闻集萃》，《中国档案》2015 年第 7 期。
② 王萍、雷江霞：《传统村落文化数字化传播：现状、问题与应对》，《图书馆》2019 年第 8 期。

结　　语

　　如果把少数民族传统村落比喻成散落在祖国西南广袤大地上的一颗颗明珠，那么或许可以将传统村落档案视为默默无闻地托举明珠的一个个底座。凭借档案之力，筚路蓝缕的族群历史得以诉说，飘散游荡的乡村文化魂魄得以凝聚，日新月异的村落变迁得以记录，游子故人的精神家园得以重建。在笔者四年间奔赴贵州、四川、云南等地少数民族传统村落的田野考察过程中，不止一次被民族村寨绝美的自然风光、绚烂的民族风情、淳朴的人情、温暖的人性深深打动，也不止一次因眼见村舍的败落、文化的凋零、村民的焦灼而惶惶不安。与汉族地区村落不同的是，西南少数民族村落的空心化程度并没有我们之前想象的那么高。因为经济水平、文化背景、受教育程度、族群历史等诸多复杂原因，民族村落里能走出大山深谷的人并不多。对这个群体而言，生长于斯的村落除了供安身立命之外，还肩负着为家族坚守道德人伦、为年青一代提供情怀梦想、为村民找回文化尊严，重拾文化自信的多重使命。那么，向来处于权力话语中心地位的档案，能为这些长期处于主流文化边缘，几乎处于"失语"状态的文化单元做些什么呢？

　　尽管村级档案在中国乡村的建立、发展已有60年之久，但在西南少数民族相当多的村寨，"村级档案"不过是零散存放的会计凭证、上级下发的红头文件或是村委会的工作记录，村寨历史、文化、村民生产和生活凭证、记录材料等在村级档案中难觅踪影。从这个意义上来讲，始自2012年的传统村落名录项目以申报必须建立档案为抓手，倒逼着村落着手进行史上第一次对村落物质文化、非物质文化、生产方式、方言俚语等的全面盘点。由此形成的传统村落档案（更准确地说，应该是传统村落申报档案）虽粗糙简陋，但实现了从无到有的突破。

在与西南少数民族住建、文化、民宗等政府职能部门的访谈中，笔者能很强烈地感受到上述部门对传统村落保护专项工作的重视，对档案作为记录并推动村落保护和发展工具作用的认可和一定程度的依赖；在与档案部门的座谈中，笔者亦明显感受到，档案部门对在传统村落这一传统档案工作领域外围开展建档及管理活动，从起初的观望、犹豫到当下的积极参与甚至是主导（个别地方），态度发生了很大的改变。

如果将目光投向传统村落档案领域另一支"重量级"建构力量——知识精英时，以下现象非常值得关注。一是越来越多的知识精英将研究热情投入传统村落这片热土，在研究过程中收集整理或者建构了大批高质量的传统村落档案材料；二是一些知识精英率先垂范，以开展范例式传统村落文化抢救保护为契机，为我们启迪了建档智慧、开拓了充满想象力的传统村落档案利用的可能性。

最重要的，来自村落原住民对"传统村落档案"的朴素理解和热烈欢迎，让笔者对自己些许的研究成果感到自豪。他们有的对村寨名称的由来侃侃而谈并向我们纠正村寨导览牌上对村寨缘起历史的谬误说明；有的当面为我们演唱曲调十分婉转悠扬的情歌并热情邀约我们去家里做客以便能听到奶奶唱"更高级"（村民原话）的羌族古歌；村寨年轻人在接受访谈时，谈及为缺乏创意灵感而苦恼，想通过挖掘民族和村落文化找到"不一样"的文化生长点，却苦于没有系统完整的档案材料可供使用。一方面，一些村寨的村民抱怨政府不出钱建设乡村博物馆；另一方面，靠外界资助建成的村落生态博物馆或私人筹资建设的民间博物馆却大门紧闭或门可罗雀……调研归来每每忆及上述场景，时时为档案工作在传统村落可能出现的新生长点欢欣鼓舞，偶尔又为现实的建档困境——机制的掣肘、人力的短缺、资源的匮乏、协调的艰难而惆怅。

的确，正如前文所梳理总结的那样，目前西南少数民族传统村落档案工作发展极不平衡。不仅拥有传统村落数量不多的一些西南地区仅限于住建部门在普查申报阶段的建档；即使在国家级传统村落数量居全国第二的云南省，其档案部门主要工作均集中于少数民族档案资源的建设与非遗传承人的建档工作两个方面。即使是在对传统村落档案工作相对重视的贵州省，少数民族传统村落档案管理及利用工作仍存在一系列问题。当然，机构改革调整最终将尘埃落定，少数民族档案部门建构并守候民族和乡村记忆的责任和使命永远不会消失。除了根源性问题外，一些建档、管理、利用等业务环节的问题也正在逐一出现。万幸的是，与其他文保项目不同，伴随少数民族传统村落抢救保护而产生、拓展的少数民族传统村落档案工作起步较晚（始于2012年），开展仅10年。这意味着一方面它有后发优势，可充分借鉴吸收其他文化保护项目的经验教训；另一方面，通过及时总结、剖析已有建档及管理实践，找准病根并对症下药，可及时"止损"，保障今后相当长一段时间仍将持续开展的传统村落档案工作能循着正确的轨道与时俱进。

短短10年的建档式保护实践已证明，传统村落档案在传统村落保护中的材料支撑、智力支持、凭证依据、保护记录等方面发挥的排他性功能已日益显现；其在维护民族和地域特色、保护文化多样性、促进文化自觉、建设村寨共同体方面的能力已得到广泛认同并日益深入人心。正是基于以上事实和认知，本书尝试立足于档案学领域，借鉴相关学科的理论和研究方法，对西南少数民族传统村落档案管理及利用展开综合研究。需要说明的是，传统村落档案管理及利用工作尚处于进行状态，存在诸多变数或可能性，尚需时间对其进行"吹尽黄沙始见金"的深度观察和剖析。另外，由于学养所限，笔者对本研究所涉及的社会学、民族学、文化人类学等领域的思考仅及皮毛，这无疑会影响对传统村落档案属性、价值及作用机制的深层次认知；对信息和数字技术的浅层把握也影响了本研究在构建传统村落数字档案资源建设及利用方案时的前瞻性和深入性，以上不足恳请各位专家同仁不吝批评指正，同时也正是这些不足激发出笔者下一步研究的热情。因为笔者坚信，包括传统村落档案在内的新型档案门类的出现，不仅日益丰富着国家档案资源、扩展着档案工作的社会影响力,而且对其的学术探究既是档案学科新的学术增长点,也是档案学科服务于乡村文化复兴这一重大国家战略的题中应有之义。

最后,转引丁华东老师在专著《档案与社会记忆研究》结语处引用的一段话作为本书的结束语。这段话源自历史学家吴于廑老师:"凡属前景中的事物,大都是已经隐约可见并且有可能实现的事物。譬如初春季节打开窗口,从窗口遥遥看到绿意渐浮的树色。"① 与丁华东老师希望档案记忆观研究迎来人间四月天一样,我们亦希望包括传统村落档案在内的更广泛意义上的乡村档案研究绿意日盛,枝繁叶茂。

---

① 《吴于廑文选》,武汉大学出版社2007年版,第32页。

参考文献

一 中文著作

阿尔村人编著：《阿尔档案》，文物出版社2011年版。

安学斌等：《云南国家级非物质文化遗产保护的理论与方法》，中国社会科学出版社2012年版。

本书编写组：《古村落信息采集操作手册》，华南理工大学出版社2015年版。

曹昌智等：《黔东南州传统村落保护发展战略规划研究》，中国建筑工业出版社2018年版。

曹昌智、邱跃：《历史文化名城名镇名村和传统村落保护法律法规文件选编》，中国建筑工业出版社2015年版。

曹大明：《重塑"畲人"：赣南畲族的历史记忆与族群认同》，世界图书出版公司2014年版。

陈子丹：《民族档案研究与学科建设》，云南大学出版社2016年版。

《从江文化绘图》项目组：《从江档案》，贵州民族出版社2013年版。

丁华东：《档案与社会记忆研究》，人民出版社2016年版。

方李莉：《梭戛日记——一个女人类学家在苗寨的考察》，学苑出版社2010年版。

费孝通：《乡土中国》，生活·读书·新知三联书店2013年版。

费孝通：《文化与文化自觉》，群言出版社2016年版。

冯骥才主编：《20个古村落的家底：中国传统村落档案优选》，文化艺术出版社 2016 年版。

冯骥才：《为文化保护立言》，文化艺术出版社 2017 年版。

高力等：《羌村镜像——羌族影像文化概览》，西南交通大学出版社 2012 年版。

桂榕、张晓燕：《最后的碉楼：东莲花回族历史文化名村的历史记忆与文化空间》，知识产权出版社 2013 年版。

郭崇慧：《大数据与中国古村落保护》，华南理工大学出版社 2017 年版。

胡彬彬等：《中国传统村落保护调查报告（2017）》，社会科学文献出版社 2017 年版。

胡彬彬、吴灿：《中国传统村落文化概论》，中国社会科学出版社 2018 年版。

胡铁强、陈敬胜：《族群记忆与文化认同》，湘潭大学出版社 2012 年版。

华林：《西南散存民族档案文献遗产集中保护问题研究》，中国社会科学出版社 2017 年版。

景军：《神堂记忆：一个中国乡村的历史、权力与道德》，福建教育出版社 2013 年版。

林继富：《民间叙事传统与村落文化共同体建构》，中国社会出版社 2012 年版。

林庆：《民族记忆的背影——云南少数民族非物质文化遗产研究》，云南大学出版社 2007 年版。

刘奔腾、张小娟：《甘肃传统村落》，东南大学出版社 2018 年版。

刘沛林：《古村落：和谐的人聚空间》，中国社会科学出版社 1997 年版。

龙佑铭、吴建伟：《贵州传统村落与文化遗产保护文论集》，重庆出版社 2016 年版。

罗德胤：《传统村落：从观念到实践》，清华大学出版社 2017 年版。

罗德胤等：《哈尼梯田村寨年版》，中国建筑工业出版社 2013 年版。

罗康智：《保持与创新：以传统应对现代的黎平黄岗侗寨》，民族出版社 2014 年版。

梅其君、张莉：《贵州民族村寨的现代技术传播与文化变迁》，知识产权出版社 2017 年版。

勐马寨人编著：《勐马档案》，文物出版社 2008 年版。

祁嘉华：《营造的初心——传统村落的文化思考》，中国建材工业出版社 2018 年版。

王冬：《族群、社群与乡村聚落营造：以云南少数民族村落为例》，中国建筑工业出版社 2013 年版。

王明珂：《华夏边缘——历史记忆与族群认同》，浙江人民出版社 2013 年版。

王思明、刘馨秋：《中国传统村落：记忆、传承与发展研究》，中国农业科学技术出版社 2017 年版。

王学文等：《民族村寨文化遗产保护与社会发展案例研究》，学苑出版社 2015 年版。

乌丙安：《中国民间信仰》，上海人民出版社 1996 年版。

武文：《民族记忆与地域情韵——中国西南原生态文化论稿》，中国人民大学出版社 2009 年版。

熊培云：《一个村庄里的中国》，新星出版社 2012 年版。

徐国源：《草根传播与乡村记忆》，文史哲出版社 2005 年版。

徐拥军：《档案记忆观的理论与实践》，中国人民大学出版社 2017 年版。

许颖茹等：《锁江记忆：川平武锁江羌族乡社会调查报告》，知识产权出版社 2010 年版。

杨红：《非物质文化遗产数字化研究》，社会科学文献出版社 2014 年版。

杨毅：《中国西南民族档案资源集成管理研究》，中国社会科学出版社 2018 年版。

杨宗亮：《云南少数民族村落发展研究》，民族出版社 2012 年版。

叶鹏：《中国非物质文化遗产保护机制研究》，中国社会科学出版社 2016 年版。

游斌:《圣书与圣民:古代以色列的历史记忆与族群构建》,宗教文化出版社 2011 年版。

翟姗姗:《基于关联数据的非物质文化遗产资源聚合研究》,科学出版社 2015 年版。

张安蒙:《屋脊与根:中国古村落保护与发展纪实》,东南大学出版社 2013 年版。

张锦:《电影作为档案》,知识产权出版社 2011 年版。

张庆园:《传播视野下的集体记忆建构:从传统社会到新媒体时代》,中国社会科学出版社 2016 年版。

赵德美:《云南少数民族历史档案数字化建设》,社会科学文献出版社 2014 年版。

赵静蓉:《文化记忆与身份认同》,生活·读书·新知三联书店 2015 年版。

周建明:《中国传统村落:保护与发展》,中国建筑工业出版社 2014 年版。

周明全等:《文化遗产数字化保护技术及应用》,高等教育出版社 2011 年版。

周耀林等:《非物质文化遗产档案管理理论与实践》,武汉大学出版社 2013 年版。

子志月:《云南少数民族口述档案开发利用研究》,云南大学出版社 2015 年版。

二 中文译著

［澳］哈特利:《数字时代的文化》,李士林、黄晓波译,浙江大学出版社 2014 年版。

［德］扬·阿斯曼:《文化记忆:早期高级文化中的文字、回忆和政治身份》,金寿福、黄晓晨译,北京大学出版社 2015 年版。

［德］阿斯特莉特·埃尔主编:《文化记忆理论读本》,余传玲等译,北京大学出版社 2012 年版。

［法］莫里斯·哈布瓦赫:《论集体记忆》,毕然、郭金华译,上海人

民出版社2002年版。

［美］保罗·康纳顿：《社会如何记忆》，纳日碧力戈译，上海人民出版社2002年版。

［美］唐纳德·里奇：《大家来做口述历史实务指南 第2版》，王芝芝、姚力译，当代中国出版社2006年版。

［美］威廉·J.穆尔塔夫：《时光永驻：美国遗产保护的历史和原理》，谢靖译，电子工业出版社2012年版。

［美］约翰·布林克霍夫·杰克逊：《发现乡土景观》，俞孔坚等译，商务印书馆2015年版。

［英］保尔·汤普逊：《过去的声音——口述史》，覃方明等译，辽宁教育出版社2000年版。

［英］厄内斯特·盖尔纳：《民族与民族主义》，韩红译，中央编译出版社2002年版。

［英］西蒙·沙玛：《风景与记忆》，胡淑陈等译，译林出版社2013年版。

三　学位论文

陈路路：《贵州务川县仡佬族传统村落的民俗文化空间研究》，硕士学位论文，重庆工商大学，2018年。

丁盛旋：《现代性视野中壮族传统村落艺术研究——以靖西市旧州村为例》，硕士学位论文，广西民族大学，2018年。

窦海平：《文化人类学视角下的安多藏区藏族传统村落保护模式探究——以甘南尼巴村为例》，硕士学位论文，兰州理工大学，2017年。

伏小兰：《川西藏区传统村落保护与发展研究》，硕士学位论文，湖南师范大学，2017年。

高飞：《基于文化地理学的传统村落与民居的保护与发展研究——以阿坝州为例》，硕士学位论文，西南科技大学，2017年。

贺大东：《广东历史文化村落基础数据库构建方法研究》，硕士学位论文，华南理工大学，2009年。

黄利利：《羌族传统村落类型、分布与运行研究》，硕士学位论文，西华师范大学，2018年。

季诚迁：《古村落非物质文化遗产保护研究》，博士学位论文，中央民族大学，2010年。

李梦影：《基于图像的湘西传统村落数字化保护研究》，硕士学位论文，湖南大学，2018年。

李越：《黔东南侗族传统村落的文化地域性格研究》，硕士学位论文，华南理工大学，2018年。

林燕：《甘肃省传统村落空间格局及成因分析——以前四批中国传统村落为例》，硕士学位论文，兰州大学，2018年。

刘佳慧：《我国传统村落档案实践与双元价值取向探析》，硕士学位论文，山东大学，2017年。

刘明：《四川阿坝州藏族传统村落景观文化传承研究》，硕士学位论文，西南科技大学，2018年。

龙林格格：《湘西花垣县苗族传统村落空间形态解析》，硕士学位论文，北京建筑科技大学，2018年。

罗颖：《贵州传统村落文化遗产利用的多中心治理研究》，硕士学位论文，贵州大学，2016年。

马骏：《基于文化旅游的白马藏族传统村落保护与发展研究——以四川平武亚者造祖村为例》，硕士学位论文，西安建筑科技大学，2018年。

满艺：《我国传统村落档案建设及开发利用研究》，硕士学位论文，四川大学，2018年。

邵鹏：《媒介作为人类记忆的研究》，博士学位论文，浙江大学，2014年。

孙传明：《民俗舞蹈类非物质文化遗产数字化技术研究》，硕士学位论文，华中师范大学，2013年。

唐思卓：《我国传统村落文化建档探究》，硕士学位论文，黑龙江大学，2016年。

王聪：《少数民族传统村落的保护和发展——以四川理县桃坪羌寨为

例》，硕士学位论文，西南民族大学，2017年。

王琳霖：《村级档案管理体系构建研究》，硕士学位论文，华中师范大学，2018年。

王芷淳：《元阳世界文化遗产区阿者科和牛倮普传统村落保护与整治方法探讨》，硕士学位论文，昆明理工大学，2015年。

谢俊：《文化地理学视角下黎族传统村落与民居形成与演变探析》，硕士学位论文，广东工业大学，2018年。

杨超：《基于文化整体性的传统村落保护策略研究——以永惹寨为例》，硕士学位论文，昆明理工大学，2016年。

张育齐：《贵州玉屏侗族传统村落的保护与文化传承初探》，硕士学位论文，西安建筑科技大学，2018年。

四 期刊论文

安宏清：《传统村落档案管理工作初探》，《北京档案》2017年第5期。

安小米、郝春红：《国外档案多元论研究及其启示》，《北京档案》2014年第11期。

陈春声、陈树良：《乡村故事与社区历史的建构——以东凤村陈氏为例兼论传统乡村社会的"历史记忆"》，《历史研究》2003年第5期。

陈肖月：《文化遗产利用的多元化实践与创新型探索》，《价值工程》2012年第27期。

陈燕萍：《乡村档案记忆建构路径》，《浙江档案》2013年第2期。

陈阳：《对我国传统村落文化建档式保护问题的思考》，《兰台世界》2017年第7期。

陈阳：《基于知识图谱的我国传统村落文化建档保护研究述评》，《北京档案》2017年第5期。

陈子丹等：《基于乡村振兴战略的乡村档案信息资源建设战略思考》，《档案学研究》2018年第1期。

戴旸：《非物质文化遗产建档标准的建设：国外经验与中国对策》，

《档案学通讯》2016 年第 6 期。

单旭东等：《档案记忆观理论再探讨——基于文化记忆视角》，《档案管理》2018 年第 4 期。

邓运员等：《基于 GIS 的中国南方传统聚落景观保护管理信息系统初步研究》，《测绘科学》2006 年第 4 期。

丁华东：《档案记忆观的兴起及其理论影响》，《档案管理》2009 年第 1 期。

丁华东：《讲好乡村故事：论乡村档案记忆资源开发的定位与方向》，《档案学通讯》2016 年第 5 期。

丁华东：《论档案传承社会记忆的机制》，《档案管理》2013 年第 5 期。

丁华东：《论社会记忆数字化与乡村档案记忆工程推进策略》，《档案学通讯》2015 年第 4 期。

丁华东：《社会记忆与档案学研究的拓展》，《中国档案》2006 年第 9 期。

丁华东：《在乡村记忆保护传承中不能缺位——论城乡档案记忆工程推进的现实必要性与存在合理性》，《档案学研究》2016 年第 4 期。

丁华东、段竹莹：《新规则：论档案记忆资源体系构筑的时代要求》，《档案学通讯》2014 年第 5 期。

丁华东、张燕：《探寻意义：档案记忆观的学术脉络与研究图景》，《档案学研究》2018 年第 1 期。

丁越飞等：《打造"乡村记忆"基地 助推农村文化礼堂》，《浙江档案》2014 年第 2 期。

段丽波：《西南少数民族档案研究综述》，《档案学通讯》2008 年第 5 期。

范丽娜：《民族传统村落村民文化适应的维度研究——基于黔东南三个侗族村寨的实证研究》，《旅游导刊》2018 年第 6 期。

冯惠玲：《当代身份认同中的档案价值》，《中国人民大学学报》（人文科学版）2015 年第 1 期。

冯惠玲：《档案记忆观、资源观与"中国记忆"数字资源建设》，《档案学通讯》2012 年第 3 期。

冯骥才：《保护传统村落是"惊天"行动》，《新城乡》2014 年第 9 期。

冯骥才：《传统村落保护的两种新方式》，《决策探索》（下半月）2015 年第 8 期。

冯骥才：《传统村落的困境与出路——兼谈传统村落是另一类文化遗产》，《民间文化论坛》2013 年第 1 期。

冯骥才：《当前非物质文化遗产保护需要统一认识》，《民俗研究》2012 年第 4 期。

冯骥才：《守护中华民族的"根性文化"》，《设计艺术》2012 年第 4 期。

冯骥才：《珍惜古村落的每一片羽毛》，《中华民居》（上旬版）2015 年第 8 期。

高冰：《黑龙江少数民族传统村落建档保护探究》，《齐齐哈尔大学学报》（哲学社会科学版）2018 年第 8 期。

韩鸿：《参与式影像与参与式传播——发展传播视野中的中国参与式影像研究》，《新闻大学》2007 年第 4 期。

韩桐、王云庆：《守护传统村落的历史记忆——谈中国传统村落档案的收集整理》，《中国房地产》2014 年第 10 期。

何斌：《传统村落档案的收集》，《城建档案》2018 年第 9 期。

何思源：《守护乡村记忆：传统村落建档研究》，《档案学研究》2017 年第 5 期。

贺雪峰：《乡村建设的重点是文化建设》，《广西大学学报》（哲学社会科学版）2017 年第 4 期。

胡彬彬：《中国传统村落保护的立法建议》，《人民论坛》2015 年第 9 期。

胡光宏：《以国际宪章为线索的传统人居聚落遗产保护历程研究》，《贵州工业大学学报》（自然科学版）2008 年第 4 期。

胡立耘：《加拿大〈本土民族档案指南〉简介及其启示》，《档案学研究》2017 年第 4 期。

胡燕等：《传统村落的概念和文化内涵》，《城市发展研究》2014年第1期。

华林：《少数民族文字历史档案的数字化建设》，《中国档案》2005年第11期。

华林：《文化遗产框架下的西部散存民族档案文献遗产保护研究》，《档案学通讯》2013年第3期。

华林等：《西南散存民族档案文献遗产集中保护研究》，《档案学通讯》2014年第5期。

华林等：《贵州黔南州国家综合档案馆水书档案文献遗产集中保护案例研究》，《档案学通讯》2015年第2期。

华林等：《基于民族记忆传承的西部民族档案文献遗产征集问题研究》，《北京档案》2017年第2期。

华林等：《基于数字档案馆建设理念的西藏藏文档案文献遗产数字化资源共建研究》，《西藏大学学报》2017年第1期。

华林等：《西部濒危少数民族历史档案保护研究》，《档案学研究》2013年第1期。

华林等：《共建共享视域下的新疆民族档案文献遗产数字化建设研究》，《山西档案》2017年第3期。

华林等：《实物档案研究述评——基于少数民族实物档案管理视域》，《档案学通讯》2017年第4期。

华林等：《云南省国家综合档案馆少数民族档案资源建设述评》，《档案学通讯》2016年第6期。

华林、宋梦：《云南省档案局（馆）少数民族档案资源建设"云南模式"案例研究》，《档案学研究》2018年第1期。

黄迪、韩灵雨：《浙江省传统村落调研资料数据库的建立与应用研究》，《中国管理信息化》2017年第19期。

黄琴等：《论亟待保护抢救的云南民间少数民族口述历史档案》，《档案学研究》2009年第1期。

黄永林：《数字化背景下非物质文化遗产的保护与利用》，《文化遗产》2015年第1期。

姜纪云:《"千村档案"建设问题研究——以浙江省"千村档案"建设为例》,《档案学研究》2017年第6期。

姜纪云:《"互联网+"时代下创建乡村记忆示范基地的几点思考》,《档案学研究》2016年第2期。

姜克银:《宁夏回族村落民俗文化档案资料整理研究》,《兰台世界》2012年第4期。

蒋国勇:《社会认同视野下乡村档案文化建设的长效机制研究》,《浙江师范大学学报》(社会科学版)2013年第6期。

蒋国勇:《社会认同视野下乡村档案文化建设类型与特点》,《浙江档案》2012年第8期。

蒋国勇、易涛:《社会认同视野下乡村档案文化建设的困境与突破》,《档案学研究》2014年第3期。

蒋国勇、应小丽:《社会认同视野下乡村档案文化建设的实践逻辑——基于浙江省畈田蒋村的调查分析》,《档案学通讯》2014年第1期。

金波:《论数字档案信息资源建设》,《档案学通讯》2013年第5期。

靳金、黄锰钢:《基于开放性BIM技术的传统建筑数据库建设中的信息交换研究》,《土木建筑工程信息技术》2010年第3期。

敬尉、李霞:《农村家族记忆与村落秩序——以家谱档案为例》,《吉林画报·新视界》2011年第3期。

寇怀云、钟晓华:《基于文化遗产保护的民族村寨发展路径》,《中国文化遗产》2013年第6期。

李健、王运彬:《传统村落档案管理路径转型——从人文引导管理到文化生态复兴》,《浙江档案》2018年第10期。

李珊珊、赵跃:《基于关联数据的非物质文化遗产档案资源开发》,《中国档案》2016年第6期。

李昕:《符号消费——文化资本与非物质文化遗产》,《西南民族大学学报》(人文社科版)2008年第8期。

李银河:《论村落文化》,《中国社会科学》1993年第5期。

李子林:《国外档案多元论的发展及其启示》,《档案学研究》2018年第 6 期。

连湘、王萍：《我国传统村落档案工作研究》，《秘书》2018 年第 1 期。

连湘、翟倩妮：《我国传统村落档案管理初探》，《档案时空》2017 年第 10 期。

梁洪生：《"中国传统村落"的评选与保护及江西现态初步考察》，《农业考古》2015 年第 6 期。

林艺、王笛：《一份关于云南传统村落的调研报告》，《学术探索》2015 年第 2 期。

刘炳元：《古村镇文化遗产利用探究》，《中国文物科学研究》2014 年第 4 期。

刘国能：《农村档案工作是建设新农村的必要条件——湖南农村档案工作调查》，《今日中国论坛》2006 年第 Z1 期。

刘佳慧：《记忆观视角下我国传统村落档案工作的方式与价值》，《档案与建设》2016 年第 8 期。

刘佳慧、王云庆：《档案部门参与我国传统村落档案工作的方式——档案部门与传统村落合作关系建构探析》，《档案学研究》2017 年第 2 期。

刘为等：《傣族档案文献遗产传承保护研究》，《档案学研究》2016 年第 3 期。

刘彦武：《乡村文化振兴的顶层设计：政策演变及展望——基于"中央一号文件"的研究》，《科学社会主义》2018 年第 3 期。

卢林涛：《传统村落档案数字资源库建设关键构件研究》，《浙江档案》2018 年第 9 期。

吕榜珍、胡莹：《云南省少数民族档案数字化管理策略》，《档案学通讯》2010 年第 2 期。

吕颜冰：《国外档案记忆研究热点综述及启示》，《浙江档案》2014 年第 12 期。

满艺、王萍：《传统村落建档式保护现状及策略研究》，《档案与建设》2017 年第 7 期。

闵英、曹维琼：《重构传统村落文化保护与发展的文本意识》，《贵州社会科学》2016 年第 11 期。

倪丽娟：《基于乡村振兴战略的乡村档案信息资源建设战略思考》，《档案学研究》2018 年第 3 期。

牛力、王烨楠：《基于档案的城市记忆资源建设全过程模型及应用研究》，《档案学研究》2017 年第 1 期。

牛力等：《"数字记忆"背景下异构数据资源整合研究探析》，《档案学研究》2018 年第 6 期。

欧石燕：《面向关联数据的语义数字图书馆资源描述与组织框架设计与实现》，《中国图书馆学报》2012 年第 6 期。

潘鲁生：《非物质文化遗产资源转化的亚洲经验与范式建构》，《民俗研究》2014 年第 2 期。

潘胜中：《广西将对传统村落进行建档保护》，《兰台世界》2016 年第 22 期。

彭兆荣、朱志燕：《族群的社会记忆》，《广西民族研究》2007 年第 3 期。

齐渊晗：《文化生态价值下少数民族传统村落保护与发展》，《贵州民族研究》2016 年第 11 期。

任越：《传统村落文化建档问题探究——以黑龙江省少数民族传统村落为例》，《档案学研究》2017 年第 2 期。

任越：《基于文化自觉的我国传统村落文化建档理论探究》，《兰台世界》2017 年第 7 期。

任越：《论我国传统村落文化建档实践诉求与现实困境》，《档案学研究》2018 年第 2 期。

沈志宏等：《关联数据互联技术研究综述：应用、方法与框架》，《图书情报工作》2013 年第 14 期。

施秀平：《闽东畲族古村落档案遗产保护及传承问题研究——以畲族祖图为》，《黑龙江档案》2018 年第 3 期。

司俊贤：《荥阳古村落档案记忆保护现状及对策》，《档案管理》2016 年第 5 期。

宋俊华、王明月：《我国非物质文化遗产数字化保护的现状与问题分析》，《文化遗产》2015年第6期。

孙华：《传统村落保护的学科与方法——中国乡村文化景观保护与利用刍议之二》，《中国文化遗产》2015年第5期。

孙嘉睿：《传统村落的建档保护措施研究—以山东省荣成市东楮岛村为例》，《人文天下》2018年第5期。

覃凤琴：《从"非物质"到"外化物质再现"——非物质文化遗产档案式保护及其价值考察》，《档案与建设》2007年第10期。

陶帆：《以档案之名留存中国传统村落之美》，《城建档案》2013年第8期。

滕春娥：《集体记忆视阈下传统村落文化建档实践问题探究》，《兰台世界》2017年第7期。

万启存等：《历史的遗忘与记取：探析档案与社会记忆的关系》，《档案学研究》2015年第2期。

王海弘等：《族群认同与族群仪式档案保护绩效：交互记忆系统的影响》，《档案学通讯》2011年第6期。

王晋：《白族大本曲非物质文化遗产建档保护研究》，《档案学通讯》2018年第4期。

王凯、蒋国勇：《口述史在乡村档案文化建设中的意义与作用》，《浙江档案》2013年第12期。

王丽：《论档案在边疆多少数民族社会秩序建构中的文化功能：基于档案多元论的阐释》，《档案学通讯》2016年第4期。

王良范：《文化境域中的诗性象征——侗族鼓楼的美学人类学解读》，《贵州大学学报》（艺术版）2002年第4期。

王明月：《非物质文化遗产保护的数字化风险与路径反思》，《文化遗产》2015年第3期。

王萍：《传统村落文化数字资源建设研究》，《图书馆建设》2018年第7期。

王萍、卢林涛：《传统村落档案研究——现状、困境与展望》，《档案学研究》2017年第2期。

王萍、卢林涛：《档案机构在传统村落档案工作中的角色再探》，《档案学研究》2018年第6期。

王萍、卢林涛：《我国传统村落文化数字资源库建设初探》，《图书馆学研究》2018年第9期。

王萍、满艺：《传统村落档案建构模式比较研究》，《档案学研究》2017年第6期。

王萍、满艺：《以村民为主体传统村落文化建档策略研究》，《档案学通讯》2018年第5期。

王婷婷：《少数民族村落历史建筑档案保护研究》，《档案管理》2017年第5期。

王伟霞：《对"乡村记忆"工程建设现状的思考》，《兰台世界》2015年第8期。

王小明：《传统村落价值认定与整体性保护的实践和思考》，《西南民族大学学报》（人文社科版）2013年第2期。

王秀文、徐晓光：《日本村落社会组织及其传统特征——兼谈村落文化传统对现代日本社会的影响》，《日本学刊》1991年第3期。

王勇、李广斌：《裂变与再生：苏南乡村公共空间转型研究》，《城市发展研究》2014年第7期。

王玉龙、谢兰玉：《口述历史档案建构社会记忆的互构机制探论》，《档案学研究》2014年第5期。

王云庆：《保护传统村落　留存乡村记忆》，《城乡建设》2015年第1期。

王云庆：《谈传统村落建档工作的误区及思考》，《北京档案》2017年第10期。

王云庆、韩桐：《传统村落档案的收集整理》，《中国档案》2014年第7期。

王云庆、韩桐：《传统村落建档保护的思考》，《城乡建设》2014年第6期。

王云庆、韩桐：《我国传统村落档案管理路径探析》，《浙江档案》2014年第6期。

王增强:《社会认同视野下乡村档案文化建设路径探析》,《浙江档案》2015年第2期。

王增强:《社会认同视野下乡村档案文化建设主体构成探析》,《云南档案》2017年第4期。

吴文:《重现庄学本:摄影大师和民族调查先驱》,《中国摄影家》2007年第8期。

席富群、张乐天:《记录下小村庄的足迹,折射出大中国的历史——〈周生康日记〉简介》,《中共党史研究》2009年第4期。

徐辉、胡文娜:《中国传统村落数字博物馆建馆编制——以安徽省瞻淇村为例》,《城市规划通讯》2018年第8期。

徐丽萍:《"社会记忆工程"档案文献资源整合研究》,《浙江档案》2015年第1期。

徐欣云、刘迪:《古村落档案的"泛化"现象及"泛化"收集研究——以江西古村落为例》,《档案学通讯》2017年第6期。

徐欣云、刘霄霞:《古村落档案与农村档案的内涵及异同解读》,《档案学研究》2017年第4期。

徐拥军:《建设"中国记忆"数字资源库的构想》,《档案学通讯》2012年第3期。

严旭萍:《传统村落记忆建构中口述历史建档研究》,《浙江档案》2018年第8期。

严永官:《村级档案工作模式研究》,《档案管理》2011年第1期。

杨辰、周检:《乡村文化遗产保护开发的历程、方法与实践——基于中法经验的比较》,《城市规划学刊》2016年第6期。

杨红:《传统村落建档中的资源分类问题》,《文化月刊》2015年第2期。

杨立国、刘沛林:《传统村落文化传承度评价体系及实证研究——以湖南省首批中国传统村落为例》,《经济地理》2017年第12期。

杨淘淘:《少数民族传统村落文化建档机制探究》,《城建档案》2017年第7期。

杨雪云、丁华东:《乡村社会记忆的功能转向及其思考——以徽州历史档案为分析对象》,《学术界》2011 年第 12 期。

杨毅:《西南向度的民族档案特征及其现代意义之我见》,《档案学通讯》2017 年第 4 期。

杨毅、张会超:《记录田野:民族档案重构的实现与突破》,《思想战线》2012 年第 6 期。

易涛:《社会认同视野下乡村档案文化建设的动力和条件研究》,《档案学研究》2013 年第 5 期。

尤小菊:《民族文化村寨中的非物质文化遗产保护研究——以地扪生态博物馆为个案》,《贵州大学学报》(社会科学版)2010 年第 3 期。

余厚洪、丁华东:《符号与意义:乡村档案记忆解析》,《档案学研究》2017 年第 2 期。

袁圆:《中国传统村落数字博物馆建设研究》,《兰州教育学院学报》2017 年第 7 期。

曾艳等:《基于文化地理研究的传统村落及民居保护策略——以广东梅州为例》,《小城镇建设》2015 年第 5 期。

翟姗姗等:《记忆工程视野下的非遗数字化存档保护研究》,《图书与情报》2017 年第 4 期。

张芳霖、唐霜:《社会记忆视域下的地域性档案资源生态研究》,《档案学通讯》2015 年第 3 期。

张洪吉等:《我国传统村落数字化保护技术研究现状与展望》,《资源开发与市场》2017 年第 8 期。

张燕:《媒体融合语境下数字档案记忆的价值定位与开发机制》,《档案学研究》2016 年第 3 期。

张燕、丁华东:《乡村记忆展演:乡村档案资源开发的新视角》,《档案学通讯》2016 年第 3 期。

张正琪:《浅析乡(镇)村级档案工作建设的发展前景》,《档案学通讯》2006 年第 2 期。

赵生辉、朱学芳:《数字社会记忆资源跨机构聚合机制研究》,《档案学研究》2014 年第 2 期。

赵树凯：《乡村治理：组织和冲突》，《河北学刊》2003年第6期。

周峰林等：《延续古村落的文化血脉——磐安县档案元素对接特色文化村保护利用》，《中国档案》2012年第6期。

周秋萍：《我国传统村落文化建档式保护研究——以广东省佛山村落为例》，《浙江档案》2017年第10期。

周耀林、程齐凯：《论基于群体智慧的非物质文化遗产档案管理体制的创新》，《信息资源管理学报》2011年第2期。

周耀林、李丛林：《我国非物质文化遗产资源长期保存标准体系建设》，《信息资源管理学报》2016年第1期。

朱天梅：《论少数民族传统村落文化建档中档案收集工作》，《兰台世界》2017年第7期。

朱天梅：《云南少数民族传统村落建档保护研究》，《档案学研究》2018年第3期。

祝安钧、金剑栋：《留住记忆之魂打造精神家园——绍兴县"乡村史苑"基层档案文化阵地建设实践》，《浙江档案》2012年第6期。

五 报纸文章

曹保明：《别留下千篇一律的传统村落文化》，《中国文化报》2013年12月9日第8版。

曹保明：《传统村落文化普查要注意科学性》，《团结报》2014年3月15日第6版。

杜再江：《聚焦贵州传统村落保护与发展——贵州传统村落与非物质文化遗产保护发展高峰论坛侧记》，《贵州民族报》2015年7月3日第7版。

冯骥才：《保护传统村落是为了中华文明的传承》，《中国艺术报》2012年10月17日第1版。

冯骥才：《传统村落亟待多方式保护》，《贵州民族报》2017年5月12日第C1版。

冯骥才：《为紧急保护古村落再进一言》，《中国艺术报》2012年4月13日第1版。

胡彬彬：《"江河流域"传统村落文化保护现状与建议》，《光明日报》2015年4月2日第7版。

胡彬彬：《立法保护传统村落文化迫在眉睫》，《中国社会科学报》2013年6月10日第2版。

黄彦弘：《重视对传统村落文化的学术研究》，《光明日报》2015年11月1日第7版。

李骁扬：《黔东南州积极探索中国传统村落档案建设》，《贵州民族报》2017年9月25日第A1版。

刘灿姣：《我国传统村落文化保护须用好"互联网+"》，《光明日报》2016年1月3日第8版。

刘德伟：《传统村落保护发展要融入改革开放大局》，《中国民族报》2018年5月11日第10版。

龙军等：《中国村落文化智库揭牌》，《光明日报》2016年4月21日第9版。

陆航：《尽快建立中国传统村落档案》，《中国社会科学报》2013年9月4日第2版。

罗士泂、赵旭东：《保护传统村落 助推乡村文化振兴》，《中国社会科学报》2018年12月19日第7版。

宁宇龙、蒋锦萍：《乡村档案展现"最美家园"》，《中国档案报》2012年5月7日第1版。

尚大超：《少数民族家谱见证中华民族大家庭的形成》，《中国民族报》2017年1月20日第10版。

孙成德：《为传统村落保护建档》，《中国档案报》2016年11月11日第4版。

王云庆：《寻求传统村落和城镇化的平衡与和谐》，《学习时报》2014年10月27日第5版。

王珍：《勐马档案：一次方法论的尝试》，《中国民族报》2010年3月19日第10版。

苑利：《〈传统村落立档调查体例〉解读》，《中国艺术报》2014年11月26日第4版。

六 外文文献

Amanda Poole, "Landscape and Memory in Peasant-State Relations in Eritrea", *The Journal of Peasant Studies*, Vol. 36, No. 4, 2009.

A. Flinn, M. Stevens, E. Shepherd, "Whose Memories, Whose Archives? Independent Community Archives, Autonomy and the Mainstream", *Archival Science*, No. 9, 2009.

A. Gilliland et al., "Pluralizing the Archival Paradigm through Education: Critical Discussions around the Pacific Rim", *Archives and Manuscripts*, Vol. 35, 2007.

A. Gilliland, S. McKemmish, "Pluralising the Archives in the Multiverse: A Report on Work in Progress", *Atlanti: Review for Modern Archival Theory and Practice*, No. 21, 2011.

A. Rodrigues, "Introducing an Archival Collecting Model for the Records Created by South African Portuguese Community Organizations", *Archives and Manuscripts*, Vol. 44, No. 3, 2016.

B. Battley, E. Daniels, G. Rolan, "Archives as Multifaceted Narratives: Linking the Touchstones of Community Memory", *Archives and Manuscript*, Vol. 42, No. 2, 2014.

B. Brothman, "The Past that Archives Keep: Memory, History, and the Preservation Ofarchival Records", *Archivaria*, Vol. 51, No. 1, 2001.

Chiho et al., "The Archive and Community System for Preserving Traditional Culture in Rural Areas", *Journal of US-China Public Administration*, No. 4, 2010.

D. A. Flinn, "Community Histories, Community Archives: Some Opportunities and Challenges", *Journal of the Society of Archivists*, Vol. 28, No. 2, 2007.

D. E. Beel et al., "Cultural Resilience: The Production of Rural Community Heritage, Digital Archives and the Role of Volunteers", *Journal of Rural Studies*, Vol. 54, 2017.

D. J. Caron, "Archiving for Self-ascertainment, Identity-building and Permanent Self-questioning: Archives between Scepticism and Certitude", *Archival Science*, Vol. 13, No. 2 - 3, 2013.

E. Ashdown, "Florida's Black Archives: A Substantial Past", *Change*, Vol. 11, No. 3, 1979.

E. Duran, *Healing the Soul Wound: Counseling with American Indians and Other Native Peoples*, New York: Teachers College Press, 2006.

E. Kastenholz et al., "Understanding and Managing the Rural Tourism Experience: The Case of a Historical Village in Portugal", *Tourism Management Perspectives*, No. 4, 2012.

J. A. Bastian, "Carnival in the Archives and the Archives in Carnival: Records and Community Identity in the US Virgin Islands", *Archival Science*, No. 9, 2009.

J. A. Bastian, "The Records of Memory, the Archives of Identity: Celebrations, Texts and Archival Sensibilities", *Archival Science*, No. 2, 2013.

J. Evans, S. McKemmish, K. Bhoday, "Create Once, Use Many Times: The Clever Use of Recordkeeping Metadata for Multiple Archival Purposes", *Archival Science*, Vol. 5, No. 1, 2005.

J. Newman, "Revisiting Archive Collections: Developing Models for Participatory Cataloguing", *Journal of the Society of Archivists*, Vol. 33, No. 1, 2012.

K. Shilton, R. Srinivasan, "Participatory Appraisal and Arrangement for Multicultural Archival Collections", *Archivaria*, Vol. 63, 2007.

L. Roy, A. Bhasin, S. K. Arriaga, *Tribal Archives, Libraries, and Museums: Preserving Our Language, Memory, and Life ways*, Lanham, MD: Scarecrow Press, 2011.

M. Caswell, "On Archival Pluralism: What Religious Pluralism (and its critics) Can Teach us about Archives", *Archival Science*, Vol. 12, No. 4, 2013.

M. Samouelian, "Embracing Web 2.0: Archives and the Newest Generation of Web Applications", *The American Archivist*, Vol. 72, No. 1, 2009.

M. T. Garrett, E. F. Pichette, "Red as an Apple: Native American Acculturation and Counseling with or Without Reservation", *Journal of Counseling and Development*, Vol. 78, No. 1, 2000.

N. V. Montalto, "The Challenge of Preservation in a Pluralistic Society", *American Archivist*, Vol. 41, No. 4, 1978.

P. F. Marty, "An introduction to Digital Convergence: Libraries, Archives, and Museums in the Information Age", *The Library*, Vol. 80, No. 1, 2010.

P. F. Marty, "Digital Convergence and the Information Profession in Cultural Heritage Organizations: Reconciling Internal and External Demands", *Library Trends*, Vol. 62, No. 3, 2014.

R. E. Bayhylle, "Tribal Archives: Study in Records, Memory and Power", Los Angles: University of California, 2011.

S. J. Hussman, "Citizen Krueger: An Examination of Cultural Province and Community Preservation", *Journal of Western Archives*, No. 5, 2014.

S. McKemmish, M. Piggott, "Toward the Archival Multiverse: Challenging the Binary Opposition of the Personal and Corporate Archive in Modern Archival theory and Practice", *Archivaria*, Vol. 76, 2013.

T. Cook, "Evidence, Memory, Identity, and Community: Four Shifting Archival Paradigms", *Archival Science*, No. 13, 2013.

X. Francis, J. R. Blouin, "Archivists, Mediation, and Constructs of Social Memory", *Archival Issues*, Vol. 24, No. 2, 1999.

附　录　西南少数民族传统村落文化遗产现状与保护调查

一　调查问卷

尊敬的桃坪羌寨村民朋友：

您好！首先非常感谢您参与本次的问卷调查，我们是××大学的师生，此次问卷调查是为完成"西南少数民族传统村落档案管理与利用研究"这一课题，本问卷中的所有信息只作为本课题使用，我们将对您提供的信息保密，请放心填写，我们期待能收到您完整真实的问卷。谢谢您的支持与合作。

××大学"西南少数民族传统村落档案管理与利用研究"课题组

下面是答题区域，如有疑问，请询问您身边的工作人员：

1. 您的性别是？

　A. 男　　　　　　　B. 女

2. 您的年龄是？

　A. 18 以下　　　　　B. 18—25 岁　　　　C. 26—40 岁

　D. 41—60 岁　　　　E. 60 岁以上

3. 您的受教育程度是？

　A. 没上过学　　　　B. 小学　　　　　　C. 初中

　D. 高中（中专/技校）E. 大专　　　　　　F. 本科及以上

4. 您的职业是？

　A. 务农　　　　　　B. 个体商户　　　　C. 自由职业者

　D. 工人　　　　　　E. 学生　　　　　　F. 其他

5. 您在桃坪羌寨居住多久了？

A. 5 年以下　　　　　B. 5—15 年

C. 16—25 年　　　　　D. 25 年以上

6. 您知道桃坪羌寨已入选"中国传统村落名录"吗？

A. 知道　　　　　　　B. 不知道

7. 您知道桃坪羌寨已入选"省级历史文化名村"吗？

A. 知道　　　　　　　B. 不知道

8. 您了解"桃坪羌寨"的寨名来历吗？

A. 了解　　　　　　　B. 不了解

9. 请问您能听说羌语吗？

A. 听说都很熟练　　　B. 能听懂但不会说

C. 能说但听不懂　　　D. 听不懂也不会说

10. 请问您家里有家谱吗？

A. 有　　　　　　　　B. 没有

11. 请问您对桃坪羌寨以下情况的了解程度？

11-1 碉楼的建筑特色及主要功能

A. 非常了解　　　B. 了解　　　C. 不太了解

D. 只听说过但不了解　　　　　E. 没听说过

11-2 民间艺术

11-2-1 羌笛的演奏和制作工艺

A. 非常了解　　　B. 了解　　　C. 不太了解

D. 只听说过但不了解　　　　　E. 没听说过

11-2-2 卡斯达温舞

A. 非常了解　　　B. 了解　　　C. 不太了解

D. 只听说过但不了解　　　　　E. 没听说过

11-2-3 多声部合唱

A. 非常了解　　　B. 了解　　　C. 不太了解

D. 只听说过但不了解　　　　　E. 没听说过

11-2-4 羌绣的技法和图案喻意

A. 非常了解　　　B. 了解　　　C. 不太了解

D. 只听说过但不了解　　　　　　E. 没听说过

11-3 乡村民俗、俚语方言

A. 非常了解　　　B. 了解　　　C. 不太了解

D. 只听说过但不了解　　　　　　E. 没听说过

11-4 村落历史、名人故事

A. 非常了解　　　B. 了解　　　C. 不太了解

D. 只听说过但不了解　E. 没听说过

12. 请问您了解以上内容的途径有哪些？（可多选）

A. 听长辈讲述

B. 生活中自主学习

C. 课堂教育

D. 通过查阅书籍、报刊，收听收看广播电视等

E. 通过网络

F. 通过去图书馆、档案馆查阅资料

G. 其他途径

13. 您对羌寨的哪些物质和人文环境比较感兴趣？（可多选）

A. 羌寨的历史

B. 传统农耕工具及技艺

C. 羌寨的碉楼、民居等建筑及其背后的故事

D. 喝咂酒、跳锅庄等民风民俗

E. 羌绣等民间工艺

F. 释比

G. 民间故事、传说

14. 请问您愿意过祭山会和羌年会吗？

A. 很愿意　　　B. 一般　　　C. 不愿意

15. 您认为举办祭山会和羌年会对您的作用是什么？（可多选）

A. 有神圣感

B. 节日气氛浓厚，增加生活的幸福感。

C. 亲朋好友可一起参加活动，增进情感交流

D. 吸引游客，增加收入

E. 其他

16. 您认为目前桃坪羌寨面临的危机有哪些？（可多选）

    A. 村民迁出老寨，导致老寨失去了原有的人气

    B. 外来文化与传统羌文化的冲突，羌文化受到冷落

    C. 寨子里的青年人对羌文化不感兴趣，羌文化传承面临断层

    D. 部分民间工艺失传

    E. 部分民风习俗被取缔或淡化

    F. 会听说羌语的人越来越少

17. 您认为保护与传承桃坪羌寨村落文化有哪些好处？（可多选）

    A. 坚守传统，不忘本

    B. 增强村民的凝聚力与向心力

    C. 增强对本土文化的自豪感和认同感

    D. 使子孙后代记住自己的历史，热爱自己的祖地

    E. 保护文化的同时优化生存环境，提高生活质量

    F. 宣扬家乡，提高知名度，吸引外来游客，增加收入

    G. 其他

18. 您认为用怎样的方式留存桃坪羌寨村落文化您最愿意接受？（可多选）

    A. 组织寨民编修寨史、寨志

    B. 新建村寨记忆馆，对本寨丰富的文化进行呈现和展示

    C. 以口述形式将民间技艺、民间歌谣、故事、传说等民间文化记录下来

    D. 将本寨碉楼、传统民居、祠堂等建筑及古树、地下水网等的原始风貌拍照，并辅以文字说明

    E. 政府资助、鼓励民间艺人多收徒弟，将传统手艺及民俗展演代代相传

19. 您认为用怎样的方式宣传桃坪羌寨及文化您最愿意接受？（可多选）

    A. 拍摄微电影，在手机和网络上展播

    B. 拍摄、制作宣传画册

C. 拍成纪录片，在电视台播放

D. 利用3D技术制作动漫、游戏，利用网络及手机进行宣传

E. 利用羌寨民间文化元素创作小说、散文等文学作品，开展原生态音乐、歌舞创作、传唱

F. 收集整理传统村落资料，建立以村为单位的传统村落文化资源集合

G. 其他

20. 您认为传统村落保护需要借助社会其他力量参与吗？

A. 需要　　　　　　B. 不需要

21. 您认为传统村落保护需要借助的社会力量包括？（可多选）

A. 个人　　　　　　B. 非政府组织

C. 高校及其他文化团体

D. 企业　　　　　　E. 其他

调查到此结束，谢谢您的大力支持！

二　问卷统计情况

本次调研方法以问卷调研为主结合深度访谈。共发放问卷120份，回收110份，其中有效问卷104份。调查对象的性别分布：男性占33.65%，女性占66.35%（因之前的问卷调研是男性村民为主，此次刻意增加了女性村民调研对象的数量）；年龄分布：18岁以下（10.58%）、18—25岁（5.77%）、26—40岁（30.77%）、41—60岁（41.35%）、60岁以上（11.54%）；受教育程度：未受过教育（1.92%）、小学学历（22.12%）、初中学历（47.12%）、高中（中专/技校）学历（15.38%）、大专学历（3.85%）、本科及以上学历（9.62%）。职业分布：以务农为主，务农人数占总数的52.88%，其次分别为个体商户（16.35%）、学生（11.54%）、自由职业者（9.62%）、其他（8.65%）、工人（0.96%）。居住时间：在本村定居5年以下者（3.85%）、5—15年（17.31%）、16—25年（18.27%）、25年以上者（60.58%）。从样本分布情况来看，符合西南地区村落村民分布基本特征：以中老年年龄段为主；以务农为主要生计，定居

时间较长，文化水平以初中为主。故样本符合调研要求，能够在一定程度上确保调研成果具有代表性。

以下是问卷数据统计情况：

第 6 题 您知道桃坪羌寨已入选"中国传统村落名录"吗？（单选题）

选项	小计	比例
知道	79	75.96%
不知道	25	24.04%

第 7 题 您知道桃坪羌寨已入选"省级历史文化名村"吗？（单选题）

选项	小计	比例
知道	75	72.12%
不知道	29	27.88%

第 8 题 您了解桃坪羌寨的寨名来历吗？（单选题）

选项	小计	比例
了解	83	79.81%
不了解	21	20.19%

第 9 题 请问您能听说羌语吗？（单选题）

选项	小计	比例
听说都很熟练	25	24.04%
能听懂会说一点	14	13.46%
能听懂但不会说	48	46.15%
能说但听不懂	1	0.96%
听不懂也不会说	16	15.38%

附录　西南少数民族传统村落文化遗产现状与保护调查

第10题请问您家里有家谱吗？（单选题）

选项	小计	比例
有	69	66.35%
没有	35	33.65%

第11-1题请问您对桃坪羌寨碉楼的建筑特色及主要功能了解程度？（单选题）

选项	小计	比例
非常了解	37	35.58%
了解	48	46.15%
不太了解	11	10.58%
只听说过但不了解	7	6.73%
没听说过	1	0.96%

第11-2-1题羌笛的演奏和制作工艺（单选题）

选项	小计	比例
非常了解	13	12.5%
了解	35	33.65%
不太了解	33	31.73%
只听说过但不了解	19	18.27%
没听说过	4	3.85%

第11-2-2题卡斯达温舞（单选题）

选项	小计	比例
非常了解	5	4.81%
了解	9	8.65%
不太了解	23	22.12%
只听说过但不了解	13	12.5%
没听说过	54	51.92%

第11-2-3题多声部合唱（单选题）

选项	小计	比例
非常了解	13	12.5%
了解	53	50.96%
不太了解	19	18.27%
只听说过但不了解	14	13.46%
没听说过	5	4.81%

第11-2-4题羌绣的技法和图案喻意（单选题）

选项	小计	比例
非常了解	24	23.08%
了解	51	49.04%
不太了解	22	21.15%
只听说过但不了解	5	4.81%
没听说过	2	1.92%

附录 西南少数民族传统村落文化遗产现状与保护调查

第11-3题 乡村民俗、俚语方言（单选题）

选项	小计	比例
非常了解	16	15.38%
了解	53	50.96%
不太了解	25	24.04%
只听说过但不了解	6	5.77%
没听说过	4	3.85%

第11-4题 村落历史、名人故事（单选题）

选项	小计	比例
非常了解	11	10.58%
了解	63	60.58%
不太了解	18	17.31%
只听说过但不了解	10	9.62%
没听说过	2	1.92%

第12题 请问您了解以上内容的途径有哪些？（多选题）

选项	小计	比例
听长辈讲述	100	96.15%
生活中自主学习	45	43.27%
课堂教育	18	17.31%
通过查阅书籍、报刊，收听收看广播电视等	26	25%
通过网络	19	18.27%
通过去图书馆、档案馆查阅资料	7	6.73%
其他途径	11	10.58%

第 13 题您对羌寨的哪些物质和人文环境比较感兴趣？（多选题）

选项	小计	比例
羌寨的历史	79	75.96%
传统农耕工具及技艺	44	42.31%
羌寨的碉楼、民居等建筑及其背后的故事	66	63.46%
喝咂酒、跳锅庄等民风民俗	78	75%
羌绣等民间工艺	63	60.58%
释比	54	51.92%
民间故事、传说	58	55.77%

第 14 题请问您愿意过祭山会和羌年会吗？（单选题）

选项	小计	比例
很愿意	92	88.46%
一般	12	11.54%
不愿意	0	0%

第 15 题您认为举办祭山会和羌年会对您的作用是什么？（多选题）

选项	小计	比例
有神圣感	73	70.19%
节日气氛浓厚，增加生活的幸福感	87	83.65%
亲朋好友可一起参加活动，增进情感交流	79	75.96%
吸引游客，增加收入	67	64.42%
其他	0	0%

附录　西南少数民族传统村落文化遗产现状与保护调查　　339

第16题　您认为目前桃坪羌寨面临的危机有哪些？（多选题）

选项	小计	比例
村民迁出老寨，导致老寨失去了原有的人气	53	50.96%
外来文化与传统羌文化的冲突，羌文化受到冷落	40	38.46%
寨子里的青年人对羌文化不感兴趣，羌文化传承面临断层	48	46.15%
部分民间工艺失传	52	50%
部分民风习俗被取缔或淡化	47	45.19%
会听说羌语的人越来越少	81	77.88%

第17题　您认为保护与传承桃坪羌寨村落文化有哪些好处？（多选题）

选项	小计	比例
坚守传统，不忘本	88	84.62%
增强村民的凝聚力与向心力	61	58.65%
增强对本土文化的自豪感和认同感	66	63.46%
使子孙后代记住自己的历史，热爱自己的祖地	86	82.69%
保护文化的同时优化生存环境，提高生活质量	65	62.5%
宣扬家乡，提高知名度，吸引外来游客，增加收入	75	72.12%
其他	3	2.88%

第18题 您认为用怎样的方式留存桃坪羌寨村落文化您最愿意接受？（多选题）

选项	小计	比例
组织寨民编修寨史、寨志	62	59.62%
新建村寨记忆馆，对本寨丰富的文化进行呈现和展示	60	57.69%
以口述形式将民间技艺、民间歌谣、故事、传说等民间文化记录下来	60	57.69%
将本寨碉楼、传统民居、祠堂等建筑及古树、地下水网等的原始风貌拍照，并辅以文字说明	60	57.69%
政府资助、鼓励民间艺人多收徒弟，将传统手艺及民俗展演代代相传	44	42.31%

第19题 您认为用怎样的方式宣传桃坪羌寨及文化您最愿意接受？（多选题）

选项	小计	比例
拍摄微电影，在手机和网络上展播	71	68.27%
拍摄、制作宣传画册	40	38.46%
拍成纪录片，在电视台播放	57	54.81%
利用3D技术制作动漫、游戏，利用网络及手机进行宣传	33	31.73%
利用羌寨民间文化元素创作小说、散文等文学作品，开展原生态音乐、歌舞创作、传唱	44	42.31%
收集整理传统村落资料，建立以村为单位的传统村落文化资源集合	45	43.27%
其他	1	0.96%

第 20 题 您认为传统村落保护需要借助社会其他力量参与吗？（单选题）

选项	小计	比例
需要	102	98.08%
不需要	2	1.92%

第 21 题 您认为传统村落保护需要借助的社会力量包括？（多选题）

选项	小计	比例
个人	59	56.73%
非政府组织	51	49.04%
高校及其他文化团体	84	80.77%
企业	59	56.73%
其他	9	8.65%